MONTÉNÉGRO ET DUBROVNIK

L'auteur du guide

Auteur de plusieurs guides de voyage pour la collection *Évasion*, **Hélène Duparc** vous emmène à la découverte du Monténégro et de Dubrovnik. Entre visites de cités pluriséculaires, balades au fil de l'eau et randonnées vers les cimes, elle vous dévoile un pays à la nature sauvage et à l'histoire passionnante, qui aspire à la modernité tout en revendiquant ses racines. Dépaysement garanti !

Guide evasion

Le Monténégro et Dubrovnik en un coup d'œil

Si le Monténégro est avant tout un pays de montagnes qui attirera les sportifs en quête de nature sauvage, ce petit territoire est bien plus varié qu'il n'y paraît. Des charmes du littoral, alternant vastes étendues de sable et petites criques, à l'authenticité de ses villages photogéniques, en passant par ses merveilles culturelles comme ses monastères orthodoxes ou les musées de son ancienne capitale, Cetinje… laissez-vous surprendre par le Monténégro !

Pour voir l'essentiel, comptez 10 jours. Vous pourrez profiter des plaisirs balnéaires et des charmants petits villages côtiers dans les célèbres bouches de Kotor et sur la côte adriatique de Budva à Petrovac. Mais aussi prendre un bol de culture dans l'ancienne capitale du pays, Cetinje, réputée pour ses nombreux musées, sans oublier de vous ressourcer en pleine nature dans les parcs nationaux du centre et du nord du pays.

Pour des vacances sportives, le Monténégro est la destination idéale ! Le nord du pays, avec ses nombreux parcs nationaux aux sommets aiguisés et ses rivières, est particulièrement propice aux randonnées et aux sports d'eau comme le rafting et le canyoning. Sur la côte, plongée dans des eaux limpides, kayak et balades à vélo mais aussi de belles promenades à pied sont au programme.

Et si vous voulez vous détendre en bord de mer, le littoral monténégrin abrite de belles étendues sableuses et de petites criques tranquilles, malgré la foule qui s'y presse en été.

> À faire

Grâce à la diversité de ses paysages et à la richesse de son patrimoine, le Monténégro vous réserve nombre d'expériences uniques. Partez randonner dans les massifs montagneux du Nord, mais programmez également une session rafting sur la rivière Tara, visitez des monastères spectaculaires aux iconostases magnifiques, plongez dans les eaux claires de la mer Adriatique, louez un kayak pour sillonner le lac Skadar au petit matin, et surtout arrêtez-vous dans les petites auberges le long des routes pour savourer des produits du terroir simples mais goûteux.

> Retrouvez-nous…

… sur www.guide-evasion.fr : toute l'actu des destinations, les conseils et les idées de découverte de nos experts du voyage ! Suivez-nous aussi sur notre page Facebook (GuideEvasion) et nos comptes Twitter et Instagram (@guideevasion).

- **Climat :** continental dans le nord et le centre du pays (été chaud, hiver très froid), méditerranéen sur le littoral (été chaud, hiver doux).
- **Formalités :** carte d'identité ou passeport en cours de validité pour les ressortissants de l'Union européenne.
- **Durée de vol :** 2h30 depuis Paris.
- **Décalage horaire :** pas de décalage horaire avec la France.
- **Capitale :** Podgorica.
- **Devise :** l'euro au Monténégro, la *kuna* à Dubrovnik (Croatie).
- **Budget :** comptez environ 300 € pour un vol A/R depuis Paris en haute saison. Pour l'hébergement, les prix varient selon la saison et l'endroit où vous vous trouvez : à Dubrovnik, dans les bouches de Kotor et sur la côte adriatique, la vie est plus chère. Comptez au minimum 60 € pour une chambre double dans le sud du pays, mais 20 à 30 € chez l'habitant ou dans un refuge en montagne. Quant aux repas, vous pourrez déjeuner ou dîner pour environ 15 €.

La vieille ville de Budva

Les incontournables

Perast

Posée sur la rive méridionale des bouches de Kotor, Perast s'étire comme un mince liseré blanc entre eaux sombres et reliefs boisés. Cette minuscule ville, toute ramassée autour d'une unique rue, abrite un grand nombre de palais baroques – merveilles d'architecture –, et d'églises. À quelques encablures au large, deux îlots rehaussent l'atmosphère romantique des lieux.

> *p. 40.*

Kotor et sa baie

Kotor

En partie détruite lors du tremblement de terre de 1979, la forteresse médiévale de Kotor, au fond des bouches du même nom, maintes fois assiégée mais jamais prise, a su renaître des décombres. De la cathédrale Saint-Tryphon à ses murailles d'altitude, vous découvrirez ici un site unique, classé au Patrimoine mondial de l'Unesco.

> *p. 45.*

La vieille ville de Budva

Enroulée sur sa presqu'île, pelotonnée derrière ses remparts sur la côte adriatique, la vieille ville de Budva n'a pas pris une ride ! Après avoir flâné dans ses ruelles, vous pourrez vous isoler dans la fraîcheur de l'église Saint-Sava

Les marécages du lac Skadar

ou grimper à la citadelle : de là, vous aurez une vue imprenable sur les toits de la ville.

> *p. 65.*

Le parc national du lac Skadar

Deuxième plus grand lac d'Europe et classé parc national, le lac Skadar, au sud-est du pays, se perd en dédales et vastes étendues marécageuses qui font le bonheur des oiseaux. La route qui longe le littoral méridional depuis la frontière albanaise est spectaculaire et se poursuit, après Virpazar, jusqu'à Rijeka Crnojevića.

> *p. 89.*

Cetinje

Toute proche du parc national du Lovćen et à quelques dizaines de kilomètres de la côte, Cetinje était une

Le monastère de Cetinje

capitale miniature au XIXe s., détrônée ensuite par la moderne Podgorica. Elle étale, avec un certain panache, ses palais, ses ambassades et son parlement désertés. Vous serez fasciné par les nombreux musées de cette ville culturelle chargée d'histoire.

> p. 100.

Le parc national du Lovćen

Sacré pour les Monténégrins, le mont Lovćen (la « montagne noire »), à quelques kilomètres de la côte, offre une vue à couper le souffle sur les bouches de Kotor. Le parc national abrite le mausolée de Njegoš, un monument exceptionnel à la gloire du prince-évêque Petar II Petrović Njegoš, gardé par deux géants de granit. Ses nombreux sentiers raviront les amateurs de marche.

> p. 110.

Le monastère d'Ostrog

Splendide édifice troglodytique du XVIIe s. bâti au cœur de l'arrière-pays, ce monastère étonne par sa blancheur immaculée encastrée dans une monumentale paroi rocheuse. Sanctuaire vénéré par tous les chrétiens orthodoxes, il fait l'objet de nombreux pèlerinages, notamment pour l'Assomption.

> p. 118.

Le parc national du Durmitor

Le parc national du Durmitor

Espace sauvage au nord-ouest du pays, le parc national du Durmitor peut s'enorgueillir de quelques sommets aiguisés, à l'image du fier Bobotov Kuk (2 523 m). Par temps clair, les cimes dénudées déchirent le ciel imperturbable. Impression d'espace, de liberté, de virginité. L'homme a renoncé ici à marquer le territoire.

> p. 128.

Le canyon de la Tara

Considérées comme le plus long canyon d'Europe avec leurs 78 km de long, les gorges de la rivière Tara, dans le nord montagneux du Monténégro, sont presque aussi spectaculaires que

Le monastère d'Ostrog

La rivière Tara

le Grand Canyon... C'est depuis la rivière que la vue est la plus impressionnante, et sa descente en rafting est un must.

> *p. 137.*

Le parc national de Biogradska Gora

Niché dans le massif de Bjelasica, au nord-est du pays, ce petit parc national (56 km²) est célèbre pour ses beaux sommets, pour la plupart assez faciles d'accès. Outre son lac Biogradsko, trouée nette dans l'épaisse forêt de pins et balade du dimanche par excellence, les lacs glaciaires éparpillés dans les hauteurs du parc séduiront les sportifs.

> *p. 144.*

Le monastère de Morača

Enserré dans les gorges de la rivière Morača à proximité d'une cascade, dans le nord du pays, cet adorable monastère est l'un des sites culturels et religieux les plus fréquentés du Monténégro. Il recèle de remarquables fresques murales et icônes des XIIIe et XIVe s., comme les scènes représentant la vie du prophète Élie, témoignages de la tradition picturale byzantine.

Fresques dans le monastère de Morača

> *p. 145.*

La vieille ville de Dubrovnik

La vieille ville de Dubrovnik

La vieille ville fortifiée de Dubrovnik, en Croatie toute proche, inscrite au Patrimoine mondial par l'Unesco, a retrouvé tout son éclat après les terribles bombardements serbes du début des années 1990. Ses célèbres toits roses et ocre, ses superbes remparts et la richesse de ses musées et monuments en ont fait la « perle de l'Adriatique ».

> *p. 160.*

Le lac de la Piva

Si vous aimez...

Les routes spectaculaires

Malgré les nids-de-poule, les accotements peu sécurisés et les épingles à cheveux, quel plaisir d'emprunter les routes secondaires du pays ! Entre la **nationale Podgorica-Kolašin** qui borde les défilés de la Morača *(p. 145)*, la **route Serpentine** au-dessus de Kotor *(p. 52)*, ou celle longeant le **lac de la Piva** *(p. 132)*, chaque sortie en voiture représente un spectacle sur grand écran !

Rafting sur la Tara

Les villages pittoresques

Malgré l'urbanisation rapide de la côte, certains villages ont réussi à préserver leur authenticité. Sur la péninsule de Luštica, **Rose** *(p. 58)* ressemble à un petit port de pêche d'antan. Près de la Riviera de Budva, **Pržno** et son petit port *(p. 71)* vous charmeront. Plus loin, voici **Petrovac** *(p. 73)* et sa jolie promenade de bord de mer. Dans l'arrière-pays, la vie semble s'être arrêtée dans les minuscules villages qui bordent le **lac Skadar.** Les **villages de montagne,** cachés dans les massifs du nord du pays, sont eux aussi particulièrement authentiques.

Petit village près de Žabljak

Les sensations fortes

Ce petit pays s'est donné un mal fou pour offrir un concentré de défis. Vous pourrez frissonner en **rafting** dans les rapides de la Tara *(p. 141)*, dévaler les pistes du Vrmac à **VTT** *(encadré p. 56)*, tressauter à bord d'un véhicule **4x4** sur les sentiers du Durmitor *(p. 128)* ou encore **grimper** à l'assaut du Crna Glava dans le massif de Bjelasica *(p. 149)*. Sur la côte, vous pourrez **plonger** au fond d'une grotte sous-marine, dans une prairie d'algues, ou faire du *snorkeling* près des rochers… Quant au **kitesurf,** il vous fera voler au-dessus des vagues de Velika Plaža *(p. 83)* et à Ada Bojana *(p. 83)*.

Les monastères

Souvent situés dans des lieux isolés et préservés, les nombreux monastères orthodoxes du pays offrent un moment de quiétude, mais ils sont aussi d'une grande richesse culturelle. **Troglodyte** (monastère d'Ostrog, *p. 118*), **posé sur un îlot** (monastère Vavedenje, *p. 59*,

Le monastère de Gradište

Ragoût d'agneau traditionnel

de Beška, *p. 96*) ou perché **au sommet d'une colline** (monastère de Savina, *p. 34*, de Podlastva, *p. 68*, de Gradište, *p. 75*), leur diversité est surprenante. Tout comme les merveilles qu'ils protègent.

Les produits du terroir

Le Monténégro propose plusieurs spécialités culinaires succulentes, comme les **moules à la Kotor** à savourer sur une terrasse en bordure des bouches, ou l'**anguille fumée** à déguster sur les rives du lac Skadar. Un peu partout, le **jambon de Njeguši** accompagne les apéritifs, tandis qu'à la montagne des **ragoûts d'agneau** mijotent pendant des heures avant de fondre dans la bouche *(p. 251)*.

Les randonnées

Dans les parcs nationaux et ailleurs, de plus en plus de sentiers de randonnée sont bien balisés. Itinéraires champêtres autour du **lac Skadar** *(p. 89)*, virées en forêt dans le **massif d'Orjen** *(p. 37)*, trekking plus « alpin » dans le **parc national du Durmitor** *(p. 128)*, le **parc national du Lovćen** *(p. 110)* ou le **parc national de Biogradska Gora** *(p. 144)*... tous les marcheurs seront comblés.

La plage

Le Monténégro est plus réputé pour ses beaux villages et ses nombreux parcs nationaux que pour ses plages... Et pourtant ! Plages de galets ou de sable, longues étendues ou minuscules criques... vous trouverez toujours le long de la côte un coin (plus ou moins) tranquille pour poser votre serviette et prendre un bain de soleil *(p. 15)*.

La chaîne montagneuse des Komovi

Žanjice, sur la péninsule de Luštica

Les fêtes traditionnelles

Pays très jeune mais riche en traditions, le Monténégro a un calendrier des festivités bien chargé *(p. 248)* ! Religieuses (procession de Notre-Dame-du-Récif à Perast le 22 juillet), carnavalesques (carnaval de Kotor et Festival des mimosas d'Herceg Novi en février),

Fête à Kotor en juin

folkloriques (à Kotor en juin) ou gastronomiques (fête de la Châtaigne à Ostros en juin, fête de la Maslinijada à Stari Bar en décembre), ces célébrations hautes en couleur rythment la vie du pays toute l'année.

Les musées

L'ancienne capitale **Cetinje** *(p. 100)* concentre la majeure partie des musées du pays, dont la passionnante galerie d'Art du Monténégro et le joli palais du roi Nikola. À **Kotor**, le Musée maritime *(p. 49)* retrace le passé naval des bouches, tandis que le petit Musée archéologique de **Budva** *(p. 66)* expose casques grecs et pierres tombales romaines. Le Musée historique d'**Herceg Novi** *(p. 31)* possède également une riche collection archéologique. À **Dubrovnik,** le Musée maritime *(p. 173)*, le musée d'Histoire culturelle (dans le palais des Recteurs, *p. 175*) et la galerie War Photo Limited *(p. 167)* valent le détour.

Musée d'Histoire culturelle de Dubrovnik

Mosaïque près de l'entrée du monastère d'Ostrog

Le Monténégro, c'est aussi…

Des oliviers pluriséculaires

Fameuse pour son huile d'olive, la région autour de Bar et d'Ulcinj possède de belles plantations. On recense aujourd'hui plus de 460 000 oliviers, principalement de la variété Žutica, et nombreux sont ceux qui ont plus de mille ans. **Stara Maslina** *(p. 78)*, près de Bar, serait le plus vieil olivier d'Europe et le doyen des arbres de notre continent : protégé depuis 1963, il serait né avant notre ère !

L'olivier Stara Maslina près de Bar

La Lourdes des Balkans

Véritable miraculé – il a échappé successivement à un incendie en 1925 et à l'explosion d'une grenade allemande en 1942 –, le **monastère d'Ostrog** *(p. 118)* est célèbre dans tous les Balkans. Il accueille chaque jour une foule de pèlerins en quête de guérison. Certains en rapportent même de petites bouteilles remplies d'eau bénite.

Le paradis des pélicans

Dans le nord du **lac Skadar** nichent une dizaine de couples de pélicans frisés (ou dalmates), espèce protégée et vulnérable *(p. 99)*. Vous apercevrez peut-être des nids flottant sur l'eau, ou bien les verrez-vous, à l'aube, survoler les marais (vers fin mai-début juin).

Une route ethno-gastronomique

Tout autour du lac Skadar, tant du côté monténégrin que du côté albanais, il existe un circuit permettant de mieux connaître les **produits locaux** (miel, fromages, huile d'olive, vins, châtaignes…) et de s'approcher au plus près des habitants. De nombreuses fermes font table d'hôtes sur réservation ; d'autres vendent en direct leur production. La soixantaine d'adresses participantes est répertoriée dans une brochure vendue au centre pour les visiteurs de Vranjina *(p. 91)*, mais elle est aussi en accès libre sur le site *www.ethno-gastro-balkan.net.*

Un sous-marin yougoslave

Le Monténégro abrite sur ses terres des pièces d'histoire intéressantes. Devant le **Musée naval de Tivat** *(p. 54)*, vous pourrez ainsi découvrir le sous-marin *Hero*, construit pour l'armée yougoslave en 1968 et resté en service jusqu'en 1991. Sa passionnante visite vous permettra de vous immerger dans la vie de son équipage.

De l'art moderne et contemporain

Loin des idées reçues, le Monténégro héberge des lieux d'art captivants. Inaugurée en 2012, la **galerie Miodrag Dado Đurić** de Cetinje *(p. 106)* accueille, dans un cadre design, des expositions temporaires pointues. À Podgorica, le **musée d'Art moderne** *(p. 116)* rassemble une collection unique : plus de 1 000 pièces provenant de soixante pays non alignés. La **galerie Centar** *(p. 116)* expose quant à elle des artistes contemporains de la région.

La plage de Jaz, près de Budva

Nos plages préférées

Pržno

Une belle anse naturelle aux eaux peu profondes sur la péninsule de Luštica, idéale en famille. Un sentier permet de rejoindre une crique secrète, loin de la concentration de transats.

> *p. 59*

Jaz

Une superbe anse près de Budva alternant sable et galets, bordée d'une eau turquoise. Une partie de la plage est aménagée tandis que l'autre est plus tranquille. Les eaux chaudes et calmes sont idéales avec des enfants.

> *p. 68*

Ploče

Près de Budva, sur la côte adriatique, c'est une plage festive dans les rochers, avec *beach club* et restaurants. Chaque après-midi, les décibels s'emballent et la fête bat son plein.

> *p. 68*

Bečići

Près de Budva, 2 km de sable fin s'offrent à vous. Vous y trouverez transats et parasols à louer, et une ribambelle d'hôtels, restaurants et bars pour passer un agréable moment en bord de mer.

> *p. 71*

Plaža Lučice

Près de Petrovac, c'est une magnifique petite baie encore préservée. Belle plage de sable entourée d'une forêt de pins, elle offre un cadre idyllique pour le farniente et est en partie aménagée avec chaises longues et parasols.

> *p. 73*

Velika Plaža

Immense étendue de sable cendré près d'Ulcinj, Velika Plaža, également appelée la « Copacabana d'Ulcinj », déroule ses rangées de parasols devant un lagon turquoise.

> *p. 83*

Ada Bojana

L'île d'Ada Bojana (accessible en voiture), au sud d'Ulcinj, possède des plages très calmes, même en plein été, et est particulièrement prisée par les naturistes (une partie de la plage est réservée aux non-naturistes). C'est aussi le *hot spot* des adeptes de planche à voile et de kitesurf.

> *p. 83*

Krupac

Au cœur de l'arrière-pays, le lac de Krupac, aussi appelé « mer de Nikšić », est très populaire avec son étendue de sable et ses bars et restaurants au bord de l'eau. De nombreuses activités y sont proposées (kayak, Jet-Ski, terrains de volley, etc.).

> *p. 120*

Šunj (Dubrovnik)

Šunj, sur l'île de Lopud, au large de Dubrovnik, est l'une des plus belles plages de la région. Elle se love au fond d'une baie, face à une eau turquoise peu profonde. Quelques restaurants sur le sable permettent de déjeuner au bord de l'eau.

> *p. 183*

La plage de Šunj, sur l'île de Lopud

Promenade en barque sur le lac Skadar

Nos activités préférées

Rafting sur la Tara

C'est la meilleure façon de découvrir le canyon de la rivière Tara ! Certaines parties sont assez sportives (rapides, tourbillons), mais la descente est dans l'ensemble plutôt tranquille (surtout en été) : nul besoin d'être un professionnel pour apprécier ce site naturel grandiose. Plusieurs agences sont basées à Plužine, Žabljak ou Šćepan Polje *(p. 217)*.

Plongée sous-marine dans les bouches de Kotor

Les eaux de la baie d'Herceg Novi, comme celles de la péninsule de Luštica, sont d'une belle limpidité qui invite à la plongée. De nombreux clubs organisent des sorties à la journée ou à la demi-journée, notamment à Herceg Novi *(p. 189)* et à Tivat *(p. 196)*.

Chevauchée dans les massifs sauvages

Les cavaliers ne doivent pas rater l'occasion unique de chevaucher dans l'un des derniers grands espaces sauvages européens. La nature garde encore ici de vastes territoires inviolés. Cavalcades au cœur du massif de Bjelasica, feux de camp à la belle étoile et nuits sous la tente ou en refuge sont au programme. Renseignez-vous par exemple auprès de l'agence Vila Jelka Doo *(p. 222)*, à Kolašin.

Balade sur le lac Skadar

Le centre des visiteurs de Vranjina, près de Virpazar, loue des kayaks *(p. 268)* et des barques pour explorer à sa guise les rives du lac, notamment la partie nord si pittoresque *(p. 99)*. On peut aussi se tourner vers des agences *(p. 207)* qui proposent des itinéraires encadrés avec guide. Il faut alors choisir entre les méandres du delta de la Bojana ou la côte sud, et prévoir une journée bien remplie.

Parapente près de Budva

Voilà l'activité idéale pour jouir d'une vue incomparable sur Budva et la côte adriatique. L'agence Montenegro Adventure Center *(p. 201)* propose un vol en tandem inoubliable d'environ 30 min qui vous fera atterrir sur la longue plage de Bečići (parfois en prairie durant l'été, lorsqu'il y a trop de monde sur la plage).

Parapente près de Budva

4 idées de circuits

10 jours pour tout voir (ou presque)

Après la découverte de Dubrovnik, un concentré de Monténégro, entre petits villages, plages, balades dans la campagne, villes chargées d'histoire, incursion dans les massifs du nord et rafting sur la Tara.

Jour 1 : Dubrovnik

➤ ***Aéroport à 20 km S-E de la vieille ville de Dubrovnik. 50 km jusqu'à Herceg Novi (1h).***

Arrivée à Dubrovnik le matin. Commencez par faire le tour des remparts pour apprécier la vue sur les toits de la vieille ville, puis perdez-vous dans ses ruelles, entre échoppes, monastères et palais vénitiens. En fin de journée, partez pour Herceg Novi, au Monténégro, à l'entrée des bouches de Kotor. Nuit à Herceg Novi. *Visite 18.*

Jour 2 : Les bouches de Kotor

➤ ***43 km entre Herceg Novi et Kotor (1h).***

En matinée, visitez la vieille ville d'Herceg Novi puis empruntez la route qui longe les bouches jusqu'à Kotor. En chemin, arrêtez-vous à Perast pour admirer ses splendides palais. Puis prenez un *taxi-boat* jusqu'à l'îlot abritant l'église Notre-Dame-du-Récif. Arrivé à Kotor, baladez-vous dans la vieille ville puis montez jusqu'à la citadelle San Giovanni pour une vue sur la baie au coucher du soleil. Nuit à Kotor. *Visites 1, 2 et 3.*

La baie de Kotor

Jour 3 : Le parc national du Lovćen

➤ ***45 km entre Kotor et Cetinje (1h).***

Empruntez la route Serpentine, qui part au sud de Kotor et rejoint Cetinje en passant par le parc national du Lovćen. En chemin, faites une halte pour grimper jusqu'au mausolée de Njegoš, au cœur du parc. Vue à couper le souffle sur les sommets environnants. Nuit à Cetinje. *Visite 12.*

Jour 4 : Cetinje

➤ ***30 km de Cetinje à Budva (40 min).***

Journée culturelle à Cetinje. Ses nombreux musées combleront les amoureux d'art et d'histoire, notamment le musée du roi Nikola et la galerie d'Art du Monténégro, qui héberge des œuvres des plus grands peintres des Balkans des XIXe et XXe s. En fin de journée, redescendez vers la côte. Nuit à Budva. *Visite 11.*

Jour 5 : De Budva à Petrovac

➤ ***20 km de Budva à Petrovac (30 min).***

Journée tranquille sur la côte adriatique : visitez la vieille ville de Budva le matin, puis lézardez sur une plage de sa *riviera,* comme celle de Jaz. Vous pouvez aussi louer un kayak et trouver une crique isolée sur l'île de Sveti Nikola pour plus de tranquillité. Dans l'après-midi, faites une halte au monastère de Reževići, un petit coin de paradis entouré de cyprès. Finissez la journée à Petrovac. *Visites 6 et 7.*

Jour 6 : Le parc national du lac Skadar

➤ ***25 km de Petrovac à Virpazar (35 min).***

De bon matin, prenez la route pour rejoindre Virpazar et le parc national du

10 jours pour tout voir (ou presque)

lac Skadar. Le lac et ses marécages, importante réserve ornithologique, sont à explorer en kayak ou en barque. Des visites, sous la houlette de guides du parc national, permettent de découvrir la faune du parc. Nuit à Virpazar ou à Podgorica. *Visite 10.*

Jour 7 : Podgorica et la vallée de la Zeta

➤ *30 km de Virpazar à Podgorica (30 min) et 125 km de Podgorica à Žabljak (2h).*

Le matin, visitez rapidement la capitale du pays, Podgorica, puis partez à la découverte de la vallée de la Zeta. En ligne de mire : le célèbre monastère d'Ostrog, haut lieu de l'orthodoxie encastré dans la falaise. Rejoignez Žabljak en fin de journée et passez-y la nuit. *Visite 13.*

Jour 8 : Le parc national du Durmitor

➤ *Pensez à prendre avec vous des cartes topographiques où sont signalés les sentiers (encadré p. 275). Pour les randonnées longues et difficiles, le recours à un guide est conseillé.*

Au départ du superbe lac Noir, partez à la découverte du parc. En fin de journée, arpentez en voiture le plateau des Lacs et ses minuscules hameaux. De nombreux sentiers au départ de la route offrent des possibilités de balades en pleine nature. Nuit à Žabljak. *Visite 14.*

Jour 9 : Le canyon de la Tara

➤ *25 km de Žabljak à Splavište, le départ de nombreuses excursions en rafting (30 min).*

Passez une journée sur l'eau, en rafting, pour découvrir de la meilleure manière le spectaculaire canyon de la Tara. Si vous trouvez les gorges asséchées en plein été *(encadré p. 21)*, rando sur les hauts plateaux de Sinjajevina. Nuit à Žabljak. *Visite 15.*

Jour 10 : Retour à Dubrovnik

➤ *210 km de Žabljak à Dubrovnik (3h40).*

Départ tôt le matin pour rejoindre Dubrovnik. Si vous avez le temps, visitez le joli village de Cavtat, qui se trouve près de l'aéroport. Prenez l'avion dans la soirée ou le lendemain matin pour profiter d'une dernière soirée dans la « perle de l'Adriatique ». *Visite 20.*

10 jours pour des vacances sportives

Un cocktail sportif pour les amoureux de grands espaces. Le nord montagneux du pays offre une infinité de possibilités de randonnées et des paysages grandioses, dans une nature encore sauvage. Vous finirez le séjour dans les bouches de Kotor pour récupérer de vos efforts sur des plages aux eaux translucides.

Jour 1 : La vallée de la Zeta et Žabljak

➤ Aéroport à 20 km S de Podgorica (30 min). 130 km de Podgorica à Žabljak (2h).

Arrivée à Podgorica. Prenez la direction de Žabljak, dans le massif du Durmitor, en passant par la vallée de la Zeta. Arrêt obligatoire au spectaculaire monastère d'Ostrog, encastré dans la falaise. Rejoignez Žabljak en début d'après-midi : faites connaissance avec le parc national du Durmitor en vous rendant à la source Čelina par le sentier bordant le lac Noir *(p. 129)*. Nuit à Žabljak. *Visites 13 et 14.*

Jours 2 et 3 : Le parc national du Durmitor

➤ Pensez à prendre avec vous des cartes topographiques où sont signalés les sentiers (encadré p. 275). Pour les randonnées longues et difficiles, le recours à un guide est conseillé.

Les bons marcheurs se lanceront dans l'ascension du Bobotov Kuk, un must de la région *(p. 130, poss. de dormir en refuge)*. Pour des randonnées plus faciles, privilégiez par exemple celle vers le lac Zminje le premier jour *(p. 135)* et, le deuxième jour, faites le tour du plateau des Lacs en voiture : de nombreux sentiers au départ de la route offrent des possibilités de balades. Nuits à Žabljak. *Visite 14.*

Jours 4 et 5 : Le canyon de la Tara

➤ 25 km de Žabljak à Splavište, le départ de nombreuses excursions en rafting (30 min).

Deux jours au fil de l'eau dans le canyon de la Tara. De nombreuses agences proposent des sorties en rafting avec nuit sous la tente *(p. 219)*. Un must, plus ou moins impressionnant selon la saison. Deuxième nuit à Žabljak. *Visite 15.*

Jours 6 et 7 : Le parc national de Biogradska Gora

➤ 85 km de Žabljak à Kolašin (1h45). Pensez à prendre avec vous des cartes topographiques où sont indiqués les sentiers de randonnée (encadré p. 275). Pour les randonnées longues et difficiles, le recours à un guide est conseillé.

Départ pour le parc national de Biogradska Gora. Mise en jambe avec la boucle du lac Biogradsko *(p. 144)*, magnifique lac d'altitude au milieu des bois. De nombreux sentiers partent de là, renseignez-vous au chalet sur les différentes possibilités et les tracés *(p. 269)*. Le lendemain, randonnée dans la vallée

Le parc national du Durmitor

10 jours pour des vacances sportives

Dolovi Lalevića *(p. 149)*. Du mont Bendovac (1 774 m), vous aurez une magnifique vue sur le lac Biogradsko. Nuits en pleine nature dans les bungalows du lac Biogradsko *(p. 221)*. ***Visite 16.***

Jour 8 : Le parc national du lac Skadar

➤ ***135 km de Kolašin à Cetinje en passant par Virpazar (2h40).***

Sur la route vers Virpazar et le lac Skadar, faites une halte au monastère de Morača, qui possède une splendide iconostase. Arrivé au bord du lac, louez un kayak *(p. 211)* pour partir à la découverte de la faune qui se cache dans ses marécages et sur ses rives. Fin de journée à Cetinje, l'ancienne capitale du pays. Vous aurez certainement le temps de visiter son monastère ou le palais du roi Nikola. Nuit à Cetinje. ***Visites 10 et 11.***

PRATIQUE

Ce circuit est à effectuer entre avril et octobre pour éviter la saison hivernale, durant laquelle le nord du pays est enneigé. Pour le rafting sur la rivière Tara, le débit d'eau varie beaucoup selon la saison : pour un maximum d'action, privilégiez le printemps, après la fonte des neiges ; pour une session plus calme, les mois d'été sont parfaits.

Jours 9 et 10 : Les bouches de Kotor

➤ ***45 km entre Cetinje et Kotor (1h), 90 km de la péninsule de Luštica à l'aéroport de Podgorica (2h).***

Le matin, baladez-vous dans Cetinje et offrez-vous une parenthèse culturelle dans l'un de ses musées. Ascension du mont Lovćen dans le parc national du même nom pour admirer le mausolée de Njegoš. Puis direction Kotor par la route Serpentine. Visite de la cité fortifiée de Kotor et nuit sur place.

Le lendemain, détente sur une plage de la péninsule de Luštica, comme Pržno ou Žanjice (possibilité de programmer une sortie plongée ou *snorkeling*), avant de reprendre la route pour l'aéroport de Podgorica. ***Visites 5, 11 et 12.***

8 jours de farniente sur la côte

La douceur du climat, le charme des petits villages côtiers et quelque 50 km de plages sauront vous faire apprécier le littoral de ce petit pays.

Jours 1 et 2 : Dubrovnik

➤ Aéroport à 20 km S-E de la vieille ville de Dubrovnik. Navette pour Lokrum toutes les 30 min sur le vieux port.

Arrivée à Dubrovnik, en Croatie. Visite de la vieille ville *(voir Jour 1 p. ci-contre)*.

Le lendemain, prenez un bateau pour Lokrum, une île inhabitée à seulement 500 m de la citadelle. Perdez-vous dans les allées ombragées de son jardin botanique exceptionnel et piquez une tête à Mrtvo More, un trou d'eau au milieu des pins à la pointe sud de l'île. Soirée dans la vieille ville de Dubrovnik. *Visites 18 et 20.*

Jour 3 : Herceg Novi et Risan

➤ 90 km entre Dubrovnik et Kotor (1h50).

Partez pour Herceg Novi en début de matinée. Après une visite de sa vieille ville, plongez dans ses eaux claires. Reprenez la route, direction Perast. Pause photo au niveau du détroit de Verige pour une vue incomparable sur la minuscule cité. Deuxième arrêt à Risan pour admirer ses mosaïques raffinées, puis balade dans Perast à la découverte de ses palais. Nuit à Kotor. *Visites 1 et 2.*

Jours 4 et 5 : Kotor et Budva

➤ Le premier jour, env. 60 km de Kotor à Budva en passant par la péninsule de Luštica (1h45). Le deuxième jour, 20 km de Budva à Petrovac (30 min).

Visite de Kotor le matin. En fin de matinée, direction la péninsule de Luštica : visite du petit village fortifié de Rose et déjeuner les pieds dans le sable sur la plage de Pržno. L'après-midi, programmez une sortie plongée *(p. 196)* ou détendez-vous dans les eaux translucides de Pržno ou de Žanjice. Départ pour Budva en fin de journée.

Le lendemain, visitez Budva puis posez votre serviette sur l'une des nombreuses plages de sable qui entourent la ville, comme Jaz ou Trsteno par exemple. Vous pourrez également louer un kayak *(p. 69)* pour faire le tour de l'île Sveti Nikola. Des petites criques isolées vous y attendent. Nuit à Petrovac. *Visites 3, 5, 6 et 7.*

Jour 6 : Petrovac

➤ Les plages et monastères autour de Petrovac sont proches, comptez au maximum 10 km pour les plus éloignés. 25 km de Petrovac à Virpazar pour une excursion vers le lac Skadar (35 min).

Les alentours de Petrovac proposent une belle sélection de plages plus ou moins fréquentées. Choisissez entre la plage Lučice, entourée de pinède, la grande étendue de Buljarica et la plage de la Reine, un peu plus au sud, accessible uniquement par la mer. Sur toute cette portion de côte, laissez-vous aussi charmer par de petits monastères perdus dans la campagne. Ne manquez pas ceux de Reževići et de Gradište.

Vous pouvez également passer la journée dans le parc national du lac Skadar, à la découverte de sa faune riche et protégée. Nuit à Petrovac. *Visites 7, 8 et 10.*

Jour 7 : Stari Bar et Ulcinj

➤ 50 km de Petrovac à Ulcinj (1h).

Prenez la route en direction de la ville la plus méridionale du Monténégro, Ulcinj. En chemin, pause incontournable à Stari Bar, la vieille ville de Bar, en ruine, qui dégage une grande poésie. Déambulez dans ses ruelles à la recherche de ses vieilles églises et de Stara Maslina, le plus vieil olivier d'Europe. Arrivée à Ulcinj dans l'après-midi après une pause sur la plage de Valdanos. Imprégnez-vous de l'ambiance orientale de la cité, puis passez la soirée à Velika Plaža, dans un de ses restaurants de plage *(p. 210)*. *Visites 8 et 9.*

Jour 8 : Retour à Dubrovnik

➤ 135 km d'Ulcinj à l'aéroport de Dubrovnik (3h30). Empruntez le ferry entre Lepetane et Kamenari, qui vous évitera une bonne partie de la route du retour dans les bouches.

Départ tôt le matin pour rejoindre Dubrovnik. Si vous avez le temps, visitez le joli village de Cavtat, qui se trouve près de l'aéroport. Avion dans la soirée ou le lendemain matin. *Visite 20.*

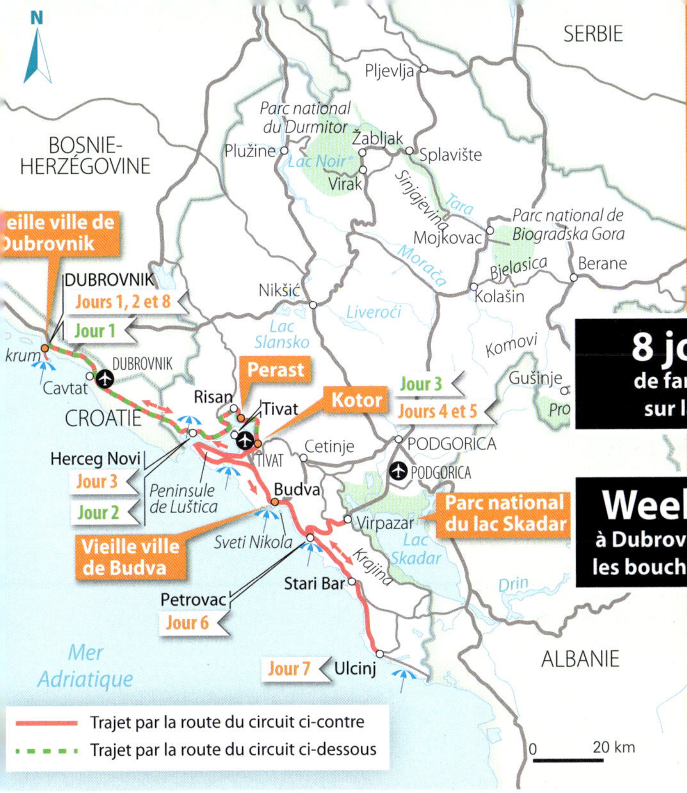

8 jours
de farniente sur la côte

Week-end
à Dubrovnik et dans les bouches de Kotor

Un week-end à Dubrovnik et dans les bouches de Kotor

Le temps d'un grand week-end, découvrez la vieille ville de Dubrovnik, « perle de l'Adriatique », et les jolis villages des bouches de Kotor.

Jour 1 : Dubrovnik

➤ ***Aéroport à 20 km S-E de la vieille ville de Dubrovnik.***

Arrivée à Dubrovnik. Prenez le temps d'arpenter dans toute sa longueur Stradun, la rue principale de la vieille ville, grimpez sur les remparts et admirez la mosaïque des toits de tuiles roses de la cité ragusaine. Prenez un verre juste à côté de la porte Pile avant d'aller dîner dans un des restaurants de la citadelle *(p. 224)*. *Visite 18.*

Jour 2 : Herceg Novi et Perast

➤ ***90 km de Dubrovnik à Dobrota (1h45).***

Rendez-vous à Herceg Novi, première escale dans les bouches de Kotor. La vieille ville tout en pente, ceinturée de murailles, mérite un arrêt. Puis repartez pour Perast, adorable cité patricienne aux nombreux palais vénitiens. La promenade piétonne au bord de l'eau permet d'admirer Notre-Dame-du-Récif et le monastère Saint-Georges sur leurs îlots. Nuit à Dobrota, près de Kotor. *Visites 1 et 2.*

Jour 3 : Kotor et Tivat

➤ ***15 km de Dobrota à Tivat (15 min). 50 km de Tivat à l'aéroport de Dubrovnik (1h30). Empruntez le ferry entre Lepetane et Kamenari, qui vous évitera une bonne partie de la route du retour dans les bouches.***

La matinée à Kotor passera vite ! Ravagée par un tremblement de terre en 1979, la ville a été admirablement reconstruite et est très visitée en été. Vous vous promènerez dans ses ruelles pavées et sur ses placettes bordées de palaces avant de poursuivre jusqu'à Tivat. Retour à l'aéroport de Dubrovnik pour un vol en soirée ou le lendemain matin. *Visites 3 et 4.*

PRATIQUE

La location d'une voiture est la solution la plus confortable pour sillonner la côte à votre rythme, mais des cars assurent les trajets entre Dubrovnik et les principales villes des bouches de Kotor *(p. 265)*.

Visiter
le Monténégro et Dubrovnik

Le Monténégro et Dubrovnik en 5 chapitres

Les bouches de Kotor

Inscrites au Patrimoine mondial de l'Unesco, les bouches de Kotor percent la carapace sombre du Monténégro, dessinant un paysage d'une poésie envoûtante à la frontière de la Croatie. Elles sont formées de plusieurs baies : d'Herceg Novi, de Risan, de Kotor ou de Tivat, séparées par les détroits de Kumbor et de Verige. Les cités médiévales d'Herceg Novi, de Kotor et de Tivat forment des taches claires contre les flancs anthracite des montagnes. Leurs cœurs historiques, parsemés d'églises et de palais, datent pour certains de la domination vénitienne.
Les 106 km de ce littoral protégé inspirent des jours paisibles, rythmés par des promenades dans la forêt pentue et des baignades dans une eau calme et limpide.

PRATIQUE

Cartes et plans : Les bouches de Kotor p. 28-29 • Kotor p. 45.
Manger, dormir, s'amuser : p. 188.
Se déplacer : en bus ou en voiture *(voir Carnet pratique p. 265).*
Attention : la route bordant le littoral d'Herceg Novi à Tivat supporte les vicissitudes du terrain vaille que vaille mais, par endroits, elle devient si étroite que deux voitures ne peuvent s'y croiser.

- **D'Herceg Novi au détroit de Verige (visites 1 à 2) :** 14 km par la route côtière.
- **De Perast à Kotor (visites 2 à 3) :** 12 km par la route côtière.
- **De Prčanj à Tivat (visites 3 à 4) :** 13 km par la route côtière.
- **De l'île aux Fleurs à la réserve de Solila (visites 4 à 5) :** 2 km vers le sud.

VISITES
1 à 5

Les bouches de Kotor

Les bouches de Kotor

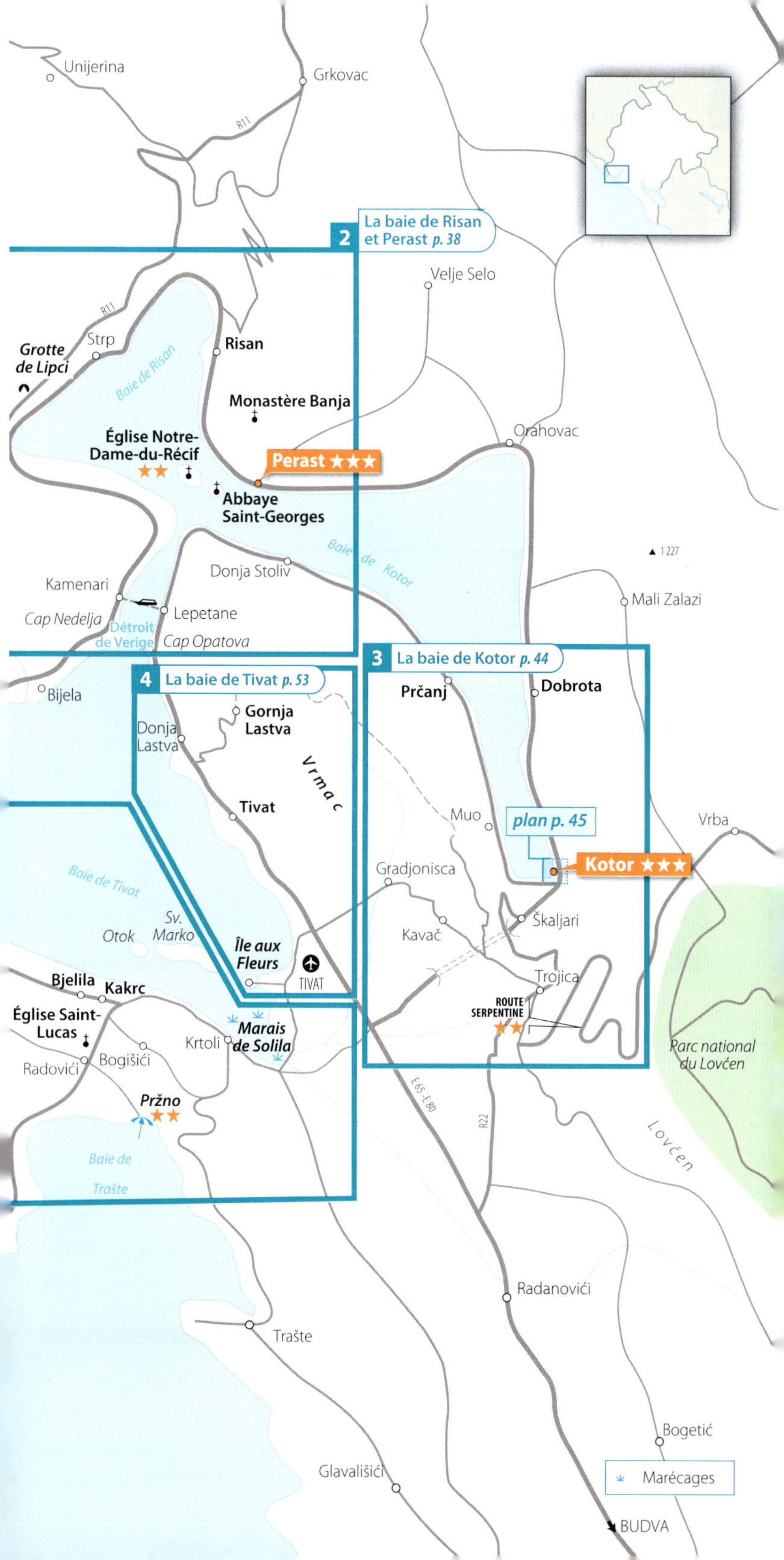

Unijerina
Grkovac
R11
2 La baie de Risan et Perast p. 38
Velje Selo
Grotte de Lipci
Strp
Baie de Risan
Risan
Monastère Banja
Église Notre-Dame-du-Récif
Perast ★★★
Abbaye Saint-Georges
Orahovac
Baie de Kotor
1 227
Kamenari
Donja Stoliv
Mali Zalazi
Cap Nedelja
Détroit de Verige
Lepetane
Cap Opatova
3 La baie de Kotor p. 44
4 La baie de Tivat p. 53
Bijela
Prčanj
Dobrota
Gornja Lastva
Donja Lastva
Vrmac
Tivat
Muo
plan p. 45
Vrba
Kotor ★★★
Gradjonisca
Baie de Tivat
Sv. Marko
Otok
Kavač
Škaljari
Île aux Fleurs
TIVAT
Trojica
Bjelila
Kakrc
Route serpentine
Église Saint-Lucas
Marais de Solila
Krtoli
Bogišići
Radovići
Parc national du Lovćen
Pržno
E65-E80
R22
Lovćen
Baie de Trašte
Radanovići
Trašte
Bogetić
Glavališići
Marécages
BUDVA

1 La baie d'Herceg Novi

La marina d'Herceg Novi

À l'entrée des bouches de Kotor, la baie d'Herceg Novi est une station balnéaire de charme. La douceur méditerranéenne et l'ensoleillement généreux constituent les atouts majeurs de cette villégiature, à la renommée pluriséculaire. À Herceg Novi, les touristes aiment flâner le long de la promenade en bord de mer, arpenter le cœur de la vieille ville peuplé d'églises et de forts, avant de lézarder sur une plage et plonger dans ses eaux claires.

- **Carte :** p. 28-29.
- **Arriver, se déplacer :** voir Carnet pratique p. 265.
- **Manger, dormir, s'amuser :** p. 188.
- **Balade secrète :** La boucle d'Orjen en 4x4, p. 37.

➤ Herceg Novi★★

***Carte p. 28-29** – La ville est pentue et les escaliers nombreux.*

Située à la frontière de l'Orient et de l'Occident, Herceg Novi jouit d'un site exceptionnel sur la côte adriatique : depuis son occupation par les Illyriens, le territoire a suscité bien des convoitises.

Tour à tour sous domination ottomane (de 1482 à 1687), vénitienne (jusqu'en 1797) puis austro-hongroise (jusqu'en 1918), la ville possède une histoire riche. Cette période mouvementée, marquée par des destructions et des tremblements de terre, a façonné une cité aux visages multiples. Une cité à l'âme méditerranéenne, avec ses venelles égayées de bougainvillées, ses placettes ensoleillées et ses murailles impressionnantes ; mais aussi une cité à l'avenir résolument touristique, avec ses plages et ses criques, ses festivals et ses régates.

L'ancienne Topla

À l'O de la ville, sur l'av. Njegoševa, l'artère principale de la ville.

Les églises

À Topla, un des quartiers de la ville, derrière un porche un peu théâtral, se tiennent deux églises, une petite et une grande, aux façades très semblables mais orientées différemment. Saint-Georges, construite au XVIIe s. et rénovée au XIXe s., abrite une **exceptionnelle icône** de forme circulaire représentant saint Pierre et saint Paul et datant de 1688. L'édification de l'église voisine débuta en 1709 et fut achevée en 1713.

Le Jardin botanique

Av. Njegoševa. Accès libre tte la journée.

L'avenue Njegoševa, où la circulation est assez dense, longe sur la droite un jardin botanique aux belles essences venues d'ailleurs : eucalyptus, magnolias, palmiers des Canaries, agaves et cactus aux formes étranges…

Le Musée historique

Mirka Komnenovića 9. Ouv. t.l.j. 9h-18h. Entrée plein tarif : 1,50 €.

Le musée est installé dans un parc, au sein d'une jolie demeure baroque de la fin du XVIIIe s. La bâtisse renferme des collections retraçant toute l'histoire de la région : des **objets préhistoriques** exhumés de la grotte de Vranjaj, dans le massif d'Orjen ; des **amphores antiques** retrouvées dans des épaves ; des **bas-reliefs médiévaux** remarquables provenant de petits sanctuaires alentour… Sans compter une importante série d'icônes de l'école Dimitrijević-Rafailović, d'une facture originale, et une section ethnographique intéressante.

➤ *Longez vers l'E l'av. Njegoševa.*

La vieille ville★★★

Enserrée dans ses murailles, dont certains pans datent du XVe s., Herceg Novi est une véritable place forte constamment renforcée par ses occupants successifs !

Des tours et des forteresses

Au bout de l'avenue Njegoševa, on atteint une première **esplanade** (Trg Nikole Đjurkovica) aux pavés étincelants, bordée de part et d'autre par des boutiques de mode et des cafés.

Sur la gauche, une voie étroite passe sous la porte occidentale de la vieille ville, dite **tour de l'Horloge.** Le beffroi actuel, de style néoroman, fut érigé en 1850. Héritier de la célèbre Sahat Kula turque, rebaptisée Tora par les Vénitiens, il reste l'emblème

LE FESTIVAL DES MIMOSAS

Depuis 1969, chaque année au mois de **février,** la petite cité fête les mimosas en fleur, signe du retour du printemps. De nombreuses manifestations sont organisées, à la fois festives, sportives et culturelles *(p. 249)*.

de la cité. Sous son arcade, on aperçoit une jolie Vierge noire.
En haut de cette voie se dresse **Kanli Kula,** littéralement «la tour sanguinaire», une ancienne prison construite au XVIe s. par les Ottomans *(ouv. 8h-minuit; entrée plein tarif: 1 €).* Du haut de ses murs, la vue sur la ville est formidable. Depuis 1976, la forteresse accueille régulièrement des spectacles à ciel ouvert *(p. 250).*
Vers l'est, la **tour Saint-Jérôme** (1687) et la **porte de Perast** protègent la cité. Élevé au XVIe s. et restauré au XVIIe s., le bastion maritime, dit **Forte Mare** *(Save Kovačevića ☎ 069.619.060 [port.]; ouv. 10h-20h; entrée plein tarif: 1 €),* rénové en 1833, a encore fière allure. Sur la porte dite «de la Mer», une inscription arbore les signes héraldiques d'une grande famille bosniaque. Il sert aujourd'hui de cinéma de plein air.
Le tremblement de terre de 1979 *(p. 48)* a malheureusement ravagé les restes de la citadelle vénitienne, presque entièrement engloutie.

➤ *Remontez Save Kovačevića vers le N.*

La place Herceg Stjepana

Cette jolie place à mi-pente de la vieille ville, surnommée «Bellavista», est LE lieu spirituel, culturel et artistique de la cité, autour duquel s'ordonnent quelques immeubles élégants de la fin du XIXe s. L'un d'eux abrite aujourd'hui la **bibliothèque** et ses précieuses archives. Quelques **galeries d'art** (Josip Bepo Benković et Sue Ryder) et le siège de Radio Herceg Novi y ont également élu domicile. La place accueille chaque année, la seconde quinzaine de juillet, une foire aux livres internationale *(p. 250).* Dernière excellente raison de musarder dans les parages: la présence d'agréables terrasses.

PAUSE AVEC VUE

La terrasse du **Gradska Kafana** offre une superbe vue sur la mer. Tant qu'à être dans ce café un peu rétro, ne vous privez pas d'un délicieux cappuccino accompagné d'une part de *schvarcwald* (pâtisserie locale). Le moment sera d'autant plus magique!
➤ ***Carte p. 28-29** – Njegoševa 31*
☎ 031.321.066. Espèces uniquement.

Un chapelet d'églises

Au milieu de la jolie **place Herceg Stjepana** se dresse l'inclassable **église de l'Archange-Saint-Michel,** dont la construction s'acheva en 1911 après vingt-huit ans de travaux. Avec son dôme et ses clochetons qui ressemblent à des minarets, elle s'amuse à combiner styles gothique et byzantin, tout en gardant des proportions élégantes. La sobriété de la pierre très blanche de Korčula est agrémentée par la finesse de certains décors. Les palmiers, la fontaine et les terrasses

des cafés étalées au soleil accentuent l'atmosphère méditerranéenne de la placette.

En retrait trône la **statue d'Aleksa Šantić** (1868-1924). Considéré comme l'un des meilleurs poètes de son temps, rares sont les habitants qui ne sauraient vous réciter l'un de ses poèmes par cœur.

Il faut ensuite descendre une ruelle aux façades fleuries pour rejoindre la **place Mićo Pavlović,** parfois retentissante de musique. Là, le conservatoire local côtoie l'**église Saint-Jérôme** *(ouv. pendant les messes à 18h),* érigée au XIXe s. Malgré son extérieur plutôt banal, elle mérite une visite pour les quelques belles toiles qu'elle renferme. L'une, située près de l'autel, est l'œuvre d'un maître vénitien et date de 1687 ; elle fut offerte par le patricien vénitien Jérôme Corner en mémoire de la victoire contre les Turcs. D'autres tableaux sont signés du grand peintre baroque local **Tripo Kokolja,** natif de Perast et plus connu pour son travail à l'église Notre-Dame-du-Récif, sur l'îlot artificiel en face de Perast *(p. 42).*

En contrebas, la petite **église Saint-Léopold** *(ouv. 7h-minuit)* date de l'époque vénitienne. Sa silhouette se découpe au loin sur l'azur de la baie.

La forteresse de Španjola*

Tvrđava Španjola

Au N de la ville, suivez les panneaux d'indication. Accès libre.

Perchée à 170 m d'altitude, sur la colline de Bajer, la forteresse espagnole, commencée lors de la courte mainmise espagnole en 1538 et achevée par les Turcs, domine la baie. Le lieu, plutôt laissé à l'abandon, est aujourd'hui un rendez-vous de la jeunesse locale. Mais la vue magni-

La place Nikole Durkovica à Herceg Novi

fique mérite à elle seule l'ascension ! Chaque année en août, la forteresse est investie par de jeunes artistes, après quelques jours de grand nettoyage, lors de l'**Eko Fest,** une fête éco-citoyenne *(p. 250)*.

➤ *De la vieille ville, redescendez vers la mer et empruntez Šetalište Pet Danica, une promenade piétonne de 6 km aménagée à l'emplacement d'une ancienne voie ferrée, entre Igalo et Meljine.*

➤ La Riviera d'Herceg Novi★★

Carte p. 28-29.

Dans la **marina,** au pied de la vieille ville, des yachts luxueux côtoient de superbes voiliers et une flottille de petites embarcations. Quelques vieilles bâtisses bordent les quais et donnent envie de paresser.

La **Riviera d'Herceg Novi** déroule ses hôtels-clubs et ses pensions plus familiales, ses plages de galets mouchetées de parasols, ses étroites bandes de sable transformées en terrain de beach-volley et ses pontons en béton avec leurs rangées de chaises longues. La côte, très rocheuse et découpée, ne déroule pas d'infinies grèves blondes, mais vous trouverez bien une place pour un moment de farniente au soleil et une baignade dans l'eau translucide. Des activités sportives sont organisées sur certaines plages. Choisissez alors de préférence celles de **Raffaello,** vers Topla, du **Yachting Club** ou d'**Igalo,** non loin du Forte Mare.

➤ Le monastère de Savina★★

Carte p. 28-29 – À l'E de la ville, au bout d'une jolie promenade de 2 km. Manastirka 21 ☎ 031.345.300. Ouv. t.l.j. 7h-20h.

Situés sur les collines ombragées surplombant la baie, le monastère de Savina et ses trois églises ont été édifiés au fil des siècles par les moines, dont la présence sur le terrain est attestée dès le XIe s.

Les deux églises de la Vierge-de-la-Dormition

Dans la cour, la **petite église de la Vierge-de-la-Dormition** porte la date de 1030. Elle est couverte de fresques datant de différentes périodes, découvertes parfois sur le tard. Ainsi, des **fresques gothiques** de Lovro Dobričević (1455) furent mises au jour dans l'abside en 1969, dont une Mise au tombeau d'une grande douceur.

Ne manquez pas les **peintures de Dimitrije Daskal** sur l'iconostase (la porte de l'Empereur et le crucifix au-dessus), ainsi que l'icône figurant l'Assomption de la Vierge, réalisée par son fils Rafailo.

La **grande église,** édifiée à la fin du XVIIIe s. par Nikola Foretić, un maître

maçon de Korčula, mêle influences byzantine, romane et baroque. Le dôme est contrebalancé par le clocher élancé ; les arcatures aveugles et la rosette ciselée brouillent également les pistes. À l'intérieur, la magnifique iconostase de 1795 est l'œuvre de deux artistes du nord du Monténégro, Simeon Lazović et son fils Aleksij.

Le monastère

Le monastère de Savina, reconstruit dans les années 1930, abrite un trésor rapporté en 1693 par les moines du couvent Tvrdoš fuyant les Turcs.

Parmi les pièces précieuses ramenées se trouvent la **croix en cristal de saint Sava** datant du XIIIe s., le saint suaire de 1659, la coupe à cinq pains de 1648, de nombreux objets liturgiques d'orfèvrerie fine, un portrait de Pierre le Grand jeune et des icônes.

L'église Saint-Sava

Plus haut, la petite église Saint-Sava est dédiée au premier archevêque nommé par l'Église orthodoxe en 1219 et toujours vénéré.

➤ Le massif d'Orjen

***Carte p. 28-29** – Dans l'arrière-pays d'Herceg Novi, dir. Kameno.*

À cheval entre la Bosnie-Herzégovine et le Monténégro, le massif d'Orjen appartient aux Alpes dinariques. Ce gigantesque bloc de karst se dresse au-dessus de l'Adriatique, avec des pics dépassant les 1 500 m d'altitude.

La région, à la nature encore sauvage, est idéale pour de longues marches en montagne, des journées d'escalade ou des virées en 4x4.

➤ Lire aussi la balade secrète : La boucle d'Orjen en 4x4 (p. 37).

Le monastère de Savina

Plateau de karst dans le massif d'Orjen

Balade secrète

La boucle d'Orjen en 4x4

Découvrez le massif d'Orjen à travers une boucle de 75 km au départ d'Herceg Novi. Prenez la route qui grimpe dans l'arrière-pays, direction Meljine, Kameno puis Kruševice. Dirigez-vous ensuite vers Risan et, à Crkvice, bifurquez à droite pour rejoindre Kameno puis la côte.

La boucle d'Orjen

Sur la route, l'Orjen dévoile progressivement ses crêtes dentelées, ses pentes couvertes de pins bosniaques, ses ruisseaux tumultueux qui alimentent les moulins, ses vallées semées de pierres, ses verts pâturages et ses moraines héritées de l'époque glaciaire. Prenez le temps de vous arrêter, au gré de vos envies, dans les charmants petits villages aux belles maisons de pierre, aux églises rustiques et aux forteresses austro-hongroises comme celles de **Kom** et de **Stražnik,** à proximité de Crkvice.

Le bourg de Kruševice

Au fond d'une vallée fertile protégée par des monts dénudés se dévoile d'abord Kruševice. Habitée dès le IIe s. av. J.-C. par les Illyriens, cette bourgade rurale a été peu à peu désertée par ses habitants, comme tous les autres villages du massif. À 700 m d'altitude, les maisons de pierre, coiffées de tuiles, forment des taches colorées dans l'immensité naturelle. Le paysage karstique est très caractéristique. Les affleurements à nu dessinent un environnement à la végétation clairsemée. Ces labyrinthes de rocs sont appelés « lapiaz » par les géologues.

L'amphithéâtre de Šubra

Au départ de Kruševice, vous pourrez entreprendre une randonnée jusqu'à l'**amphithéâtre de Šubra,** offrant l'un des paysages les plus spectaculaires de la région. Son demi-cercle de falaises hautes de 500 m tombe d'un seul jet dans une vallée encaissée et humide où s'épanouissent des pins bosniaques. Si les alpinistes aguerris pourront de là entreprendre l'ascension vers les cimes (1 679 m), les simples randonneurs préféreront pique-niquer dans ce bout du monde avant de rebrousser chemin.

PRATIQUE

Carte p. 28-29.
Départ : *Herceg Novi.*
Pour la randonnée jusqu'à l'amphithéâtre de Šubra, renseignez-vous auprès du club PSK Šubra (www.pksubra.me).
Durée : *comptez la journée pour prendre le temps de vous arrêter en chemin.*
Budget : *possibilité de louer un 4x4 à la journée (p. 266).*
À savoir : *cette boucle ne doit s'envisager que d'avril à octobre, avant les chutes de neige. Un orage peut éclater à tout moment, même en été. Les auberges étant rares, pensez à emmener un pique-nique.*

2 La baie de Risan et Perast

Le bord de mer à Perast

Plus secrète que les baies d'Herceg Novi et de Kotor, la baie de Risan a su garder son atmosphère tranquille. La route qui longe la baie suit fidèlement les caprices du terrain, côtoie les berges verdoyantes ainsi que les marécages parsemés de roseaux et de nénuphars, surplombe un torrent… Quelques minuscules villages les pieds dans l'eau peuvent être l'occasion d'une halte rafraîchissante. Risan, la doyenne des bouches de Kotor, garde des témoignages de l'époque illyrienne, tandis que la vénitienne Perast et ses dix-sept palais est la véritable perle de la baie.

- **Carte :** p. 28-29.
- **Arriver, se déplacer :** voir Carnet pratique p. 266.
- **Manger, dormir, s'amuser :** p. 190.

➤ Le détroit de Verige

Carte p. 28-29 – À 11 km E d'Herceg Novi par la route côtière, un peu après Bijela.

Mince liseré s'allongeant au pied de la colline de Saint-Elijah (873 m), Perast se révèle dans toute sa splendeur baroque depuis le détroit de Verige. Le nom de Verige dérive des chaînes *(verige)* que les habitants de Perast avaient posées d'une rive à l'autre du détroit afin de pouvoir fermer la passe en cas de danger. Une précaution qui n'empêcha guère son pillage par les pirates au XVIIe s.

Au bord de la route, peu après Kamenari, une aire de stationnement permet d'embrasser la vue. Le plan d'eau offre un écrin incomparable à ce fabuleux ensemble urbain. La minuscule Perast se donne à voir avec emphase dans ce cadre grandiose. La juxtaposition des palais et campaniles témoigne d'un ordonnancement parfait, tandis qu'au premier plan se détachent deux îlots et leur sanctuaire qui font face à Perast.

➤ La grotte de Lipci

Carte p. 28-29 – À 6 km E de Bijela, sur la route côtière entre Morinj et Risan. Une marche de 450 m vous y mène. Pensez à prendre une lampe torche.

Cette grotte abrite quelques peintures rupestres qui émerveilleront aussi bien les adultes que les enfants. Ces rennes « préhistoriques » datent du VIIIe s. av. J.-C. Les dessins illustrent une chasse aux cerfs, et les rayures correspondent probablement non pas à leur pelage mais à leur squelette. Vous noterez aussi des motifs géométriques ressemblant étrangement à des croix en forme de svastikas. Malheureusement, un incendie a beaucoup endommagé les parois.

➤ Risan

Carte p. 28-29 – À 14 km E de Bijela sur la route côtière, via Morinj. Laissez votre voiture au parking situé sur les quais.

L'histoire de Risan remonte au IVe s. av. J.-C. La région est alors habitée par la tribu illyrienne Risonti. En 230 av. J.-C., une forteresse est édifiée au-dessus de Risan. Devenue romaine en 167 av. J.-C., la ville se renomme Risinium et se dote d'un forum et de murs d'enceinte. Les nécropoles sont déplacées à l'extérieur, tandis que dans le sud s'élèvent les riches villas des patriciens et des propriétaires fonciers.

À la fin du XIXe s., le grand archéologue **Sir Arthur Evans** découvre à Risan des vestiges archéologiques intéressants, comme des pièces frappées par un hôtel de la monnaie. Sur la colline de Gradina, on parvient à localiser l'acropole gréco-illyrienne. Et des sites immergés confirment le rehaussement progressif du niveau de la mer ; il y a 10 000 ans, on pouvait traverser la baie de Risan à pied !

Envahie par les Avars et par les Slaves et victime de plusieurs tremblements de terre, la cité antique puis médiévale a malheureusement laissé peu de vestiges.

La rue Gabela*

Dans la rue Gabela, la rue principale de Risan et la plus ancienne artère du Monténégro, les nobles façades de pierre aujourd'hui malheureusement très délabrées sont les derniers témoins de la prospérité passée de la ville, tout comme sa calade en diagonale datant de l'occupation ottomane. Le **palais baroque Ivelić** fut à l'époque vénitienne la demeure d'une grande famille.

On admirera au passage l'**église Saints-Pierre-et-Paul** (Crkva Sv. Petra i Pavla) érigée en 1796.

Les mosaïques de Risan**

Derrière l'église Saints-Pierre-et-Paul. Accès indiqué par des panneaux. Ouv. 15 mai-15 oct. : t.l.j. 9h-19h. Entrée plein tarif : 2 €.

Les mosaïques exhumées à Risan remontent aux IIe et IIIe s. apr. J.-C. et révèlent le raffinement de la société romaine. La chambre du maître, reconnaissable à l'*emblema*, le médaillon central, représentant Hypnos, le dieu grec des Rêves, est décorée d'un sol remarquable tant par la finesse de sa réalisation (selon la technique *opus tessellatum,* un assemblage méticuleux de cubes appelés «tesselles») que par la délicatesse de ses motifs.

Dans la salle à manger, des rectangles ornés de végétaux stylisés et de damiers semblent tapisser le sol. Remarquez l'absence de décorations à un angle : elle signale l'emplacement des divans dédiés au repas (*cunei* ou *clinei*).

Les mosaïques, longtemps laissées à ciel ouvert, bénéficient aujourd'hui de subventions étrangères qui ont déjà permis de financer un toit et de poursuivre les fouilles.

➤ Le monastère Banja

***Carte p. 28-29** – À 16 km E de Bijela. Ouv. t.l.j. 16h-19h. Accès libre.*

Le monastère, fondé au Moyen Âge, fut détruit une première fois par les Ottomans puis reconstruit en 1720. Environnés de cyprès, les bâtiments s'étagent au pied du massif de Krivosije, sur une boucle de terrain qui avance dans le golfe. Ce site préservé, avec son arrière-plan montagneux et ses berges tranquilles, prouve à quel point les religieux savaient dénicher des paradis sur terre!

Ne manquez pas de vous arrêter sur le petit parking et de sonner à l'entrée. Une religieuse toute de noir vêtue viendra vous ouvrir et vous emmènera visiter la charmante église décorée de plusieurs icônes. Au passage, vous pourrez surprendre quelques scènes de la vie conventuelle, entre ruches et potagers.

➤ Perast***

***Carte p. 28-29** – À 19 km E de Bijela sur la route côtière. Il faut ensuite garer sa voiture dans un parking payant aménagé à chaque entrée de la cité. Loc. de vélo possible au kiosque (2 €/h).*

Petit village de pêcheurs et de charpentiers de marine, mais aussi repaire de corsaires, Perast passe sous domination vénitienne en 1420. Lors de l'invasion des Ottomans, en 1482, Perast se trouve en première ligne face à l'ennemi. On érige alors à partir du XVIe s. la forteresse Sainte-Croix et dix tours de guet, dont seule la tour Matošević a survécu. En 1585, Perast devient une commune indépendante de Kotor, dirigée par un capitaine choisi parmi les membres respectables de la cité.

La trame urbaine de Perast se dessine un peu plus tard, aux XVIIe et XVIIIe s., et laisse entrevoir l'opulence de la minuscule cité navale. L'ordonnancement des bâtiments et le tracé des voies témoignent d'un urbanisme achevé. On dénombre alors plus de deux cents palais, une centaine de maisons moins importantes et... quatorze églises et chapelles! Aujourd'hui, Perast compte encore dix-sept palais. Certains ne sont plus que ruines, mais d'autres bénéficient de la vague de rénovation qui secoue la ville.

DES QUAIS PRIVÉS

À Perast, comme dans les autres communes des bouches de Kotor, les demeures donnant sur la mer possédaient souvent un embarcadère privé à la structure singulière, le ***mandrać.*** Au lieu d'une simple jetée droite, l'embarcadère dessinait un coude et formait ainsi une sorte de minuscule port où les bateaux étaient à l'abri des tempêtes. Deux *mandraći* ont été sauvegardés à Perast, l'un du côté de Luka et l'autre vers Prenčic. D'autres maisons se contentaient d'une simple avancée dans la mer, le ***ponta,*** où mouillait leur navire. Souvent, un banc, appelé ici *pižuli*, y est aménagé. Aujourd'hui, ces petits bouts de quais plus ou moins ombragés et fleuris servent de jardin.

L'église Saints-Pierre-et-Paul à Risan

Les palais

Les palais de Perast sont des merveilles d'architecture. La symétrie des lignes, les balcons entourés de balustrades et le rythme régulier des ouvertures procurent une impression de stabilité. Il faut se promener dans la cité en prêtant attention aux détails : le galbe des balustres du **palais de Šestokailović** ainsi que la fresque portant la date de sa construction et les armoiries placées sous sa corniche *(quartier de Luka, S-E de la ville)* ; les jolis pignons des **palaces Kolović-Matikola, Balović** *(front de mer, O de la ville)* **et Bronza** *(quartier de Luka, S-E de la ville)* ; la sobre serlienne (groupement de trois baies vitrées) du **palais Brajković** *(O de la pl. principale)* ; les consoles à crochets du **palais Smekja** *(front de mer, centre-ville)* ; ou encore le porche *bugnato* (ou bossage) du **palais Mazarović** *(quartier de Luka, S-E de la ville)* et le lion émacié sur le belvédère du **palais Visković** *(front de mer, quartier Luka)*. Ce dernier édifice, l'un des plus anciens de la ville, est un bon exemple de l'architecture de Perast. Il regroupe une tour (1500), un palais, une loggia et une extension plus tardive. Sur deux des porches figure le blason de la famille des Dentali.

Le Musée maritime**

Muzej Grada Perasta

À l'entrée de Perast, prenez la route à dr. qui descend vers la mer
☎ 032.373.519. Ouv. t.l.j. 9h-20h (horaires restreints en hiver). Entrée plein tarif : 2,50 €.

Le **palais Bujović** (1694), œuvre de l'architecte vénitien Giovanni Battista Fontana, abrite depuis 1957 le Musée maritime. Ses cinq arcades se reflètent dans les flots tranquilles et supportent une terrasse-belvédère ceinte d'une balustrade ornée à chaque angle du lion de Saint-Marc. Endommagé lors du tremblement de terre de 1979, le palais a été entièrement restauré.

Les 300 tableaux, sculptures et autres archives du musée retracent l'histoire du port de Perast, dont la

PAUSE FRUITS DE MER

Près de l'église Saint-Nicolas, la terrasse du restaurant **Conte,** au bord de l'eau, offre une vue magnifique sur le détroit de Verige et les îles. Vous y savourerez des plats de fruits de mer préparés avec soin.
➤ ***Carte p. 28-29*** *– Sur le front de mer ☎ 032.373.687 et 067.402.901 (port.), www.hotel-conte.com.*

vocation maritime est évoquée pour la première fois par écrit au XIIIe s. En 1336, un document atteste déjà d'un chantier naval, tandis qu'une école navale, la Nautica, est fondée au XVIe s. Sur toutes les cartes de l'époque, le nom de Perast figure comme un port important de l'Adriatique.

L'église Saint-Nicolas

Crkva Sv. Nikole

Sur la pl. principale (Trg Sv. Nikole). Ouv. t.l.j. 8h-18h. Entrée plein tarif : 1 €.

De loin, c'est surtout son campanile que l'on remarque : réalisé en 1691 par Ivan Skarpa, sa silhouette élancée et haute de 55 m est la plus élevée des bouches. Quant à l'horloge, elle fut réalisée à Venise puis installée sur place en 1730.

L'église elle-même, d'aspect insolite, résulte de l'imbrication de deux sanctuaires, l'un à une seule nef datant du début du XVIIe s., le second plus récent et ambitieux, dont la construction, commencée en 1740, fut interrompue par les guerres napoléoniennes. Derrière la façade de pierres claires se dresse l'abside monumentale à la baie grande ouverte, dessinée par l'**architecte vénitien Giuseppe Beati.** L'intérieur de l'édifice renferme des œuvres du **peintre Tripo Kokolja** (1661-1713), natif de Perast, ainsi qu'un orgue très ancien. Le trésor regroupe quelques objets de culte précieux, des croix et des calices d'argent, des reliques et des vêtements sacerdotaux, ainsi qu'un bel autel baroque.

DE CHAPELLES EN MAUSOLÉES

Le nombre de lieux saints à Perast est impressionnant. Certains sont bien cachés… À vous de dénicher ces petites chapelles que sont la minuscule **Sainte-Anne** noyée dans la verdure, l'église **Saint-Marc** au fronton décoré des statues du Christ ressuscité, de saint Pierre et de saint Marc, ou l'église franciscaine **Saint-Antoine** avec sainte Barbara au creux d'une niche…

L'église Notre-Dame-du-Rosaire

***Carte p. 28-29** – Sur les hauteurs de la ville.*

Perchée sur la colline, Notre-Dame-du-Rosaire est un mausolée qui fut commandité par l'archevêque Andrija Zmajević et achevé en 1678. L'édifice peut s'enorgueillir de posséder l'un des campaniles les plus élégants de la côte adriatique. De forme octogonale, il est rythmé par des corniches joliment travaillées délimitant quatre niveaux. Chacun est orné de baies différentes : meurtrières, oculi ovales, baies cintrées, baies jumelées.

L'abbaye Saint-Georges

Crkva Sv. Đorđe

***Carte p. 28-29** – F. au public.*

Fermée au public, la petite île Saint-Georges protège une abbaye bénédictine qui remonterait au IXe s. Incendiée par le pirate Karadoz en 1571, elle est gravement endommagée lors du séisme de 1667. Sa silhouette encadrée par la clôture du cimetière et de hauts cyprès, même si elle ne peut s'admirer que de l'extérieur, est assurément très romantique. D'ailleurs, parmi les tombeaux, se cachent ceux du frère Frane et de sa bien-aimée Katica, les Roméo et Juliette des bouches de Kotor.

L'église Notre-Dame-du-Récif**

Gospa od Skrpjela

***Carte p. 28-29** – Prenez un taxi-boat situé sur le quai devant l'église Saint-Nicolas ☎ 069.013.678 (port.). 3,50 € A/R. À 10 m plus à l'E, Notre-Dame-du-Récif émerge des flots paisibles. Ouv. t.l.j. 9h-19h. Entrée plein tarif : 1 €.*

Le récif

L'**île artificielle** fut élevée face à la ville comme témoignage de la foi chrétienne des habitants de Perast, mais aussi pour marquer leur territoire face à l'abbaye de Saint-Georges, placée sous la juridiction de Kotor. La légende raconte qu'en 1452, une icône de la Vierge apparut à deux marins, juste à cet emplacement, et qu'elle aurait miraculeusement guéri l'un d'eux. Dès ce jour, les habitants s'engagèrent dans la consolidation du récif et l'érection d'une première chapelle dédiée à la Vierge. Des générations de marins remblayèrent l'écueil avec des pierres et des carcasses de vaisseaux. Une aide fut apportée à cette entreprise colossale par les fidèles de Perast, qui, après avoir assassiné en pleine liturgie l'abbé Pasquali nommé par Kotor (1535), décidèrent d'agrandir la chapelle en signe de repentance.

Le musée

Appuyé contre l'église Notre-Dame-du-Récif, un petit musée retrace l'histoire de Perast : peintures, morceaux d'amphores, armes en pierre datant de plus de cinq cents ans, etc. apportent leur témoignage.

L'église

L'église actuelle fut érigée après le tremblement de terre de 1667. De **style byzantin,** elle fut dotée, entre 1722 et 1730, d'un presbytère et d'un clocher, tous deux coiffés d'un dôme.

LA FAŠINADA

Chaque année, le **22 juillet,** jour de la Sainte-Madeleine, les habitants de Perast commémorent la construction de l'île de Notre-Dame-du-Récif. Des barques, décorées de drapeaux et de branches de peuplier, convergent vers l'îlot. Les festivités s'accompagnent d'une célébration religieuse et même d'une régate *(p. 249)*.

Sur l'autel en marbre, l'icône miraculeuse de la Vierge à l'Enfant est l'œuvre de l'**artiste Lovro Marinov Dobričević** (XVe s.). Au plafond et sur les murs, soixante-huit toiles du maître de l'école vénitienne, **Tripo Kokolja,** représentent la vie de Marie et des scènes de l'Ancien Testament. Il aura fallu dix ans à l'artiste pour venir à bout de la commande passée par Andrija Zmajević. Les tablettes votives en argent furent offertes par des capitaines qui voulaient placer leur traversée sous la protection de la Vierge. D'autres offrandes plus modestes, comme des ustensiles de la vie quotidienne témoignant de la ferveur populaire, ont été regroupées dans une salle située juste à côté de l'église.

L'église Notre-Dame-du-Récif

3 La baie de Kotor

Vue sur les bouches de Kotor

Sans doute est-ce la baie la plus célèbre des bouches. Dans ce cercle de montagnes, la Méditerranée a perdu son bleu lagon et les eaux immobiles reflètent tantôt les teintes sombres des parois, tantôt les nuages emprisonnés dans les sommets. Villages de pêcheurs et cités vénitiennes, campaniles et églises à l'italienne, tavernes en terrasse et allées de palmiers apportent au paysage une surprenante douceur. Contrairement à d'autres cités des Bouches touchées par le terrible tremblement de terre de 1979, Kotor est ressortie embellie de l'épreuve, grâce à des travaux de reconstruction de qualité.

- **Carte et plan :** p. 28-29 et ci-contre.
- **Arriver, se déplacer :** voir Carnet pratique p. 266.
- **Manger, dormir, s'amuser :** p. 191.

Kotor

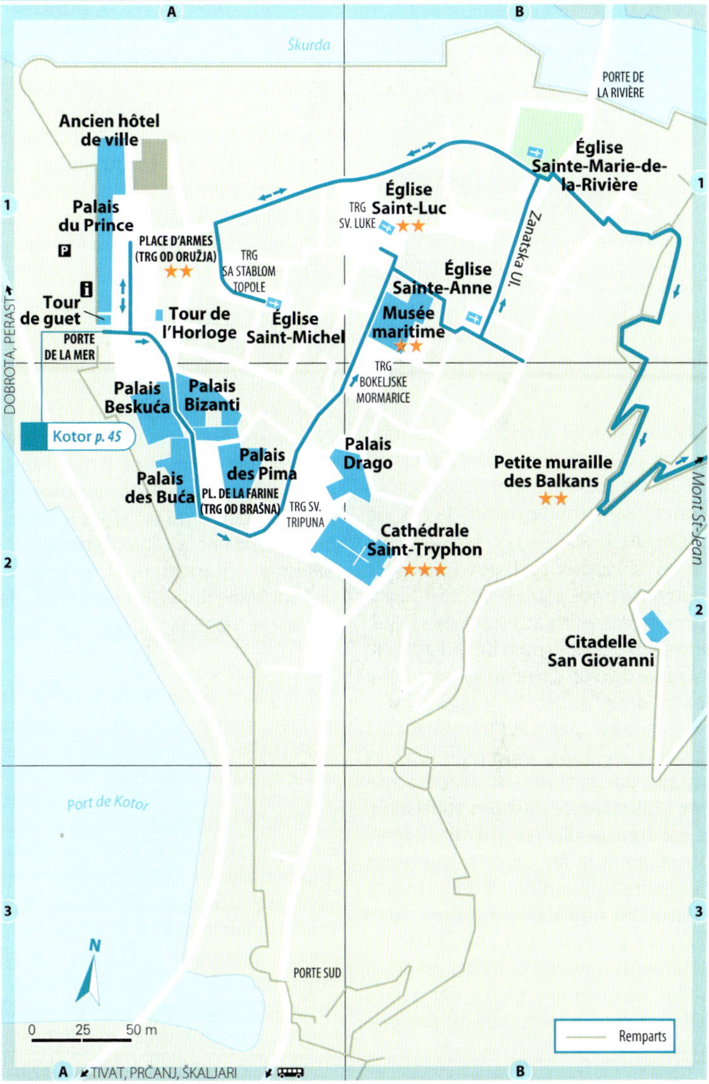

➤ Kotor★★★

Plan ci-dessus *– À 12 km S de Perast par la route côtière.*

Nichée au pied des formidables parois du mont Saint-Jean, Kotor mêle avec bonheur l'abrupt de son décor et le charme méditerranéen de ses placettes et venelles. L'enclave historique ceinte de murailles a échappé à l'urbanisation galopante qui frappe la banlieue. La petite ville occupe un

CONSEIL

Il est préférable d'arriver de bonne heure pour visiter Kotor, avant le débarquement des autocars et des paquebots de croisière venus de Dubrovnik.

RUES ANONYMES

L'une des particularités de Kotor est l'absence de noms de rue. Certes, vous verrez des plaques toutes neuves aux appellations aussi officielles qu'artificielles. En fait, les lieux portent des surnoms, souvent liés à leur fonction. Il y a ainsi la place de la Farine, où se trouvaient les moulins et les boulangers, celle de la Salade, celle du Lait, etc. Une ruelle est même appelée « Laisse-moi passer ! » tant elle est étroite ! Heureusement pour les touristes, Kotor reste une petite cité.

plateau alluvial triangulaire délimité par la courte rivière Škurda au nord et la source sous-marine Gurdić à l'ouest, sans doute depuis le Ier s. de notre ère.

Si les invasions barbares nous font perdre sa trace entre les IIIe et Ve s., des documents écrits attestent de sa vitalité en 670 sous le nom de Dekaderon. Mais Kotor se développe surtout à partir du XIIe s. De son noyau médiéval, ravagé par les tremblements de terre de 1537, 1563 puis 1667, et assailli par la flotte de Barberousse en 1539, peu de vestiges subsistent. C'est donc la ville reconstruite par les Vénitiens à la fin du XIIe s. que nous admirons aujourd'hui. Enfin presque, puisqu'un nouveau séisme en 1979 ébranla gravement la cité (70 % des bâtiments furent détruits) et qu'il fallut reconstruire pierre par pierre chaque monument, leur offrant une nouvelle jeunesse.

La porte de la Mer

Morska Glavna Vrata

***Plan p. 45 / A1** – Entrée principale de Kotor, à côté du parking et de l'office de tourisme.*

Arrêtez-vous un instant devant la porte principale, édifiée en 1555 et mêlant **influences baroque et Renaissance.** En 1944, les symboles vénitiens et autrichiens qui ornaient le fronton furent détruits à coups de marteau, transformant sa physionomie. La date du 21 novembre 1944 correspond à la libération de Kotor, tandis que les armes de la Yougoslavie trônent au-dessus de l'architrave. À l'intérieur, sous l'arcade à droite, se tiennent des **statues gothiques** du XVe s. représentant Marie, Jésus et saint Bernard ; à gauche, vous pourrez voir saint Tryphon avec une maquette de la ville.

La place d'Armes**

Trg od Oružja

***Plan p. 45 / A1** – Derrière la porte de la Mer.*

De l'autre côté de la porte de la Mer s'étend une longue et large artère, aujourd'hui envahie de terrasses de cafés. Au début du XIXe s., les Français, qui occupaient la région, pétris d'urbanisme, ordonnèrent la démolition de l'ancienne loggia municipale et de la caserne Saint-Roch.

La tour de guet

Sur la place, à droite de la porte de la Mer, s'élève une bâtisse trapue qui était en réalité une **tour de guet** reliée au palais du Prince.

La tour de l'Horloge

En face s'élève la tour de l'Horloge, érigée en 1602, qui, après les secousses sismiques de 1667 et 1979, tend à imiter la tour de Pise. Son inclinaison, bien que stabilisée, atteint aujourd'hui 20 cm ! Sous la loggia, le large cadran indique l'heure au moyen d'un mécanisme datant de l'occupation napoléonienne, tandis qu'une cloche carillonne à chaque demi-heure. Les cadres joliment ouvragés devaient accueillir des blasons et des inscriptions, mais ils restèrent vides, Venise ne tolérant aucun signe de glorification personnelle. Devant le beffroi, remarquez une étrange pyramide, reproduction de l'ancien pilori démoli en 1945, où étaient exposés à la vindicte populaire criminels et brigands.

Le palais du Prince

Différentes demeures datant du XIXe s. et dotées de boutiques au rez-de-chaussée bordent l'esplanade côté est, tandis qu'adossé à la muraille le palais du Prince arbore un interminable balcon. Il tire son nom de l'époque à laquelle le siège du prévôt, nommé par Venise, fut transféré là après la destruction en 1667 de l'ancienne résidence, place de la Cathédrale. Le prévôt Alvise Foscarini et toute sa famille avaient alors péri dans la catastrophe. En 1788, ces bâtisses furent converties en baraquements militaires et en entrepôts.

L'ancien hôtel de ville

Au sud-ouest de la place d'Armes, l'ancien hôtel de ville de style néo-Renaissance, avec son attique à balustrade et ses frontons cintrés ou triangulaires, servit d'entrepôt de biscuits puis de sel avant d'être transformé en théâtre sous l'occupation française (début du XIXe s.).

Les palais Bizanti et Beskuća

Dans le renfoncement plus au nord, le **palais Bizanti,** construit autour d'un patio intérieur selon les principes de la Renaissance, conserve, malgré des proportions généreuses et des détails décoratifs baroques, une allure très sobre. La date de 1674 inscrite sur la façade concerne probablement son extension après le tremblement de terre de 1667. La famille Bizanti donna à Kotor nombre de grands hommes, comme le capitaine de la galère *Saint-Tryphon* qui sombra avec son équipage lors de la bataille de Lépante en 1571 *(p. 240)*.

Le **tympan gothique** du portail du **palais Beskuća** *(dans la ruelle qui longe la façade O du palais Bizanti)* est orné du blason des Bizanti représentant un lion, récupéré sur un autre palais, pour montrer leur suprématie. Vers la fin du XVIIIe s., la fortune familiale des Bizanti est en pleine déchéance tandis que les Beskuća prospèrent grâce au commerce maritime. Beskuća signifie « sans maison » ; le comte Joseph Beskuća, qui avait réussi à obtenir un symbole héraldique, espérait également changer son nom pour que celui-ci devienne Stokuća, c'est-à-dire « cent maisons » !

La place de la Farine

Trg od Brašna

Plan p. 45 / A2.

Cette ancienne place, où était conservée la farine, est bordée par deux palais. À l'ouest se tient le **palais des Buća** *(ne se vis. pas)*. Cette famille donna au XIVe s. plusieurs ambassadeurs de renom, dont l'un fut envoyé à la cour du pape en Avignon. Le blason porte une fleur de lys, signe de la distinction accordée par le roi de France. Une fois encore, les séismes eurent raison de l'ensemble gothique. En face, le **palais des Pima** *(ne se vis. pas)*, autre grande famille de Kotor, est un bel exemple d'architecture civile du XVIIe s. Remarquez

UNE CITÉ ANARCHIQUE

Contrairement aux villes romaines dont le plan est tracé au cordeau, Kotor s'est développée au petit bonheur la chance. Lorsque la ville se construit au Moyen Âge, elle se contente de se replier derrière ses remparts et ne respecte aucun plan préétabli. Les maisons sont bâties sans souci d'alignement. Chaque façade affiche une hauteur de son choix, en fonction du nombre d'étages. Les places dessinent des figures géométriques aléatoires. L'angle droit est inconnu. Plus tard, après le séisme de 1667, la ville renaît de ses décombres sans prêter plus d'attention aux préceptes de l'urbanisme rationnel. Aujourd'hui encore, elle apparaît comme un modèle séduisant de cité à l'architecture anarchique, avec son dédale de ruelles sinueuses, ses placettes biscornues et ses esplanades étirées.

les consoles à volutes du balcon du deuxième étage de style baroque tandis que la terrasse-belvédère du premier étage évoque plutôt le style Renaissance, de même que la distribution intérieure autour d'une cour centrale. Plusieurs hommes de lettres, poètes et humanistes, dont le poète Jeronim Pima (XVIIe s.) et Ludovico Pima, recteur de l'université de Padoue à l'époque de Copernic et de Savonarole, naquirent ici.

La cathédrale Saint-Tryphon***

Katedralana Sv. Tripuna

Plan p. 45 / A-B2 – Trg Sv. Tripuna. Ouv. t.l.j. 8h-19h (10h-14h janv.-mars). Entrée plein tarif : 2,50 €.

Remarquable sanctuaire roman à la silhouette claire, la cathédrale catholique Saint-Tryphon fut érigée au XIIe s. sur le site d'une ancienne église ; c'est l'**une des plus anciennes d'Europe.** Reconstruite aux XVIe et XVIIe s. et restaurée après le séisme de 1979, elle a perdu beaucoup de ses attributs d'origine : sa coupole a été remplacée par un toit à deux pentes et la façade principale romane flanquée de clochers a été détruite lors du séisme de 1667. À l'intérieur, des fresques du XIVe s. sont encore visibles, notamment une Crucifixion dans l'abside. On peut aussi admirer les piliers fasciculés romans et leurs chapiteaux, ainsi que les **fonts baptismaux** du IXe s. ornés de deux paons.

Profitez du recul qu'offre le parvis pour admirer les deux tours en pierre de l'île de Korčula, leur symétrie toute simple légèrement imparfaite (l'argent manqua pour achever la construction des clochers) et la délicatesse de la rosace gothique. Le porche aussi mérite un examen attentif avec son arc orné d'une frise végétale et sa balustrade.

Le ciborium***

Chef-d'œuvre de l'art gothique, le ciborium date de 1362. Porté par quatre colonnes de marbre rouge de Kamenari, le baldaquin à trois niveaux coiffé d'un ange est d'une finesse extraordinaire. Les scènes figurant sur les architraves relatent la vie du martyr d'Asie Mineure saint Tryphon, le patron de Kotor.

La cathédrale Saint-Tryphon

Autre pièce tout à fait unique, le **retable en argent doré,** dit *pala d'oro*, situé juste derrière, qui fut exécuté par des orfèvres locaux entre 1440 et 1445.

Le reliquaire

Une **chapelle** décorée au XVIIIe s. par le sculpteur vénitien Francesco Penso, dit Cabianca, conserve la **relique de saint Tryphon,** échouée là en 809, à mi-parcours entre Constantinople et Venise, après une épouvantable tempête.

Les bas-reliefs en marbre de Carrare et la statue du saint sont d'une délicatesse exquise. Remarquez également la tête en argent où est conservé le crâne du saint !

Ne manquez pas la visite du **musée** situé à l'étage, où sont exposés des toiles de peintres locaux, Lovro Marinov Dobričević ou Tripo Kolkoja, ainsi que ciboires, plateaux, croix, ostensoirs, etc.

Le palais Drago

Plan p. 45 / A-B2 – Sur le parvis.
Ne se vis. pas.

Le palais présente deux baies jumelées qui rappellent Venise avec leur remplage élaboré. Les enfants pourront s'amuser à retrouver de-ci de-là les dragons sur sa façade, symboles héraldiques de ce clan puissant.

Malheureusement, vous ne pourrez pas visiter l'intérieur, habilement restauré dans sa version gothique et qui abrite désormais l'**Institut régional pour la protection du patrimoine culturel.**

Le Musée maritime**

Pomorski Muzej Crne Gore

Plan p. 45 / B1 – Trg Bokeljske Mormarice br. 391 ☎ 032.304.720. Ouv. avr.-oct. : lun.-sam. 8h-18h, dim. 8h-14h ; nov.-mars : lun.-sam. 8h-14h, dim. 9h-13h. Entrée plein tarif : 4 €. Audioguide en français.

Le musée se dresse sur le côté nord de la place Bokeljske Mormarice, en plein cœur de la vieille ville. Commandité par le comte Marko Grgurina en 1732, il arbore une façade baroque très régulière. La disposition interne reprend le modèle d'un palais vénitien : quatre chambres autour d'un salon central. Converti en siège de la préfecture de la ville au XIXe s., il consacre dès 1938 son rez-de-chaussée à l'exposition de souvenirs de la fraternité des marins.

Si parcourir le musée permet de se documenter sur la **tradition navale de Kotor,** la visite permet aussi de découvrir un **aménagement intérieur très bien conservé,** du sol dallé au plafond en bois. Des salons entiers ont été reconstitués avec du mobilier provenant d'autres demeures patriciennes des bouches.

Modèles réduits d'embarcations de l'Adriatique, cartes anciennes, portraits d'amiraux illustres, peintures de grandes batailles navales, armes anciennes, mobilier et porcelaine rapportés d'Orient ainsi que bijoux baroques sont rassemblés dans les différentes salles. Les commentaires de l'audioguide rendent cette immersion vivante et instructive. Ainsi, le destin du capitaine Petar Želalić de Bijela, enlevé par les Turcs avec son équipage pendant huit ans, passionnera petits et grands !

À deux pas du Musée maritime, la **fontaine Karampana,** simple pompe cernée d'une balustrade en fer forgé de style baroque, fait partie du folklore de Kotor. Jusqu'à l'installation du système d'eau potable en 1917, la fontaine constituait un lieu naturel de rencontres. Les femmes, lingères et porteuses d'eau, aimaient y papoter.

L'église Saint-Luc**

Crkva Sv. Luke

Plan p. 45 / B1 – Trg Bratstsva i Jedinsta. Ouv. tte la journée.

Cette petite église, nichée de guingois sur une place, est adorable. Sur sa façade, une inscription porte le nom de ses fondateurs, Mavro et Buona Cazafranka, ainsi que la date de son érection : 1195. Elle est dédiée à l'apôtre Luc, protecteur des peintres d'icônes et de fresques. Restée catholique jusqu'au milieu du XVIIe s., elle passe ensuite au culte orthodoxe pour accueillir notamment les fidèles de la plaine voisine de Grbalj, alors chassés par les Turcs. Néanmoins, jusqu'au XIXe s., des célébrations romaines y étaient pratiquées sur un autel à droite de l'iconostase. Cette pratique, loin d'être exceptionnelle, était observée dans d'autres sanctuaires de la région, preuve de la grande tolérance religieuse à cette époque.

Si l'on peut aujourd'hui contempler l'église médiévale originelle, cela est dû aux travaux de restauration effectués après le séisme de 1979. La réhabilitation de l'intérieur a permis de fixer des vestiges de fresques anciennes. L'**iconostase principale,** datée de 1710, est l'œuvre du fondateur de la célèbre école d'iconographes, Dimitrije Daskal. Dans la **chapelle Saint-Spyridon,** l'iconostase est due à un maître de l'école grecque du XVIIIe s. Observez le pavement de l'église constitué de pierres tombales : jusqu'à l'administration autrichienne, les habitants de Kotor étaient enterrés dans les églises de la ville.

L'église Sainte-Anne*

Crkva Sv. Ane

Plan p. 45 / B1 – Pas d'horaires d'ouverture officiels.

Comme pour Saint-Luc, le tremblement de terre fut finalement providentiel pour Sainte-Anne. On profita de l'état de délabrement du sanctuaire pour entreprendre un chantier d'envergure qui permit à l'église romane de ressusciter. Elle est d'une jolie simplicité : bandes de pierres rouges et blondes, corniche à arcatures aveugles, toit de lauzes et son dôme. Des **fresques** de Lovro Marinov Dobričević, datant du XVe s., représentent sainte Catherine et saint Martin.

L'église Sainte-Marie-de-la-Rivière*

Crkva Sv. Marije od Rijeke

Plan p. 45 / B1 – Juste derrière l'entrée N de la ville. Pas d'horaires d'ouverture officiels, vous pouvez tenter votre chance le matin.

Des fouilles récentes ont révélé l'existence d'une basilique ancienne (VIe s.), à la fois baptistère et première cathédrale de Kotor puisqu'on y a retrouvé le siège de l'évêque. Elle fut consacrée en 1221 ; son aspect actuel, très fidèle au sanctuaire médiéval, est le résultat d'une restauration méticuleuse. Approchez-vous du **portail,** dont la porte en bronze a été exécutée par le sculpteur Vasko Lipovac. Les saynetes retracent la vie de la sainte locale de Kotor, Osanna, sorte de Jeanne d'Arc ayant combattu les pirates de Barberousse. Des **fresques** du XIVe s., qui mêlent influences occidentales et orientales, décorent les voûtes et arêtes intérieures.

L'église Saint-Michel

Crkva Sv. Mihaila

Plan p. 45 / A1 – Trg sa Stablom Topole, Stari Grad 313 ☎ 032.373.519. Ouv. avr.-oct. : t.l.j. 9h-20h ; nov.-mars : t.l.j. 8h-17h. Entrée plein tarif : 2,50 €.

L'église ressemblait, jusqu'à sa reconstruction après 1979, à n'importe quel édifice civil, avec des fenêtres sur deux niveaux et un porche d'entrée anonyme. Le **sanctuaire à une seule nef** abrite désormais quelques fragments de pierres taillées, des blasons, pierres tombales, chapiteaux, et une remarquable **tête de l'empereur Domitien** du Ier s.

La petite muraille des Balkans**

Plan p. 45 / B2 – Départ près de l'église Sainte-Marie-de-la-Rivière. Ouv. t.l.j. 8h-20h en été, jusqu'à la tombée de la nuit le reste de l'année. Entrée plein tarif : 3 €, gratuit nov.-mars. Comptez 1 h A/R. Emportez une bouteille d'eau, surtout en été. L'ombre est rare et la pente rude !

La petite muraille des Balkans

Dès l'époque illyrienne, la petite implantation sise au fond du golfe fut fortifiée et dotée d'un bastion défensif planté sur les escarpements du mont Saint-Jean. Au fil du temps, cette enceinte ne cessa d'être consolidée afin de résister aux assauts des armées ennemies, notamment ottomanes. Les murs furent doublés au XVe s., de nombreux bastions ajoutés, et les défenses côté rivière et port renforcées.

Les 4 km de remparts, hauts parfois de 20 m et larges de 2 à 15 m, encerclent le cœur historique et s'élèvent bien au-dessus. Le ruban de pierre hérissé de créneaux serpente sur les flancs abrupts des coteaux et ressemble de loin à une petite sœur européenne de la Grande Muraille de Chine. Seules trois portes, la porte principale ouvrant sur la mer (XVIe s.), celle du nord précédée, à partir du XIXe s., d'un petit pont, et celle du sud, la plus ancienne (Xe s.), permettent de pénétrer dans la ville.

Prenez le temps de grimper les 1 426 marches qui mènent à la **citadelle San Giovanni.** À mi-parcours, une **chapelle** a été dressée par les survivants d'une épidémie de peste qui fit des ravages en 1572. Du haut de ses 280 m, vous embrasserez une **vue magnifique** sur les toits de Kotor au premier plan et la brèche maritime en toile de fond.

Pour admirer à loisir cette œuvre cyclopéenne, sortez de la ville en direction de Prčanj en fin d'après-midi, lorsque le soleil décline et que les ombres soulignent la ligne tortueuse des fortifications.

➤ Les environs de Kotor

Carte p. 28-29.

Le relief autour de Kotor est très escarpé, mais les alentours immédiats de la ville méritent quelques incursions.

Dobrota*

Carte p. 28-29 *– À 3 km N de Kotor par la route côtière.*

Enfermée dans ses murailles, Kotor n'a jamais pu s'étendre au-delà. Aussi se sont développées à ses côtés des communes « annexes ». Dobrota, citée dès le XIIe s., est aujourd'hui très résidentielle. Le long des 7 km de sa promenade en bord de mer se succèdent des mini plages privées et des demeures séculaires comme le **palais Tripkovič** avec son magnifique belvédère, le **palais Ivanovič** aux murs blancs, ou encore le **palais Radoničić** et sa chapelle adjacente. Les églises sont nombreuses : remarquez **Saint-Eustache** (Sv. Eustahije) et son élégant clocher ainsi que le complexe baroque **Saint-Matthieu** (Sv. Matija), juché sur une assise maçonnée.

La route Serpentine**

Carte p. 28-29 – À la sortie S de Kotor.

Autrefois accessible uniquement par voie maritime, Kotor a été finalement reliée au pays par une route au tracé extraordinaire. En une trentaine d'épingles à cheveux, la « Serpentine » gravit les flancs vertigineux du Lovćen et révèle des **panoramas** à couper le souffle.

La chaussée, réalisée entre 1879 et 1884 sous la direction de l'ingénieur Josip Slade, fut considérée comme l'ouvrage le plus difficile jusqu'alors entrepris par les Austro-Hongrois. Elle traverse le village de **Škaljari** avant de grimper dans la campagne. On peut apercevoir, à travers la végétation méditerranéenne, entre églantiers et genêts, des portions du golfe.

Plus on s'élève, plus la géographie des lieux se dessine, entre la baie de Kotor et celle de Tivat. De là-haut, le **promontoire rocheux du Vrmac** *(p. 55)* ressemble à une épine dorsale gigantesque avec son pelage gris et vert.

En effectuant la route de bonne heure, le soleil baigne les eaux et les montagnes de sa clarté limpide, tandis que, l'après-midi, l'ouest se pare de reflets métalliques dans un contre-jour spectaculaire.

Prčanj*

Carte p. 28-29 – À 5 km N-O de Kotor par la route côtière.

Prčanj rivalise d'élégance avec sa célèbre voisine. Ses palais baroques ornés de balcons donnent sur la baie. L'usage voulait que chaque demeure possédât son propre *mandrać* ou *ponta (encadré p. 40)*, où était amarré le navire familial. Aujourd'hui, quelques barques au repos tanguent sur les flots calmes.

Le **palais Tre Sorelle** (« des trois sœurs ») se reconnaît facilement avec ses trois travées presque identiques et ses fenêtres gothiques. Selon la légende, trois sœurs auraient attendu là, en vain, le retour de leurs amoureux partis au large. Les baies à l'étage furent murées à leur mort.

Le plus étonnant à Prčanj est sans doute son **église** *(horaires variables)* aux vastes proportions. Érigée vers 1789, elle reflète la prospérité de ce port. L'architecte vénitien Bernardino Maccarucci dessina son **escalier monumental** et son dôme. Des toiles de maîtres signées **Piazzetta, Tiepolo** et **Balestra** y sont conservées.

GRANDS HOMMES DE PRČANJ

Vedette de Prčanj, le **capitaine Ivo Visin** fut le sixième navigateur à reproduire l'exploit de Magellan. Entre 1852 et 1859, sur son navire à deux mâts, le *Splendido*, il fit le tour du monde et reçut pour cette prouesse le *Merito navale* de l'Empire austro-hongrois.

Autre célébrité, le **métropolite Joannicus** (nom de baptême Jovan), né en 1880 à Stoliv et qui poursuivit ses études primaires à Prčanj. Fusillé en 1942 avec d'autres prêtres orthodoxes, il fut canonisé en 1999.

4 La baie de Tivat

Plage à Tivat

Réputée comme l'un des endroits les plus ensoleillés des Bouches, Tivat est devenue une station balnéaire importante grâce à son aéroport international.
Sa baie, à l'abri entre la péninsule de Luštica et le massif du Vrmac, compte de jolis villages accueillants.

- **Carte :** p. 28-29.
- **Arriver, se déplacer :** voir Carnet pratique p. 266.
- **Manger, dormir, s'amuser :** p. 196.

➤ Tivat

Carte p. 28-29 – À 19 km O de Kotor par la route côtière.

Du temps où Kotor était à son apogée, les patriciens se faisaient construire des villas à Tivat, un peu comme les Vénitiens partaient en villégiature sur l'île du Lido. Et pour cause : la ville a toujours bénéficié d'un ciel nettement plus clément que Kotor, sa voisine. La station balnéaire détient d'ailleurs le record de jours ensoleillés des bouches de Kotor : bougainvillées, magnolias et palmiers en témoignent.

Le parc municipal

Gradski Park

Dans ce parc municipal créé par un amiral autrichien en 1892 et protégé depuis 1968, vous verrez prospérer quelques espèces exotiques comme des eucalyptus.

Le musée et la galerie Buća-Luković

Musej i Galerija Buća-Luković

Nikole Đurkovića br. 10 ☎ 032.674.591. Ouv. t.l.j. 8h-14h et 18h-23h (8h-20h en été). Accès libre.

La résidence de la famille Buća, érigée en 1548 et restaurée avec soin, est devenue un lieu culturel important de la ville. Tandis qu'une partie des salles a été transformée en galerie d'art contemporain et en ateliers pour des artistes locaux, d'autres exposent désormais des objets usuels et des costumes traditionnels de la région des bouches de Kotor : anciens fers à repasser, photos d'époque, tenues de fête, ustensiles de cuisine, etc. Parmi les manifestations culturelles que la résidence accueille chaque année, pièces de théâtre et diffusions de films en plein air ont la part belle.

PAUSE SUR LA MARINA

La marina Porto Montenegro compte de nombreux **restaurants gastronomiques** *(plus de 30 €)* à la décoration soignée et à la clientèle très internationale. Les glaces de **Moritz Eis** sont excellentes, et les pâtisseries de **Biskotin** fameuses. Pour changer, vous pourrez aussi manger des sushis chez **Mitsu.**

La promenade Pine

Redescendez la rue Nikole Đurkovića vers la mer.

Le front de mer, dit « promenade Pine », conserve un certain cachet. Le soir venu, groupes de jeunes, couples et familles aiment s'y promener ou boire un verre sur l'une de ses nombreuses terrasses.

Le bateau-école *Jadran*

Ouv. gratuitement à la vis. le soir en été.

Sur le quai, face à la promenade, le plus ancien navire de la marine du Monténégro, le vaisseau amiral *Jadran*, est aujourd'hui basé à Tivat, même s'il lui arrive de partir en mer. Sorti des chantiers navals en 1931, le trois-mâts goélette est toujours un navire-école de la marine nationale. Des concerts peuvent être organisés à bord.

La marina Porto Montenegro

Construite sur les anciens arsenaux, la marina Porto Montenegro a vu le jour en quelques années. Ce projet immobilier d'envergure, une sorte de petit port de pêche méditerranéen en fac-similé, est aujourd'hui devenu une attraction pour les touristes locaux et étrangers. On vient ici en famille se promener dans les allées bordées d'enseignes chics, admirer le long des quais les yachts et méga-yachts, les cigarettes et goélettes racées, s'offrir une glace ou un apéritif sur une terrasse à la décoration branchée *(encadré ci-contre)*, croiser le beau monde et les skippers bronzés.

Le Musée naval★★

☎ 032.661.000. Ouv. juin-sept. : t.l.j. 17h30-22h30 ; oct-mai : lun.-ven. 9h-18h, sam. 13h-17h. Entrée plein tarif : 2 €, 5 €

avec l'entrée au sous-marin.
Vis. en anglais (30 min).

Installé dans un ancien hangar du chantier naval, le musée abrite une intéressante collection rappelant la vocation maritime du Monténégro, depuis les anciennes photos de la flotte jusqu'aux instruments de navigation. Mais le clou du spectacle est juste dehors. Il s'agit du **sous-marin *Hero*,** construit pour l'armée yougoslave en 1968 et en fonction jusqu'en 1991. La visite permet d'entrevoir la discipline incroyable que la vie à bord imposait. Même les couchettes sont spartiates ! Enfin, une fois ressorti à l'air libre, on peut jeter un coup d'œil sur le modèle voisin, plus petit, appelé *Una*.

➤ Gornja Lastva

***Carte p. 28-29** – À dr. à la sortie N de Tivat, prenez la petite route qui monte sur 3 km de lacets.*

À quelques kilomètres de la côte, à 300 m d'altitude, se trouve Gornja Lastva, un petit village de montagne pittoresque.

Il y a près de soixante-cinq ans, ces hameaux implantés sur les hauteurs regroupaient encore quelques familles qui exploitaient la terre. La vie s'organisait entre les travaux des champs, l'école, le moulin à huile, mais aussi l'artisanat, la maçonnerie, etc. Après la Seconde Guerre mondiale, l'exode rural a frappé ces petites communautés éparpillées sur les pentes des massifs. Gornja Lastva a perdu peu à peu ses habitants.

En 2003, un **projet d'écotourisme** choisit ce bourg dépeuplé comme modèle de réhabilitation. Petit à petit, celui-ci renaît, notamment lors de la **fête de Gornja Lastva** en août *(p. 250)*.

➤ Le Vrmac

***Carte p. 28-29** – Départ de plusieurs sentiers à Gornja Lastva. Prenez de bonnes chaussures de marche. Le versant N qui descend sur la baie de Kotor est abrupt.*

Au nord de Tivat, le Vrmac est une extension du Lovćen, une crête très agréable à arpenter à pied ou à VTT, qui ménage de superbes vues sur la

Le massif de Vrmac

LE VRMAC À VÉLO

Si vous n'avez pas peur des côtes, vous pourrez traverser tout le Vrmac à vélo en partant de **Donja Lastva** *(à dr. à la sortie N de Tivat, prenez la petite route qui monte).* Empruntez d'abord la petite route jusqu'à **Gornja Lastva.** Vous poursuivrez sur une piste cyclable qui passe par le hameau d'**Orašje**, avant de longer la citerne austro-hongroise à **Grlica.** Un peu plus loin, un court crochet vous mènera en haut du point culminant du massif, **Sveti Ilija** (785 m). L'ancienne route chemine sur la ligne de crête et offre de jolis panoramas. Vous redescendrez vers la forteresse dressée sous les Habsbourg, **Utvrda Vrmac,** et rejoindrez **Trojica.** Il ne vous reste plus ensuite qu'à retourner tranquillement à Tivat via **Kavač** et **Gradjonisca.**

➤ ***Carte p. 28-29*** *– Randonnée de 25 km avec 785 m de dénivelé maximal. Comptez une demi-journée, ou plus si vous voulez faire une halte pique-nique.*

baie. Des **pistes forestières** et des **sentiers de muletiers** partent du village de Gornja Lastva et s'enfoncent dans les bois du Vrmac. Malheureusement, le balisage n'est pas toujours visible et l'état d'entretien n'est pas garanti. Mieux vaut donc se renseigner auprès de l'office de tourisme de Tivat *(p. 267)* avant le départ et se procurer la carte du Vrmac, également à l'office de tourisme.

Bien aménagé, le sentier 749 vous mène à Kotor via la **forteresse de Vrmac** *(12 km aller, env. 5h ; poss. de retour en bus).*

➤ L'île aux Fleurs

Ostrvo Cvijeća

Carte p. 28-29 *– Au S de Tivat, près de l'aéroport et après la station-service, prenez à dr.*

Un pont enjambe le tout petit bras de mer et vous emmène en un saut de puce sur cette île à l'illustre passé, connue alors sous le nom de péninsule de Prevlaka. Tout au bout de la route, vous atteignez le site de l'ancienne **abbaye bénédictine de l'Archange-Saint-Michel.** Les revenus du puissant monastère servirent à l'érection de la cathédrale de Kotor *(p. 48).* Au XIIIe s., il passa dans le giron de l'Église orthodoxe et devint le siège du métropolite de Zeta. Une religieuse vous montrera les fondations dégagées du bâtiment avant de regagner le couvent adjacent.

5 La péninsule de Luštica

La plage de Žanjice et l'îlot Mamula

Les collines de Luštica ferment les bouches de Kotor au sud. Prenez le temps d'explorer cette péninsule aux accents méditerranéens. Il y a des prés verdoyants où paissent des vaches grasses et des vergers millénaires aux allées plantées d'oliviers tordus. Mais aussi de minuscules églises juchées sur de petites éminences, des villages de pêcheurs avec quelques barques immobiles et des filets en train de sécher, des maisonnettes de pierre bordées d'un appontement…

- **Carte :** p. 28-29.
- **Manger, dormir, s'amuser :** p. 196.

La péninsule de Luštica★★★

Carte p. 28-29.

Au départ de Tivat, il est possible de découvrir la presqu'île au cours d'une boucle de 80 km *(la route est indiquée à g. après l'aéroport).* Vous aurez l'impression de remonter le temps…

➤ La côte nord

Carte p. 28-29 – La route est indiquée à g. après l'aéroport.

La route qui fait le tour de la péninsule longe d'abord **Solila,** d'anciens marais salants reconvertis en **réserve ornithologique** peuplée de flamants roses et de cormorans. Plus loin, voici les **adorables petits ports de Kakrc et de Bjelila** face aux îles Otok, Stradioti et Prevlaka. Un bonheur pour les photographes !

Un crochet sur la colline vous fera découvrir l'**église Saint-Lucas** installée sur un plateau à l'emplacement d'un ancien monastère. À **Zabrde,** la route atteint son point culminant. De là-haut, vous aurez une **vue** magnifique sur la baie d'Herceg Novi et le détroit de Kumbor. Plus loin, voici **Klinci** et son sanctuaire de poche.

DES SITES DE PLONGÉE EXCEPTIONNELS

À partir de Rose, Tivat, Herceg Novi, Žanjice, Mirište ou Pržno, vous pourrez accéder en bateau à de merveilleux sites de plongée : la **grotte Bleue** (Plava Spilja), le **trou de la Sirène,** le **repaire de Poséidon** (Miasto Posejdon), **Ponte Veslo, Tjesno Luka,** etc. Vous pouvez aussi vous contenter d'une exploration avec masque et tuba au bord des plages. Les fonds tantôt rocailleux, tantôt sablonneux, réservent quelques visions enchantées *(p. 189).*

➤ Rose★★★

Carte p. 28-29 – À 12 km O de Kakrc.

À l'abri des regards se love un village fortifié de carte postale qui servit autrefois de lieu de quarantaine aux marins.

Des documents anciens attestent d'une implantation appelée **Resnium** dès le IVe s. En 841, les Sarrasins pil-

Le village de Rose

lèrent le village. Sous son fort protecteur – le Forte Rose –, la ville, avec son bassin tranquille, son eau transparente, son chapelet de plages étroites et ses quelques restaurants en terrasse, donne envie de s'y éterniser, le temps d'un déjeuner et d'une baignade, voire d'une nuit chez l'habitant *(p. 197)*.

➤ La plage de Dobreč

Carte p. 28-29 – À 12 km O de Kakrc.

Tout au bout de la péninsule, la petite plage de galets de Dobreč ne se rejoint qu'en bateau. Des *taxis-boats* peuvent vous y emmener depuis Žanjice ou Rose. Les eaux très claires sont idéales pour une exploration avec masque et tuba.

➤ Žanjice et Mirište**

Carte p. 28-29 – À 17 km O de Kakrc ou en bateau depuis Herceg Novi.

Les plages de Žanjice et Mirište sont chaque été transformées en une concentration de transats. Mais leurs eaux limpides et turquoise en font malgré tout une étape très agréable.

➤ Le monastère Vavedenje

Carte p. 28-29 – À 17 km O de Kakrc.

À côté de la plage de **Mirište,** un îlot abrite depuis le XIVe s. le **monastère Vavedenje** dédié à la Présentation de la Vierge Marie. Longtemps resté à l'abandon, le site a été sauvé grâce à la passion d'un mécène londonien d'origine yougoslave, un certain Hamović. Les murs hauts de 5 m ont été redressés, le sol pavé, les toits recouverts de tuiles... Sur l'île, un novice accueille volontiers les touristes.

PAUSE SUR LA PLAGE

Sur la plage de Žanjice, les deux restaurants proposent à peu près la même carte. On y va surtout pour grignoter un morceau en profitant de la vue et de l'ambiance.

➤ ***Carte p. 28-29 – Cuba Libre.***
Ouv. mai-oct. t.l.j. 7h-minuit.

➤ ***Carte p. 28-29 – Porto Žanjice***
☎ 069.607.800 (port.). Ouv. mai-oct. t.l.j. 8h-minuit.

➤ L'îlot Mamula*

Carte p. 28-29 – En bateau depuis Herceg Novi.

Gardien des bouches de Kotor, le fort Mamula a été bâti en 1853 par le général austro-hongrois Lazar Mamula. Il faisait partie d'un système défensif qui s'appuyait également sur la tour de défense d'Arza, au bout de la pointe de Mirište, et la forteresse de Prevlaka de l'autre côté de l'entrée des bouches. S'il n'a finalement jamais servi à des fins militaires, il garde la triste mémoire de l'occupation fasciste italienne en 1942 *(p. 241)*, qui le transforma en camp d'emprisonnement.

Un projet très controversé de construction d'un hôtel de luxe sur l'îlot est en cours.

➤ La plage de Pržno**

Carte p. 28-29 – À 3 km S de Kakrc.

Côté Adriatique, au pied de l'hôtel Plavi Horizonti, la plage de Pržno (à ne pas confondre avec le village près de Sveti Stefan, *p. 71*) est fière d'étaler ses 350 m de sable fin ! Cette anse naturelle aux eaux peu profondes est idéale pour une pause balnéaire en famille. Un sentier permet de s'échapper de la concentration de transats et de se réfugier sur une crique secrète ou dans un coin retiré à l'ombre des pins.

Tout près, dans la campagne autour de **Krtoli,** les cloches de la belle église Notre-Dame-de-l'Assomption (Sv. Gospođa), datant du XVIe s. et reconstruite en 1834, carillonnent à chaque heure.

La côte adriatique

Les quelque 300 km de côtes dentelées, découpées souvent à vif dans les massifs, ne prennent guère le temps de s'alanguir dans des plaines littorales. Ici, le relief tombe souvent à pic dans la mer, ménageant de loin en loin quelques retraits discrets, le temps d'une crique, d'une péninsule, d'une anse ou d'un marécage. Des bourgs séculaires ont profité de ces zones moins escarpées pour prospérer.
Le rivage monténégrin marie à merveille les plaisirs balnéaires et culturels. Alors n'hésitez pas à panacher votre séjour : escapade dans les collines de l'arrière-pays, kitesurf sur la plage de Velika Plaža, visite de la cité vénitienne de Budva, flânerie sur la promenade de Petrovac…

PRATIQUE

Cartes et plans : La côte adriatique p. 62-63 • Budva p. 65 • Ulcinj p. 81.
Manger, dormir, s'amuser : p. 199.
Se déplacer : en bus ou en voiture *(voir Carnet pratique p. 267)*.
La côte peu étendue attire de nombreux vacanciers monténégrins et étrangers. Toute cette foule se retrouvera partout où vous irez, sur la seule route du littoral, les parkings…

- **Budva (visite 6) :** garez votre voiture dans un parking à l'extérieur de la vieille ville. La forteresse est piétonne. L'entrée principale dans la cité se fait par la porte de la Terre Ferme, qui a gardé son nom italien, Porta di Terra Ferma, et son blason, le lion de Venise et trois étoiles.
- **Du couvent de Stanjevići à Bečići (visites 6 à 7) :** 17 km en revenant sur Budva puis par la route du littoral.
- **De Petrovac à Buljarica (visites 7 à 8) :** 3 km par la route du littoral.
- **De Stari Bar à Valdanos (visites 8 à 9) :** 26 km par la route du littoral.

VISITES

6 à 9

La côte adriatique

KOTOR, TIVAT
Hum
1 415
Vrela
CETINJE
6 Budva et ses environs p. 64
Monastère de Podlastva
Monastère de Stanjevići
Ljubotini
Donje Polje
Monastère de Podostrog
plan p. 65
Brajići
Monastère de Podmaine
Vieille ville de Budva ★★★
Slovenska
Budva
Pržno ★★
Komarno
Bečići
Monastère de Duljevo
Trsteno
Jaz ★★
Monastère de Praskvica
Gradani
★★ Mogren
1 132
Velja Tojica
Ploče
Miločer
Kruševica
★★ Sveti Nikola
Utrg
Crmnica
Sveti Stefan ★★
Plage de la Reine
Virpazar
Gornji Brčeli
Satonići
La Riviera de Budva p. 70 7
Bukovik
E 65 - E80
★★ Reževići
Petrovac ★★
Plaža Lučice
Monastère de Gradište ★★
Sveta Nedelja
Buljarica
Katić
La Riviera de Bar p. 74 8
Marécages de Buljarica
Sozina
Pointe Dubovica
Tunnel Sozina
Čanj
Mišići
Plage de la Reine ★★
Sutomore
Monastère de la Mère-de-Dieu
Baie de Bar
Bar
Mer Adriatique
0
2,5
5 km
Marécages

La côte adriatique

6 Budva et ses environs

Maisons en pierre dans la vieille ville de Budva

Les eaux turquoise de l'Adriatique dessinent un écrin naturel à ce joyau de l'architecture vénitienne, tandis qu'à l'arrière-plan se dressent les formidables contreforts du Lovćen. Habitée dès l'époque illyrienne, la péninsule de Budva est devenue aujourd'hui la capitale du tourisme monténégrin, synonyme de luxe, de nuits blanches, de jeunesse dorée et de plages bondées. Les amateurs de calme visiteront la belle citadelle hors saison ou tôt le matin pour échapper au bain de foule !

- **Carte et plan :** p. 62-63 et ci-contre.
- **Arriver, se déplacer :** voir Carnet pratique p. 267.
- **Manger, dormir, s'amuser :** p. 199.

La vieille ville de Budva

➤ La vieille ville de Budva★★★

Stari Grad

Plan ci-dessus.

Porte d'entrée de la côte adriatique, Budva peut s'enorgueillir de ses pavés clairs et lisses, de ses façades en pierres apparentes, de ses toits de tuiles, de ses lampadaires en fer forgé. Si son tracé date de la construction des **remparts** à la fin du XVe s., le sort de la ville est étroitement lié à son passé sismique. C'est suite au séisme de 1667 qu'elle acquit sa physionomie actuelle, mais elle fut également touchée par le tremblement de terre de 1979. Heureusement, une réhabilitation méticuleuse a permis de reconstruire ses maisons si typiques : une échoppe ou un atelier et des réserves au rez-de-chaussée, et les pièces à vivre à l'étage, parfois ornées d'un joli balcon. En vous promenant dans le dédale des **ruelles** protégées par d'épaisses murailles, vous aurez peut-être l'impression de circuler dans un

LE CARNAVAL DE BUDVA

Le **dernier week-end du mois d'avril,** la petite cité accueille un carnaval international, sur les traces de celui de Venise *(p. 249).*

décor de théâtre… souvent surpeuplé ! Boutiques et restaurants ont envahi les maisons de cette belle cité millénaire.

L'esplanade

Plan p. 65/A1.

Devant l'entrée de la citadelle, la grande esplanade, laissée libre après l'effondrement d'une école lors du séisme de 1979, permet d'admirer les murailles. On s'attardera devant la tour d'angle Gradenigo, marquée du célèbre lion de Saint-Marc et portant le nom d'un homme d'État de la Sérénissisme. Au pied des remparts, face à la jetée où sont amarrés des yachts ou bien tournées vers l'hôtel-*resort* Avala, les terrasses, ouvertes jusque tard dans la nuit, ne désemplissent pas.

La citadelle*

***Plan p. 65/B3** – Ouv. mai-nov. : t.l.j. 9h-minuit. Entrée plein tarif : 2,50 €.*

Ancienne acropole et muraille médiévale, la citadelle, restaurée par les Autrichiens au XIXe s., abrite aujourd'hui un restaurant tandis que, dans une autre salle, se trouve une ancienne bibliothèque disposant de certaines œuvres classiques françaises. L'espace qui surplombe la mer sert en été de scène en plein air lors du Festival de théâtre. De là-haut, vous bénéficiez d'une vue extraordinaire sur les toits de Budva, imbriqués les uns dans les autres avec, au loin, l'**île Sveti Nikola** *(p. 69)*.

Les remparts*

***Plan p. 65/B3** – Ouv. lun.-sam. 9h-17h. Entrée plein tarif : 1 €.*

Non loin de là, à 50 m à droite, vous atteindrez l'entrée des remparts. La promenade sur le chemin de guet se limite à la zone dominant la mer côté est. Dès le Ve s., la péninsule fut probablement protégée par des murs d'enceinte, modifiés au fil des siècles.

Les lieux de culte

Plan p. 65/A-B3.

Les églises sont toutes regroupées du côté de la **citadelle,** où s'élevait la première basilique chrétienne dont on voit les fondations. La place est d'ailleurs appelée « place des Églises » (Trg od crkava). **Sainte-Marie-de-la-Pointe** (Santa Marija in Punta) date de 840, époque à laquelle Budva était le siège épiscopal de l'État de Duklja. Elle est aujourd'hui en piteux état. De l'autre côté, la toute petite **Saint-Sava** (Sv. Save) a longtemps fait double service : orthodoxe et catholique. L'**église de la Sainte-Trinité** (Sv. Trojice), zébrée grège et rose, fut édifiée en 1804 et décorée de peintures d'un artiste de Corfou, Nicholaos Aspioti. Son iconostase est due à un autre peintre grec, Naum Zetini. Devant son portail se trouve le tombeau de l'écrivain monténégrin du XIXe s. Stefan Mitrov Ljubiša. C'est sur cette même esplanade que se dresse la **cathédrale Saint-Jean** (Sv. Ivana) remontant au VIIe s. même si son clocher élancé date de 1867. La célèbre icône de la **Vierge de Budva** (XIIe s.), transportée en procession chaque 24 juin, y est conservée. Remarquez également l'autel en mosaïque signé Ivo Dulčić, originaire de Dubrovnik.

Le Musée archéologique**

Arheološki Muzej

***Plan p. 65/B2** – Petar I Petrovića 11 ☎ 033.453.308. Ouv. mar.-ven. 9h-22h, sam.-dim. 14h-21h. Entrée plein tarif : 2 €.*

Installé au cœur de la cité, le musée expose une intéressante collection archéologique et ethnographique qui permet de remonter le fil de l'histoire mouvementée de Budva.

Au total, plus de **1 200 pièces** illyriennes, grecques, romaines, byzantines ou slaves, exhumées en partie en 1937 d'une nécropole voisine, mais aussi d'une basilique paléochrétienne. Elles content l'art de la guerre ou de la coquetterie féminine, le culte des morts et les usages de la table.

Au dernier étage, on saute une poignée de siècles pour se retrouver dans les maisons simples des paysans et des marins du XIXe s. Des panneaux donnent des explications en anglais.

La galerie d'Art contemporain
Moderna Galerija

Plan p. 65/B1 *– Cara Dušana 15*
☎ 033.451.343. Ouv. 8h-22h en été ; 8h-14h et 16h-19h le reste de l'année. Accès libre.

Ouverte en 1972, la galerie organise aujourd'hui des expositions temporaires d'artistes de la région.

➤ Les plages de Budva

Carte p. 62-63.

Budva est entourée de vastes anses de sable prises d'assaut chaque été par les vacanciers. Ici, comme en Italie, ces grèves sont morcelées en plages privées avec matelas et parasols *(loc. d'une paire de transats et d'un parasol à la journée env. 10 €).* Néanmoins, vous trouverez toujours des espaces libres et gratuits où poser votre serviette.

La plage Ričardova Glava (« tête de Richard »)

Plan p. 65/A2.

Lovée entre l'arc des murailles et l'Adriatique, la grève doit son nom à la performance de Richard Burton interprétant le rôle de Tito dans le film *La Bataille de Neretva,* mais son nom fait aussi référence à un autre acteur de cinéma moins célèbre, Richard Widmark, qui tourna à Budva dans le long-métrage *The long Ships*.

Quand la mer est formée, de belles vagues déferlent et donnent une furieuse envie de s'y plonger, quelle que soit la foule sur le sable !

La plage Slovenska

Carte p. 62-63 *– À l'E de la vieille ville de Budva.*

La longue anse Slovenska s'étend sur 1 600 m, entre terrasses de restaurants et terrains de bronzage, depuis le port de Budva jusqu'au **Park Hotel.** Le long de la **promenade de bord de mer** agrémentée d'un parc ombragé se succèdent pizzerias et *konobas*, kiosques d'agences de voyages, vendeurs de bijoux, tatoueurs au henné… Les vacanciers se déplacent lentement au rythme de leur curiosité.

Les plages de Mogren★★

Carte p. 62-63 *– À 150 m O de la vieille ville de Budva. Entrée payante en haute saison si vous utilisez les parasols.*

Pour admirer la vieille ville et sa ceinture de remparts, rendez-vous sur la plage juste derrière la cité et empruntez le sentier qui part sur la droite. Vous dépasserez l'**hôtel Avala,** construction ultramoderne et chic, ainsi que *La Ballerina,* une cousine danseuse de *La Petite Sirène* de Copenhague. D'ici, la vue sur Budva est enchanteresse.

LE MYTHE DE LA FONDATION DE BUDVA

La mythologie grecque relie la naissance de Budva à Cadmos, fondateur de Thèbes, fils du roi phénicien Agénor et frère d'Europa. Chassé de Thèbes avec son épouse pour avoir tué le serpent protecteur de la source sur les conseils d'Athéna, il serait arrivé à Budva, où il aurait fondé la ville et donné naissance à un dernier fils nommé Illyrius. « Budva » dériverait du nom des bœufs tirant le char royal. Le couple aurait ensuite été transformé en serpents. De nombreux vestiges attestent de cette ancienneté : la base de l'autel romain sacrificiel portant l'inscription *Vinicia Pavlina* sur la placette de la **rue Vuka Karadžića,** les pierres de la première porte de la ville situées dans la **rue Njegoševa,** quelques morceaux de colonnes couchées d'une villa sur la **piazzetta Villa Urabana,** les stèles de la nécropole devant l'**hôtel Avala.**

En poursuivant encore un peu, vous arriverez à une longue bande de sable à l'italienne, type Lido.

Derrière un rocher percé d'un petit tunnel, une autre plage privée propose la même litanie de chaises longues. L'eau, elle, est à tout le monde et la baignade libre et chaudement recommandée ! Protégées par les collines boisées de Spas et orientées au sud, les plages de Mogren jouissent d'un environnement préservé.

Jaz**

Carte p. 62-63 – À 2,5 km O de Budva dir. Tivat.

Dans cette belle anse où se jette la rivière Drenovštića, vous trouverez deux plages côte à côte.

Sur le côté gauche face à la mer se cache le coin des naturistes. Le site est entouré de falaises et a l'avantage d'être plus éloigné du terrain de camping, et donc des inévitables stands et roulottes de plage.

À l'occasion, cette baie sert de scène en plein air à des concerts d'envergure internationale.

Trsteno et Ploče

Carte p. 62-63 – À 4 km et 7,5 km O de Budva. Des bus publics au départ de Budva desservent ces deux plages.

À 2 km de Jaz se trouve, comme cachée au fond d'une baie, la petite plage de sable de **Trsteno,** encadrée de verdure. Son arc parfait de 200 m de long et son lagon translucide attirent les vacanciers. Du coup, la grève de loin ressemble à un patchwork de parasols et de serviettes. Le petit parking est vite saturé !

Encore un peu plus loin, à 3 km sur cette même route, la plage suivante, celle de **Ploče,** aménagée dans la roche, est dotée d'un *beach club* avec bar-restaurant, piscines paysagères et musique à gogo. Tous les après-midi, la crique se transforme en un véritable *dance floor* ! Pour trouver un peu de calme, il faut alors s'éloigner encore un peu.

➤ Les monastères des collines de Paštrovići

Carte p. 62-63.

Les collines de Paštrovići sont à part, fières de leur histoire et de leurs valeurs traditionnelles. Les villages accrochés aux monts Crmnica bénéficient d'un climat doux et de terres fertiles. Des bois, quelques champs, des vignes, des vergers et des pâturages donnent à ce bout de campagne un air aimable.

De loin en loin, la silhouette d'un monastère se profile. La région étant juste à la lisière de l'ère d'influence musulmane, le clergé orthodoxe se devait d'afficher sa présence. Plus ou moins désertés pendant la période titiste, les monastères connaissent aujourd'hui un renouveau, et nombre d'entre eux sont habités par une petite communauté religieuse. Les visiteurs sont alors accueillis avec gentillesse *(pas d'horaires officiels mais généralement ouv. tte la journée).* La plupart des monastères ont ouvert une petite boutique où ils vendent des produits de leur labeur : cierges, miels, vins, *rakija (p. 253)*, icônes, bracelets, chapelets…

Le monastère de Podmaine

Carte p. 62-63 – Dans Budva, à 1 km N de la vieille ville.

Ce superbe coin de verdure avec ses vergers et vignobles est aujourd'hui cerné d'immeubles. Dans l'église, vous pourrez contempler les **fresques** signées Rafail Dimitrijević de Risan et l'**iconostase de Nicholaos Aspioti** de Corfou, à moins qu'une messe y soit célébrée.

Le monastère de Podlastva*

Carte p. 62-63 – Au-dessus de la plage de Jaz, à 3,5 km E de Budva vers Tivat.

Perché sur une éminence surplombant la vallée de la petite rivière Drenovštića, le **monastère médiéval** fut implanté à l'emplacement d'un temple antique, comme l'attestent des fouilles *in situ*. Le cadre, avec son bois de cyprès et sa vue sur la mer, est enchanteur. Dans l'église dédiée à la **Vierge de la Nativité,** remarquez l'iconostase du peintre Dimitrijević datée de 1747.

Le monastère de Podostrog

Carte p. 62-63 – À 4 km N de Budva, sur la route de Gorovići.

Construit au pied de la colline d'Ostrog, le monastère domine la ville. Ceint de hautes murailles et protégé par une tour de guet, ce lieu saint devait résister aux assauts ottomans. Une petite église du XIIe s. jouxte le quartier réservé aux moines *(konak),* composé à l'étage de cellules monastiques et au rez-de-chaussée d'ateliers et d'un réfectoire. Cette retraite où aimait à se recueillir Njegoš vit le fondateur de la dynastie Petrović s'éteindre. Le prince-évêque Danilo y expira en 1737 *(p. 240)*.

Le monastère de Stanjevići

Carte p. 62-63 – À 15 km N de Budva. Prenez la route de Cetinje puis, après Lapčići, prenez à g. la route pour Pobori.

Ce couvent aux allures de forteresse, niché à 600 m d'altitude, servit de refuge à Danilo fuyant les Turcs après l'invasion de Cetinje en 1714. Tout comme celui de Podostrog, il est relié au monastère de Cetinje et servit de résidence épiscopale. Le grand Petar Ier Petrović passa ici une grande partie de sa vie et y rédigea la Constitution de 1798.

➤ Sveti Nikola★★

Carte p. 62-63 – À env. 1 km au large de Budva, accès par bateau au départ de la ville. La traversée se fait à la demande, pas d'horaires fixes, 15 € A/R. Pour éviter la foule, vous pouvez louer un kayak sur la marina de Budva et chercher une crique tranquille autour de l'île.

Surnommée par les Monténégrins «hawaii», l'île Sveti Nikola est la plus grande île de l'Adriatique sud. Longue de 2 km, elle affiche sa silhouette altière face à la mer. S'il ne fait pas trop chaud, n'hésitez pas à grimper jusqu'en haut des **falaises** à travers le maquis qui couvre ses pentes. De là-haut, la **vue** est splendide.

Vous pourrez aussi lézarder à loisir sur l'une de ses trois plages avant de vous baigner. Si vous avez oublié votre pique-nique, vous pourrez déjeuner sur place dans l'unique restaurant. À côté de la petite église qui a donné son nom à l'île, on découvre plusieurs tombes, qui seraient celles de croisés décédés à Budva lors de leurs périples.

Sveti Nikola

7 La Riviera de Budva

Le petit port de Pržno

Sur la Riviera de Budva, les stations balnéaires occupent le moindre mètre carré du mince littoral et les hôtels s'accrochent aux hauteurs. La côte, très découpée, compte de nombreuses plages, criques et anses. Attention, en été, la fréquentation est à son maximum, et les places sur le sable ou les galets sont rares. Sur les collines en arrière-plan s'élève ici ou là une église orthodoxe, avec son monastère attenant et son troupeau de brebis.

- **Carte :** p. 62-63.
- **Manger, dormir, s'amuser :** p. 202.

➤ Bečići

Carte p. 62-63 – À 2 km E de Budva par la route Adriatique (Jadranski Put) ou par la promenade aménagée en bord de mer.

Autrefois élue plage la plus belle d'Europe, la **plage** de Bečići n'a pas perdu tout son charme puisqu'elle offre 2 km de sable bien entretenu et des installations tout confort, malgré la disparition de ses bois et paysages bucoliques. Les complexes hôteliers avec leurs pelouses bien arrosées, leurs piscines turquoise, leurs étages superposés, forment un long ruban de constructions.

Tout au bout de la promenade du bord de mer qui part de Budva, après une jolie petite plage encadrée de rochers, vous arriverez à la plage de **Kamenovo,** 300 m de sable en contrebas de la route, bordée par quelques bars et restaurants sympathiques. Plus loin, vous trouverez une paillote devant une autre plage minuscule.

➤ Pržno★★

Carte p. 62-63 – À 2 km E de Bečići sur la route Adriatique (Jadranski Put) dir. Bar. Parking payant en saison.

Pržno a gardé son cachet de **petit port de pêche** méditerranéen. La côte constellée de constructions modernes échappe ici à la grande vague immobilière.

Le village compte aujourd'hui une poignée d'habitants privilégiés qui louent à prix d'or leurs chambres d'hôtes. Ici, le tourisme est exclusif et moins envahissant. Sur le quai, quelques restaurants servent de délicieux poissons frais *(p. 203)*.

➤ Le monastère de Duljevo

Carte p. 62-63 – À 6 km E de Bečići. Au-dessus de Miločer, à 4 km de la route principale.

Perché sur un plateau au pied du massif Golivra, ce **monastère** fut édifié par l'empereur Dušan au XIVe s. Arrivé là-haut, vous serez accueilli avec bienveillance par une nonne qui vous emmènera à l'intérieur de l'église, où ont été sauvegardées quelques **fresques médiévales.** Détruit par les Ottomans puis durant la Seconde Guerre mondiale, le couvent a été restauré.

Si vous désirez prolonger votre escapade sur les hauteurs des collines de Paštrovići, vous pourrez emprunter le **sentier** situé au-dessous du parking à gauche et rejoindre le **monastère Saint-Georges** (Sv. Đorđe), éloigné de seulement 1 km.

➤ Le monastère de Praskvica★

Carte p. 62-63 – À 5 km S-E de Bečići. Au-dessus de Sveti Stefan. Ouv. 8h-9h.

L'image se découpe dans le paysage comme une carte postale d'antan. Avec son **presbytère** aux volets bleus, sa terrasse où dort un chien paisible, ses meules de foin et son potager, le monastère Praskvica évoque irrésistiblement une autre époque.

L'**église Saint-Nicolas,** datant de 1413, possédait de remarquables fresques de l'école Nemanjići, mais elle fut détruite par les troupes napoléoniennes. Le sanctuaire actuel fut reconstruit sur les anciennes fondations en 1847. À l'intérieur, remarquez une nouvelle **iconostase** du peintre grec Nicholaos Aspioti.

La **chapelle de la Sainte-Trinité,** un peu plus loin, est très ancienne et aurait été édifiée vers 1050. Juste à côté se dresse une tourelle, ancienne tour de guet qui fut ensuite transformée en école.

À voir également, un petit **musée** avec du mobilier d'époque, des portraits de popes et une bibliothèque remplie de livres anciens, dont certains volumes en français !

➤ La plage de Miločer

Carte p. 62-63 – À 5 km S de Bečići en suivant la route pour Sveti Stefan. Plage privée, promenade sans baignade.

Les derniers souverains du Monténégro se firent construire une résidence d'été sur cette portion de la côte à la fin du XIXe s. Vous pourrez traverser le domaine en dépassant les grilles de l'entrée ouvertes du côté de Pržno. La route serpente dans une réserve de 18 ha aux riches essences exotiques, cèdres du Liban, mimosas, cactus et agaves, mais aussi conifères et oliviers centenaires. Le **manoir,** serti dans un **beau parc** aux pelouses impeccables, a été converti en hôtel de luxe avec plage privée à ses pieds. La **plage de la Reine** – Kraljičina Plaža –, privée elle aussi, est lovée dans une échancrure de la côte, au pied du promontoire Stolica, juste au nord de la plage de Miločer. La reine Marija Karađorđević aimait à y séjourner.

➤ Sveti Stefan★★

Carte p. 62-63 *– Tout de suite après Miločer, à 5 km S de Bečići. Une plage publique face à l'île d'un côté de l'isthme et la plage privée du complexe Aman Resort de l'autre. L'île est réservée aux clients de l'hôtel Aman Resort. Faute de pouvoir y pénétrer, vous devrez vous contenter de la contempler de loin ou de l'approcher par voie maritime (excursions à partir de Budva, p. 201).*

Fleuron du tourisme de luxe monténégrin, Sveti Stefan est devenue une belle image de carte postale. Ce modeste **refuge de pêcheurs** installé sur un îlot connut sa première métamorphose au XVe s. lorsque le clan des Paštrovići en fit son centre culturel et politique. La légende raconte que ses douze grandes familles firent construire une forteresse et douze maisons grâce au pillage d'un navire de guerre turc ancré sur la plage de Jaz *(p. 68)* !

La presqu'île reliée à la terre par une étroite langue de sable doit son nom à l'église perchée à son faîte et dédiée à saint Étienne. On consolida ses défenses en l'entourant de remparts puissants et de tours de guet. Sveti Stefan compte aussi deux autres églises plus récentes.

Le site paisible s'endormait sur ses lauriers-roses lorsque la Yougoslavie titiste s'en empara en 1955 pour le transformer en résidence exclusive pour la jet-set non alignée ! Sveti Stefan attira dans ses ruelles tortueuses les grands de ce monde jusqu'à la guerre, dans les années 1990.

➤ Reževići★★

Carte p. 62-63 *– À 11 km S-E de Bečići. Au-dessus de la plage de Perazića Do, juste au bord de la route Budva-Petrovac. Ouv. 6h-20h.*

Sveti Stefan

Encore un petit coin de paradis, mais cette fois à l'italienne ! Avec son petit muret de pierres blondes et son porche rond, ses cyprès ventrus, son prieuré et son cadran solaire, le monastère procure un incroyable sentiment de quiétude, et il fait bon s'y reposer quelques instants. Le complexe, s'il remonte au Moyen Âge, a été agrandi au cours du XIXe s., époque à laquelle furent érigés le **clocher,** la grande église et le *konak* (quartier monastique).

La petite **église de l'Assomption** (XIVe s.) possède de jolies fresques.

En sortant du monastère, rendez-vous sur l'esplanade sphérique, lieu de bavardage dans la vie monténégrine.

Le monastère de Reževići

➤ Petrovac★★

Carte p. 62-63 – À 15 km S-E de Bečići.

Lové dans une **large baie** battue par les vagues, face aux romantiques **îlots Katić** et **Sveta Nedjelja,** cet ancien village de pêcheurs est cité dès le XIIe s. dans la *Chronique du prêtre de Duklja (encadré p. 254).* Il a lui aussi cédé aux sirènes du tourisme, mais avec une certaine retenue.

Le bourg

Dès l'Antiquité, les riches Romains appréciaient ce lieu de villégiature, comme en atteste une mosaïque exhumée à Mirište en 1902 datant du IVe s. On retrouve dans ses maisons de bord de mer l'**architecture traditionnelle** du XIXe s. Les murs en pierres apparentes, les toits de brique, les tonnelles où court une vigne, les balcons en fer forgé, les massifs de bougainvillées accrochés aux balustrades lui donnent une atmosphère pleine de charme.

Des restaurants *(p. 203),* pâtisseries, bars, échoppes de souvenirs se succèdent sur sa **promenade.** Des familles chargées de matériel de plage cherchent une belle place au soleil sur la grève, d'autres dégustent des glaces à l'italienne rose bonbon.

Le port

Tout au bout de la promenade, vers le nord-ouest, se trouve le port. Sur le ponton, des pêcheurs à la ligne tentent leur chance. À sa pointe, le **château vénitien Kastio** monte la garde et offre une **belle vue** sur les roches stratifiées à l'horizontale de la côte. Faites alors demi-tour et reprenez l'allée bordée d'olivettes qui longe la plage.

Plaža Lučice

À 500 m de Petrovac dir. Bar. Parking après le stade de football de Petrovac.

Juste un peu plus au sud-est, la plage de sable de Lučice est entourée d'une pinède. Le cadre est idyllique.

PAUSE BRANCHÉE

La Punta est un *beach bar* tendance situé sur la pointe sud de Petrovac, qui sert aussi bien des mojitos que des plats de pâtes. Le lieu, un peu en retrait de la ville, est superbe, surtout à la tombée du jour.

➤ ***Carte p. 62-63*** *– Au bout de la plage de Petrovac vers l'E. Ouv. en haute saison t.l.j. 8h-1h.*

8 La Riviera de Bar

Les marécages et la plage de Buljarica

La Riviera de Bar s'étend depuis la pointe Dubovica, au sud de Petrovac, jusqu'au cap de Stari Ulcinj. Si ses 44 km de côtes tailladées n'offrent que peu de plages et stations balnéaires, ce bout de littoral abrite un joyau : Stari Bar, ancienne cité, perchée en haut de la colline Londža. Au fur et à mesure qu'on file vers le sud, l'influence musulmane se fait de plus en plus ressentir.

- **Carte :** p. 62-63.
- **Arriver, se déplacer :** voir Carnet pratique p. 267.
- **Manger, dormir, s'amuser :** p. 205.

➤ Les marécages et la plage de Buljarica*

Carte p. 62-63 – À 3 km S de Petrovac par la route Adriatique (Jadranski Put).

Le relief s'offre une accalmie du côté de Buljarica. La plaine côtière – ancien grenier à blé du pays – fait ici la part belle aux roseaux et aux saules. Si vous êtes chanceux, vous pourrez même y croiser une tortue paresseuse!

Empruntez une petite route tortueuse qui part sur la droite jusqu'à la **grande plage,** lovée dans une large baie en forme de fer à cheval. En dehors des camping-cars et d'une poignée de petits hôtels, le site est encore sauvage. Les vacanciers monténégrins viennent ici en famille et l'atmosphère y est très bon enfant. De vastes portions de grève sont publiques et laissent la vue dégagée sur l'horizon. Certes, la plage n'est pas impeccablement entretenue, mais le site est grandiose.

➤ Le monastère de Gradište**

Carte p. 62-63 – Depuis Petrovac, prenez la route dir. Bar, tournez à g. au bout de 2,5 km, juste après un tunnel, et garez-vous au pied de la colline. Poursuivez à pied.

Ce monastère aurait été fondé au XIIe s. Il est mentionné pour la première fois en 1305 dans la charte du roi Milutin. À maintes reprises détruit et reconstruit, notamment après le séisme de 1979, il possède aujourd'hui encore trois églises, un bâtiment conventuel et des murs d'enceinte.

Dans l'**église Saint-Nicolas** et celle de la **Dormition,** les fresques peintes par Strahinja de Budimljamin en 1620 représentent des scènes bibliques tout en évoquant la dynastie Nemanjić. Remarquez la belle **iconostase de saint Nicolas signée Vasilije Rafailović** de la fameuse école de Risan. L'**église Saint-Sava** (1864) abrite elle aussi d'étonnantes peintures, dont celle d'un saint à tête d'âne. On raconte qu'il s'agirait de saint Christophe, dont le vœu de laideur aurait été exaucé.

RESTAURANT DE PLAGE

Le **Plaza** est idéalement situé les pieds dans l'eau. Sa carte toute simple propose de délicieux poissons grillés et des salades rafraîchissantes, et le service est souriant. Bref, on se régale ici dans la bonne humeur!
➤ *Carte p. 62-63 – Plage de Buljarica ☎ 069.469.410 (port.). Ouv. en saison t.l.j. tte la journée.*

➤ La plage de la Reine**

Kraljičina Plaža

Carte p. 62-63 – À 7 km S de Petrovac. Quelques bateaux privés font la navette depuis le port de Petrovac.

Tout à côté de la plage de Čanj, la plage de la Reine n'est accessible que par la mer. Cette plage protégée par un cap était un des lieux de baignade favoris de la reine Milena. Le site, du fait de son inaccessibilité, est resté remarquablement vierge.

➤ Sutomore

Carte p. 62-63 – À 14 km S de Petrovac par la route Adriatique (Jadranski Put).

Cet ancien village de pêcheurs est devenu une station balnéaire de taille modeste avec l'arrivée du chemin de fer. Immeubles et villas bordent la longue plage. Les restaurants sont légion et attirent en saison de nombreuses familles autour de vastes tablées bruyantes. Il y a un monde fou en été sur la grève comme sur la chaussée.

L'église Saint-Tekla

Sv. Tekla

Au bout à l'O de Sutomore. Pas d'horaires officiels.

Cette église toute simple fut édifiée au XIIIe s. D'obédience orthodoxe, elle rejoignit ensuite l'Église uniate, une église orientale fidèle au pape. Comme pour d'autres sanctuaires de la région, on dressa un second autel, cette fois catholique. Des fidèles des deux confessions se recueillent ici tandis que, dans le petit cimetière, les tombes orthodoxes et catholiques sont voisines.

➤ Le monastère de la Mère-de-Dieu

Carte p. 62-63 – Ratac, à 17 km S de Petrovac par la route Adriatique (Jadranski Put). L'endroit est désert et assez intimidant. Falaises vertigineuses par endroits.

Sur le cap entre Sutomore et Bar avait été édifié au XIe s. un vaste complexe protégé par des fortifications comprenant trois églises et de nombreuses bâtisses conventuelles. L'ensemble fut dévasté par les Turcs en 1571.

Aujourd'hui, les **ruines** mal entretenues dispersées dans la pinède sont surtout fréquentées par quelques pêcheurs à la ligne solitaires.

➤ Bar

Carte p. 62-63 – À 21 km S-E de Petrovac par la route Adriatique (Jadranski Put).

Le roi Nikola *(p. 240)* posa la première pierre de Novi Bar, après en avoir fait un lieu de résidence estivale. Cette agglomération urbaine affiche aujourd'hui un visage résolument moderne avec ses larges avenues, ses grandes esplanades et ses barres d'immeubles.

De nouveaux sanctuaires de taille imposante représentant les trois obédiences majoritaires de Bar – une cathédrale catholique, une église orthodoxe et une mosquée – sortent de terre.

La ville, industrielle, présente peu d'intérêt touristique hormis sa **promenade de bord de mer** arborée, où se croisent tricycles, poussettes et trottinettes. Son port actif, le principal du pays, accueille les ferrys venant de Bari ou d'Ancône, en Italie, et sa gare routière est le terminus de la ligne Belgrade-Bar.

Le palais du roi Nikola★★

Dvorac Kralja Nikole

Šetalište Kralja Nikole ☎ 030.314.079. Ouv. en saison : 8h-20h. Entrée plein tarif : 1 €.

Le roi Nikola fit construire une résidence d'été à Bar en 1885 et l'offrit à sa fille, la princesse Zorka. Son architecte, Josip de Trogir, dessina un palais de style éclectique évoquant les villas des lacs du nord de l'Italie. La résidence, entourée d'un **parc** aux belles essences, possède sa propre chapelle et des maisons de gardiens. La serre de style Sécession, aujourd'hui transformée en restaurant, a été offerte par le roi italien Victor-Emmanuel. Un ponton en bois juste en face permettait d'y accoster les yachts royaux. Nikola, passionné de nautisme, possédait une dizaine de navires, dont un *Sibil* racheté à Jules Verne.

Le musée du Pays de la ville de Bar

Depuis 1959, le palais expose des pièces archéologiques provenant notamment des fouilles de Mijele (vers Virpazar), mais aussi des œuvres historiques (cartes, décorations, archives). La collection ethnologique présente des costumes folkloriques, tandis que certains décors d'origine, comme la salle à manger, ont été reconstitués.

L'église Saint-Nicolas et le palais épiscopal

Crkva Sv. Nikole

Popovići bb. À 3 km E de Bar, sur la route dir. Stari Bar. L'église est ouverte pendant la journée.

Le palais de l'archevêché, de style baroque, se trouve à côté de l'église Saint-Nicolas. Il est entouré d'un beau **parc paysager.** L'archevêché de Bar, reconnu par le pape Clément III, remonte à 1089. Pendant neuf siècles, soixante archevêques, nommés *primas serbia*, présidèrent à la destinée de l'Église romaine et apostolique sur cette terre à dominante orthodoxe. Leur domaine s'étendait jusqu'en Serbie et en Bosnie.

➤ Stari Bar★★★

Carte p. 62-63 *– De Bar, prenez la route pour Ulcinj, puis tournez à g. en suivant les panneaux. Ouv. en saison : t.l.j. 8h-21h ; le reste de l'année : t.l.j. 8h-20h. Entrée plein tarif : 2 €. Parking à l'extérieur.*

Fondée par l'empereur Justinien au Ve s., la vieille ville de Bar (Stari Bar) est perchée en haut de la colline Londža, sur les contreforts du **massif Rumija.** Cet emplacement éloigné de 4 km de la côte est lié à sa position stratégique sur un éperon rocheux et à la présence d'une source. À l'époque des guerres et invasions incessantes, Stari Bar pouvait ainsi espérer être une citadelle imprenable. L'histoire prouvera le contraire puisque la ville fut prise par les Turcs en 1571, après avoir été sous tutelle vénitienne (1443-1571). En partie dévastée lors de sa reprise par les Monténégrins en 1878, la ville fut totalement abandonnée après des explosions dans son entrepôt de poudre en 1881 et 1912. Ces déflagrations expliquent l'état très dégradé de la cité.

Bordée de maisons anciennes bien restaurées et transformées en boutiques de souvenirs et auberges sympathiques, la rue au-delà du parking monte jusqu'à l'entrée de la vieille ville. Parmi les lauriers-roses et les aubépines, des ruelles pavées se fraient un chemin dans les vestiges plus ou moins effondrés. Les murs gris et la végétation se fondent dans le paysage, tandis que l'urbanisation sauvage en parpaings et tôle ondulée se rapproche de son enceinte. La cité est dominée par une haute tour carrée, la **tour de l'Horloge,** érigée au XVIIe s. Certains bâtiments ont été redressés, mais la majorité des 240 édifices s'efface sous un linceul de lierre. Le site respire la poésie, l'esprit romantique à la Chateaubriand. Des efforts sont effectués pour réinsuffler un peu de vie à ces lieux oubliés. En été, les églises et les tours de Stari Bar accueillent **des concerts et des représentations théâtrales**. Un **petit musée** à l'entrée explique l'histoire de la cité.

Des églises et des mosquées

Dans la partie la plus ancienne de la ville, des fouilles archéologiques

Les ruines de Stari Bar

ont révélé des **céramiques slovènes** datant des VIIe et IXe s. La forteresse du XIe s. a conservé malgré le temps ses hauts murs aveugles. Elle servit d'ailleurs de prison pendant la Seconde Guerre mondiale.

L'**église Saint-Verenada** (Sv. Verenade) ainsi que celle de **Sainte-Catherine,** du XIVe s., sont plutôt bien conservées, contrairement à l'**église Saint-Nicolas** (Sv. Nikole), bien plus détériorée mais qui abrite néanmoins quelques belles fresques byzantines. L'ancienne église d'origine romane-dédiée à **saint Georges** (Sv. Đorđa), connu pour être le saint patron de Bar, a été transformée en mosquée. De hauts cyprès signalent de loin son emplacement. Des pierres tombales musulmanes, que l'on reconnaît immédiatement par leur courtes colonnes coiffées d'un turban, entourent le sanctuaire. Quelques chats efflanqués sautillent de l'une à l'autre tandis que d'autres paressent çà et là. Autre témoignage visible de la présence ottomane : un bain turc avec tout son système de canalisations implanté au milieu de la ville.

L'aqueduc

À l'extérieur des remparts côté nord, remarquez les dix-sept arches d'un aqueduc, qui se découpent sur le paysage. Cet ouvrage d'art élevé au XVIIe s., reconstruit après le séisme de 1979, acheminait l'eau depuis une source située à 3 km de la cité. Ses tuyaux en pierre taillée mesuraient 12 cm de diamètre.

La mosquée Omerbašića

Omerbašića Džamija

Juste à la sortie de Stari Bar.

Cette construction de 1662 laisse apparaître une base rectangulaire en en pierre et un joli minaret.

La mosquée Skanjevica

Skanjevica Džamija

En dessous de la mosquée Omerbašića.
Ouv. en été : t.l.j. 9h-14h et 17h-20h.

Cette petite mosquée du XVIIe s., restaurée en 2009, est ouverte aux visiteurs. Sa salle de prières est couverte de jolis tapis tissés.

Stara Maslina

Sur Tomba bb, suivez les indications « Stara Maslina » sur la rocade de Bar. Entrée plein tarif : 1 €. Mais on le voit très bien depuis l'extérieur !

Partez à la rencontre du **plus vieil olivier d'Europe,** une vedette locale. Cet olivier au tronc énorme serait le doyen des arbres de notre continent ! Protégé depuis 1963, il serait né avant notre ère. L'aïeul a encore de beaux restes et déploie une ramure plus qu'honorable pour ses deux mille et quelques printemps. Signe de sa force, Stara Maslina donne encore des fruits !

➤ Les oliveraies

Depuis la porte principale de Stari Bar, de nombreux sentiers de randonnée permettent d'explorer l'arrière-pays. Des visites guidées *(p. 267)* vous emmèneront dans les oliveraies pluriséculaires voisines. D'autres chemins, plus longs, s'enfoncent dans le massif de la Rumija (sentier 785) et rejoignent même le lac Skadar (sentier 788). Retour en minibus possible depuis Donji Murići *(p. 96)*.

9 La Riviera d'Ulcinj

Ulcinj

Ville la plus méridionale du Monténégro, Ulcinj dégage un parfum d'Orient et vous promettra un dépaysement total. Sa *riviera* réserve une surprise de taille : Velika Plaža, une « grande plage », fière de ses 12 km de sable ! Dans ces confins méridionaux où le soleil brille 270 jours par an, le relief de la « montagne noire » a perdu de sa hardiesse, et les collines boisées s'inclinent vers la mer.
Dans l'arrière-pays, la campagne vit au rythme des travaux des champs, et la présence de l'Albanie, toute proche, se fait sentir : les minarets blancs se profilent dans le ciel.

- **Carte et plan :** p. 62-63 et p. 81.
- **Arriver, se déplacer :** voir Carnet pratique p. 268.
- **Manger, dormir, s'amuser :** p. 208.

➤ La route des plages

Carte p. 62-63 – Petites routes vicinales partant sur la dr. depuis la route Adriatique (Jadranski Put).

Entre Bar et Ulcinj, la côte accidentée offre de nombreuses criques et baies, idéales pour la baignade. Elles sont également, et parfois plus facilement, accessibles par la mer. Pour vous y rendre, prenez donc un *taxi-boat* ou, mieux, allez-y en canoë.

La clarté de l'eau est ici fabuleuse et permet d'admirer les fonds. Pour se rendre dans ces paradis minuscules, empruntez les routes secondaires au bitume parfois incertain. Elles se fraient des chemins dans le maquis, entre oliviers et romarin, sauge, sarriette, genêts et mimosas… Sachez cependant qu'en été vous ne serez jamais seul !

➤ Valdanos*

Carte p. 62-63 – À 22 km de Bar, prenez la route à dr. dir. Valdanos sur 5 km. Ouv. 8h-19h. Accès libre. Bar de plage.

La route chemine à travers des plantations d'oliviers vieux de plusieurs siècles. En contrebas, la baie en forme de fer à cheval s'étend à l'ombre des pins et des cyprès. Cette plage de galets offre l'occasion de belles baignades.

➤ Ulcinj**

Ulqin

Plan ci-contre – À 27 km S de Bar. Attention à la circulation assez dense en ville. Vous trouverez une place de stationnement dans une rue du centre.

La ville la plus méridionale du Monténégro dégage un parfum d'Orient, un avant-goût de terre du Levant. Il y a d'abord la foule qui se presse dans les artères de la cité, une impression de ruche active, et en même temps une certaine nonchalance. La vie, à Ulcinj, se passe dehors. Difficile de circuler ici : les embouteillages sont la règle, la conduite est aléatoire et les places sont rares ! Il y a aussi le désordre, la juxtaposition de maisons anciennes toutes blanches coiffées de tuiles, d'immeubles récents, de constructions des années 1970, la profusion de boutiques, de bazars, d'échoppes d'artisans où l'on travaille le cuir et le fer, de barbiers… Il y a encore l'imbroglio des ruelles et des escaliers qui égare… Partout les fragrances bigarrées s'entremêlent, le jasmin et le magnolia, les épices et les kebabs… De la **cascade des toits** qui dévale vers l'Adriatique émergent quelques clochers et minarets.

Ville musulmane plus que chrétienne, Ulcinj est à forte majorité albanaise (90 % de la population). Les toponymes sont ici signalés en deux langues, puisque l'albanais est reconnu officiellement. Les panneaux routiers, quant à eux, sont écrits en alphabets latin et cyrillique. La ville regorge de mosquées et possède un **vieux hammam** près de la mosquée Pasha.

POUR UN MOMENT DE RELAXATION

À **Dobra Voda,** pourquoi ne pas vous offrir une journée farniente à l'écart de la foule ? L'**hôtel Ruža Vjetrova,** situé au bout de la plage, a aménagé une série de criques et pontons très agréables au bord de l'eau. La chaise longue se loue à la journée 5 € et la consommation au bar est à 2 €. On peut aussi s'offrir un petit extra : le massage est à 15 €. Enfin, les enfants ont droit à une aire de jeux et à un minizoo !
➤ Carte p. 62-63 – Veliki pijesak bb ☎ 030.306.000, www.ruzavjetrova.me.

Le grand marché Želena

Plan ci-contre / B1 – Gjergj Kastrioti Skënderbeu bb. Mar. et ven.

Sur le grand marché Želena, l'effervescence est à son comble dès l'aube. Les maraîchers et marchands, souvent en costume traditionnel de différentes origines, installent leurs tables surchargées de produits du terroir. Les piles de fruits et de légumes se succèdent. Les fermiers apportent leurs

fromages de brebis et de chèvre, leur miel, leurs œufs et leur vieille balance à poids… Un brouhaha de négociations en albanais et en monténégrin envahit l'espace public, dominé à intervalles par l'appel du muezzin.

La vieille ville***

Stari Grad

***Plan ci-dessus / A3** – Descendez la rue commerçante Gjergj Kastrioti Skënderbeu jusqu'au pied des remparts, près de la mosquée Pasha.*

Blottie sur une avancée rocheuse, la vieille ville d'Ulcinj, fondée dès le Ve s., est entourée de remparts qui suivent le dentelé de la côte. Les murailles dressées par les Grecs furent dévastées par un séisme au Ve s. et reconstruites par les Romains. Pour embrasser la meilleure vue sur la citadelle, rendez-vous à **Mala Plaža,** la plage en contrebas *(p. 82)*, ou sur la **péninsule Ratislava** plus au sud. De là, vous verrez le site fortifié conçu pour résister aux attaques des pirates.

Montez ensuite jusqu'à **Stari Grad.** Tout comme les autres cités de l'Adriatique, la ville a souffert du tremblement de terre de 1979, mais ici les travaux de restauration prennent plus de temps qu'à Budva ou à Kotor.

Si des murs et quelques bâtiments ont été redressés, de nombreuses habitations sont encore à moitié écroulées. Progressivement, les ruelles retrouvent leurs pavés et leurs réverbères. Des chantiers éparpillés remontent des façades, recouvrent des toits, reconstituent des arches. Des restaurants et des hôtels de charme occupent les bâtisses réhabilitées. Les plus belles demeures, le **Palais vénitien** et le **palais Balšić,** accueillent de nouveau les touristes dans leurs chambres soignées.

Le centre culturel**

Stari Grad ☎ 030.421.419. Ouv. mai-oct. : 9h-14h et 16h-20h ; nov.-avr. : 8h-15h. Entrée plein tarif : 1 €.

Ce centre, situé sur l'ancien marché aux esclaves, juste à côté de la **Porte haute,** regroupe un **musée archéologique et ethnologique** et une **galerie d'art.** La collection archéologique est exposée dans une église Renaissance transformée en 1694 en mosquée, dont on peut encore voir le minaret effondré. Quelques pièces remarquables comme un **autel** du Ve s. av. J.-C. dédié à la déesse Artémis, des chapiteaux ioniens, des pierres tombales turques, un fragment de ciborium du IXe s., méritent la visite. Dans la **tour Balšić** sont présentés des costumes traditionnels et de l'outillage ; le dernier étage est consacré à Sabbataï Tsevi (1626-1676), juif et faux Messie autoproclamé. Un plan-relief de la ville est exposé dans la maison voisine.

La cathédrale Saint-Nicolas

Saborna Crkva Sv. Nikole

***Plan p. 81 / A3** – Près de la Porte haute, de l'autre côté de la muraille par rapport au centre culturel. Pas d'horaires officiels.*

La cathédrale orthodoxe occupe un site admirable. Érigée en 1890, elle se trouve à l'emplacement d'un ancien monastère. Son **cimetière,** situé face à la mer, invite à la méditation.

Mala Plaža

***Plan p. 81 / B3** – Obala Borisa Kidriča, à l'E de la vieille ville.*

Au pied de la ville, Mala Plaža, encadrée d'un côté par la pointe de Nuradinova Punta et de l'autre par le cap Suk, est très populaire. Le jour, la foule des baigneurs s'y presse. Le soir, la promenade qui longe la plage, surnommée **Korzo,** devient le rendez-vous des noctambules. Restaurants et bars déversent des décibels de musique branchée ou locale.

La plage des Femmes

Ženska Plaža

***Plan p. 81 / B3** – Juste après Mala Plaža, à 1 km vers le S-E. Entrée payante.*

Velika Plaža

ARCHÉOLOGIE SOUS-MARINE

Pour échapper à la foule, rien de tel qu'une virée dans le royaume du silence. À Ulcinj, sur le vieux port, le **D'Olcinium Diving Club** *(p. 209)* propose de vous emmener à bord de son bateau explorer les fonds marins. Ceux-ci regorgent d'épaves de la Première et de la Seconde Guerres mondiales, mais ils recèlent aussi une ville antique engloutie, Oleotopolis, des galères vénitiennes et des navires corsaires. Une sortie est organisée autour des épicentres des tremblements de terre de 1979 et 2003.

Entre Mala Plaža et Velika Plaža, au cœur d'une belle forêt de pins, un **chapelet de criques** minuscules taillées dans les rochers émaille le littoral. Des pontons avec échelle ont été aménagés pour permettre aux nageurs d'accéder à la mer.

Un peu après le Mediteran Resort, la plage des Femmes, réputée pour ses eaux sulfurées indiquées dans le traitement de la stérilité, est réservée, dans la plus pure tradition musulmane, au sexe féminin. Il paraît qu'au temps des sultans les concubines venaient déjà ici se baigner à l'abri des regards. Aujourd'hui, les femmes se retrouvent dans le secret de cette anfractuosité et peuvent bavarder et boire un thé brûlant sous le soleil. On y retrouve un peu l'ambiance des hammams.

Promenade dans la pinède

Plan p. 81 / hors pl. par B3 *– Départ de l'hôtel Albatros, 500 m après la plage des Femmes. Promenade à pied de 40 min aller. Attention aux serpents !*

Le chemin part de l'hôtel Albatros et suit le rivage à travers la pinède agréablement ombragée. La vue, tout au long du parcours, révèle un horizon maritime parfait. Des bars et restaurants de plage, comme l'**Aragosta 2** *(p. 209)*, ont colonisé les criques. Vous pourrez néanmoins piquer une tête et poser votre serviette à l'ombre des pins gratuitement *(comptez 10 € pour deux transats ainsi qu'un parasol, et 15 € pour un transat baldaquin avec matelas).*

➤ Velika Plaža★★★

Carte p. 62-63 *– À 35 km S-E de Bar et à 5 km S d'Ulcinj dir. Ada Bojana.*

Derrière les plantations de grenadiers et de pastèques de la plaine de Stoj, cachée par une frange de marécages et une belle forêt de pins, la Grande Plage étale à perte de vue ses étendues de sable cendré et ses rangées de parasols devant un lagon turquoise. Sur le littoral monténégrin hérissé de rochers, cette longue grève surnommée la « **Copacabana d'Ulcinj** » fait figure d'exception, et sa fréquentation estivale est à la hauteur de sa réputation.

Des concessions ont été attribuées à des restaurants de plage *(p. 210)* qui louent aux vacanciers un petit coin de paradis avec matelas et parcelle d'ombre. Dans les intervalles non occupés, la plage est publique, moins entretenue mais tout de même bondée. La mer, très peu profonde sur des dizaines de mètres, est chaude et peu dangereuse.

Velika Plaža, balayée par un vent d'ouest de 15 à 25 nœuds, le *maestral,* est propice aux disciplines nautiques, notamment au kitesurf *(p. 210)*. Des compétitions y sont d'ailleurs régulièrement organisées. Les débutants pourront s'entraîner dans le lagon : l'endroit permet d'avoir longtemps pied, ce qui facilite les départs. Les confirmés préféreront s'éloigner du bord et prendre les vagues du large.

➤ Ada Bojana★★★

Carte p. 62-63 *– À 41 km S-E de Bar et à 13 km S d'Ulcinj. Accès réservé aux clients de l'hôtel Ada Bojana ou en payant 5 €/voiture (conducteur compris) et 1 €/passager ; 2 € pour les piétons.*

DÉJEUNER AU BORD DE LA RIVIÈRE

Sous sa voûte de navire retourné, le plus ancien restaurant de la rivière régale ses convives. À la carte, bars, pagres, turbots, sars, daurades, soles, calamars… Si vous ne savez que choisir, optez pour le Petit Miško, un assortiment de hors-d'œuvre succulents *(15,50 €)*. Gardez une petite place pour le dessert, le Tre Lecce est un régal !
➤ ***Carte p. 62-63 – Miško.*** *Juste à côté du pont qui enjambe la Bojana ☎ 069.024.667 (port.).*

Destination hippie dans les années 1970, Ada Bojana est aujourd'hui la Mecque des naturistes. Cette **île** formée au sein du delta de la rivière Bojana n'existe que depuis le siècle passé. La formation du delta est liée à une sédimentation accélérée provoquée par l'aménagement des berges en amont.

Un village de vacances au look *seventies* vieillissant occupe une partie de l'île. La grande majorité des 500 ha, restée vierge, abrite une myriade de **plantes subtropicales et méditerranéennes** et constitue un habitat privilégié pour des colonies d'échassiers, des bécasses, des cormorans, des pélicans, des cygnes…

Les grandes plages de sable sont, même en plein été, d'un calme olympien comparativement à la foule de Velika Plaža. Ada Bojana est également un spot de planche à voile et de kitesurf exceptionnel, avec une école installée sur la plage. Une partie de la côte est réservée aux non-naturistes.

➤ Vers le lac Šasko

Carte p. 62-63 *– À 30 km E de Bar. À Vladimir, suivez la route à dr. pour Šas.*

Depuis Ulcinj, la route s'enfonce dans les collines de l'arrière-pays. Elle passe dans un défilé de gorges étroites

avant de retrouver les champs et prairies verdoyants.

Jusqu'à **Vladimir,** vous traverserez des hameaux composés de quelques fermes. L'atmosphère est champêtre et bon enfant, loin de l'agitation frénétique de la côte. Vous aurez l'impression de revenir cinquante ans en arrière.

Les ruines de l'ancienne Svač

***Carte p. 62-63** – Suivez les panneaux marron indiquant Svač. Laissez la voiture à côté du terrain de foot et continuez à pied.*

Ville fantôme presque engloutie par les siècles, l'ancien évêché de Svač a d'abord été saccagé par les Mongols en 1242, furieux de leur défaite à Ulcinj. Ils massacrèrent toute la population pour assouvir leur soif de vengeance. Un peu plus tard, la reine Jelena Balšić fit rebâtir la cité. De nouveau abandonnée après une razzia ottomane au XVIe s., Svač n'est plus aujourd'hui qu'un champ de ruines en pleine campagne, où il ne reste que des pans de murs et l'ossature de quelques édifices. Une visite hors du temps.

LES *CALIMERAS*

Le long du **canal Milena** (construit en 1885) comme sur la **rivière Bojana,** d'étranges constructions sur pilotis, cousines slaves des cabanes de la lagune vénitienne, montent la garde. Appelées *calimeras*, ces cahutes en bois permettent grâce à leurs immenses filets suspendus de traquer le poisson. Les eaux de la Bojana foisonnent de poissons que vous pourrez goûter en vous rendant dans un des restaurants installés sur ses rives *(encadré ci-contre)*. Si vous avez envie de prolonger votre escapade fluviale, de nombreux *taxis-boats* proposent des excursions sur la rivière *(comptez 10 à 30 € par bateau pour 30 min)*. Roseaux et saules pleureurs se reflètent dans les eaux tranquilles. Pourtant, là encore, l'urbanisation guette et de nouvelles maisons en rondins surgissent çà et là.

Calimeras *sur le canal Milena*

Le lac

Šasko Jezero

Carte p. 62-63.

Le lac de 364 ha se cache derrière une frange épaisse de joncs et aucun sentier n'en fait le tour. En vous rapprochant, vous pourrez voir ses tapis de nénuphars, le bal des libellules et surprendre un crapaud pataugeant dans la boue. Au loin, les montagnes albanaises se découpent en bleu et mauve sur le ciel.

Le lac, sur le trajet des grandes migrations ornithologiques, est une des haltes favorites de nombreux oiseaux. Au total, on y recense près de 240 espèces ! Avec un peu de patience et si possible de bonnes jumelles, vous pourrez observer des cigognes, des cormorans, des hérons…

L'arrière-pays

Juste derrière le littoral, le pays dresse sa formidable barrière montagneuse hérissée de cimes au-dessus de 1 000 m d'altitude. Le paysage abandonne alors sa gaieté méditerranéenne pour endosser un caractère plus rude, plus résistant. La nature sauvage dévoile aux visiteurs curieux des merveilles insoupçonnables. La région abrite deux superbes parcs nationaux, celui du lac Skadar et celui du Lovćen, ainsi que les deux capitales du pays : l'actuelle, Podgorica, et l'ancienne, Cetinje. Leurs nombreux musées raviront les amoureux d'art et d'histoire.

PRATIQUE

Cartes et plans : L'arrière-pays ci-contre • Le parc national du lac Skadar p. 90-91 • Cetinje p. 101 • Podgorica p. 114-115.
Manger, dormir, s'amuser : p. 211.
Se déplacer : en voiture de préférence *(voir Carnet pratique p. 268)*.
La E80 permet de rejoindre rapidement Virpazar et Podgorica depuis Petrovac, sur la côte adriatique.
Dans la vallée de la Zeta, la nouvelle route (E762), qui longe la Zeta sur la gauche, est beaucoup plus rapide et sûre que l'ancienne (à dr. de la rivière).

- **De Ckla à Cetinje (visites 10 à 11) :** 72 km en longeant le lac Skadar sur la R16 vers le nord.
- **De Cetinje à Ivanova Korita (visites 11 à 12) :** 13 km par la route du parc national.
- **De Njeguši à Podgorica (visites 12 à 13) :** 55 km par le nord du parc national du Lovćen jusqu'à Cetinje, puis direction Podgorica sur la M2-3.

VISITES 10 à 13

L'arrière-pays

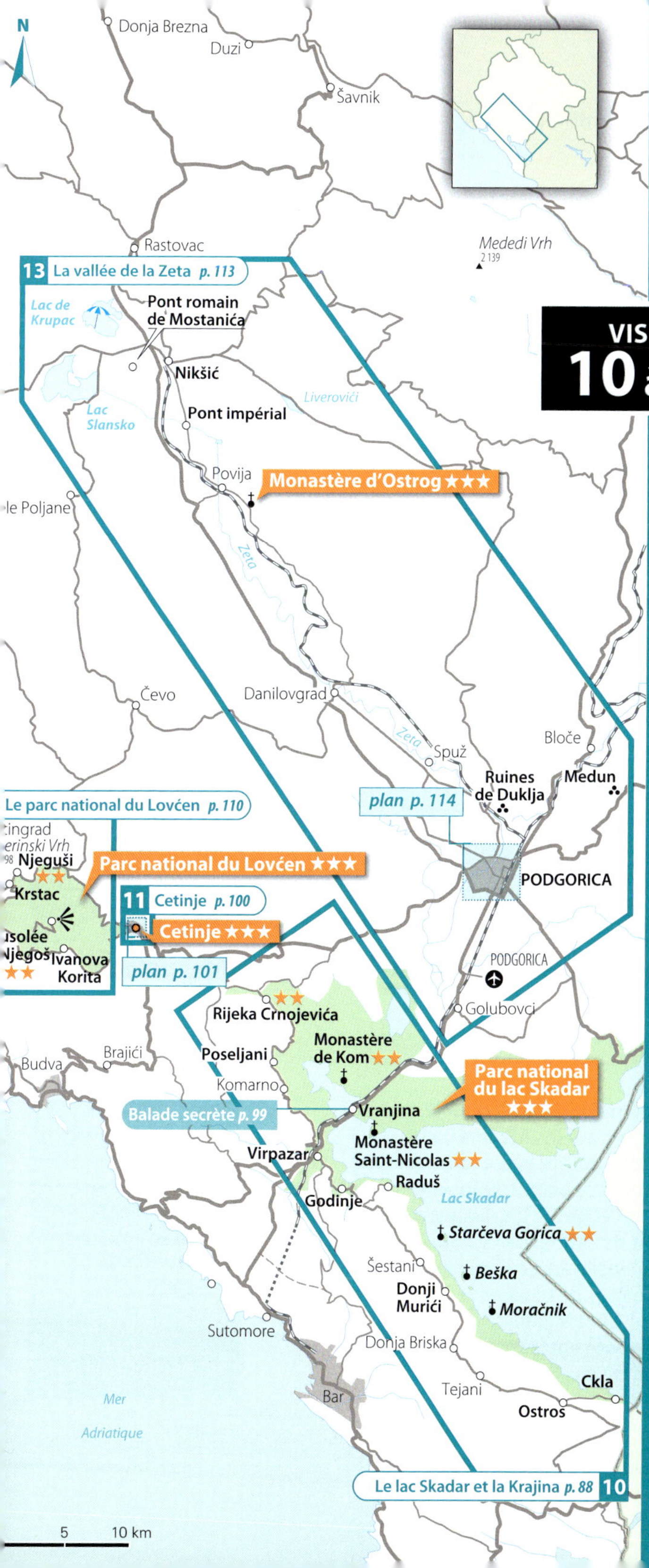

10 Le lac Skadar et la Krajina

Les rives du lac Skadar

Le lac Skadar (Scutari pour les Italiens, Shkoder pour les Albanais) est une immense goutte bleue, dont un tiers de la surface baigne l'Albanie. Le parc national englobe les rivages du lac, offrant des abris marécageux à de nombreuses espèces animales. Les possibilités de balades, à pied ou en bateau, sont légion.
Sur la route entre Virpazar et l'Albanie, au sud du lac, les petits villages pittoresques et les îlots près des berges, abritant souvent un petit monastère, réservent de belles haltes.

- **Cartes :** p. 87 et p. 90-91.
- **Arriver, se déplacer :** voir Carnet pratique p. 268.
- **Manger, dormir, s'amuser :** p. 211.
- **Balade secrète :** À la découverte de la faune protégée du lac Skadar, p. 99.

➤ Virpazar et la rive nord du lac Skadar

Carte p. 90-91 – Sur la route, des panonceaux jaunes indiquent à intervalles réguliers des itinéraires pédestres faciles.

Au nord-ouest du lac, la route qui monte vers Cetinje batifole entre des mornes couverts de maquis, sur les **collines de la Crmnica et de la Ceklin.** Les lacets s'enchaînent. Prenez le temps d'admirer les paysages incroyables qui se déploient sous vos yeux. Les champs de roseaux, les prairies de nénuphars, les forêts inondées semblent glisser entre les contours escarpés du lac.

Virpazar*

Carte p. 90-91 – À 25 km N-E de Petrovac, à 30 km S de Podgorica.

Aux portes du parc national, ce bourg plutôt coquet s'ordonne autour d'un square central encadré de quelques façades colorées. Chaque matin, plusieurs stands de produits du terroir – vins, liqueurs, miels, fruits – sont installés à côté de la fontaine. Un ancien pont en pierre enjambe la rivière, où tanguent bord à bord les barques locales, les *cun,* et les bateaux à marquise destinés aux touristes.

Au-dessus du village, le **château Besac,** en ruine, fut le théâtre d'une sanglante bataille contre les Turcs en 1702. Une promenade signalée à partir de la route de Murići permet de rejoindre le château.

De Virpazar, le sentier 793 R mène au **point de vue de Zekova Glava** qui surplombe le lac et ses marais du haut de ses 194 m *(comptez 1h A/R).*

La vallée Orahovžtica

Carte p. 90-91 – Randonnée en boucle de 14 km (5h30), de difficulté moyenne, sans grand dénivelé. Départ de Virpazar (restaurant Crmnica) avec poss. de prendre un bus jusqu'à Dupilo. Attention : le chemin jusqu'à la centrale n'est pas praticable en automne et en hiver à cause des pluies fréquentes.

Au départ de Virpazar, la piste 793 vous entraîne dans des paysages de début du monde. Au fil de la marche, vous aurez l'impression de vous enfoncer dans le temps. Vous dépasserez des ponts en ruine et des moulins effondrés, longerez des monastères endormis, apercevrez des sources vives à Dupilo et une ancienne usine hydroélectrique. Prenez le temps de vous arrêter en haut de la colline Opački pour engranger quelques souvenirs photographiques.

Le parc national du lac Skadar***

Carte p. 90-91 – Entrée plein tarif : 4 €.

Le lac Skadar est le plus grand lac des Balkans, ainsi que la plus grande réserve d'oiseaux aquatiques d'Europe. Parmi les 256 espèces répertoriées, on trouve notamment une colonie de pélicans frisés *(p. 99).* La partie monténégrine du lac a été classée parc national en 1983 *(p. 236).*

➤ Lire aussi notre balade secrète : À la découverte de la faune protégée du lac Skadar (p. 99).

Croisière sur le lac**

Départ des croisières depuis le port de Virpazar ou celui de Vranjina, juste au pied du centre pour les visiteurs. Les départs ont lieu en règle générale à 9h ou 10h (p. 268).

C'est de Virpazar, mais aussi de Vranjina, que partent la plupart des excursions sur le lac, ce qui provoque un certain remue-ménage vers 10h du matin. Plusieurs formules sont possibles. Vous pourrez embarquer à bord d'un gros bateau et suivre une

UN TRÈS BON SPOT DE PLANCHE À VOILE

Tous les véliplanchistes le savent, le meilleur endroit pour débuter dans la discipline est soit un lagon, soit un lac ventilé d'une brise régulière. Le lac Skadar associe à ses eaux tranquilles et tièdes un vent doux et stable, sauf quand le *jugo* automnal souffle.

Le parc national du lac Skadar

excursion à la journée *(9h-17h)* qui vous fera découvrir les îles et monastères de la rive sud *(p. 95)*, ou bien opter pour la sortie en matinée qui ne va pas au-delà de Raduš et Grmožur, avec arrêt baignade pour les volontaires. Vous pourrez aussi préférer louer les services d'un pêcheur qui vous emmènera où vous voulez *(p. 268)*.

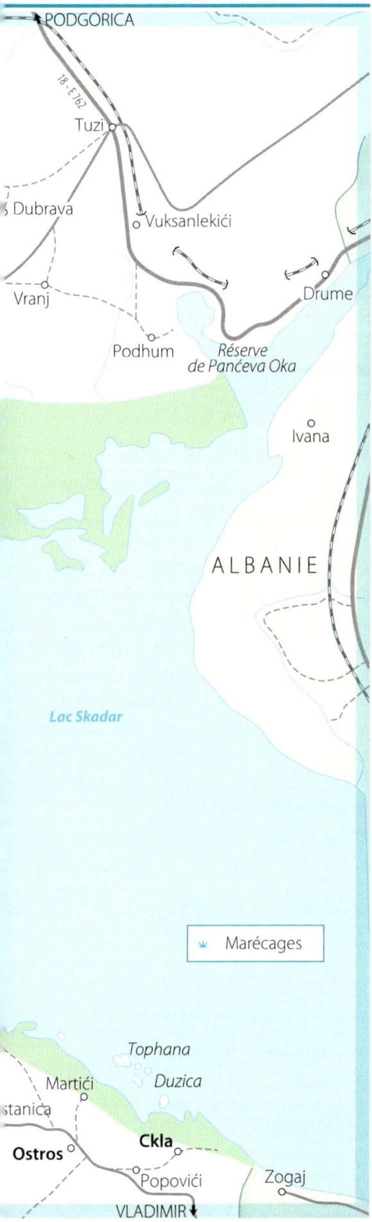

Le fort Lesendro

Carte ci-dessus – À 5,5 km N-E de Virpazar. Accès interdit.

Au bord de la route, posé sur un écueil, le fort Lesendro monte la garde et surveille cet endroit stratégique surnommé « la clé du lac ». Si on ne sait pas exactement à quand remonte sa construction, des documents attestent en revanche qu'il fut consolidé en 1832 par l'évêque Rade. À l'époque, les relations entre les chrétiens et le pacha de Skadar sont tendues et l'évêque, craignant pour ses jours, même s'il compte sur la protection divine, préfère s'entourer de hauts murs solides. En 1843, la forteresse et le bourg voisin tombent et passent sous la tutelle ottomane. Le fort est abandonné, avant d'être transformé en dépôt de munitions de 1878 à la Première Guerre mondiale.

Vranjina

Carte ci-contre – À 7 km N de Virpazar.

Ce village de pêcheurs adossé à deux collines s'implanta au XIXe s. sur l'île formée par le delta de la Morača. La plupart de ses habitants fuyaient alors la vendetta. Le bourg s'adosse à la colline et dessine un arc de cercle. Aujourd'hui, Vranjina est relié au pays par un pont vers le nord et une chaussée vers le sud. Ce passage est essentiel au trafic routier et ferroviaire du pays puisqu'il se trouve sur l'itinéraire Bar-Podgorica-Belgrade. C'est aussi un des coins de pêche favoris des habitants des environs.

Le centre pour les visiteurs**

☎ 020.879.103, www.skadarlake.com. Ouv. oct.-avr. : lun.-ven. 8h-16h ; mai-sept. : lun.-ven. 8h-18h. Entrée plein tarif : 2 €.

Le centre pour les visiteurs mérite vraiment votre visite, surtout avec des enfants. Derrière des vitrines en verre

CIRCUIT ETHNO-GASTRONOMIQUE

Sur les rives du lac Skadar, des panonceaux vous indiqueront des fermes vendant leur production (miel, fromages, vins, châtaignes…) ou proposant des repas en table d'hôtes *(p. 13)*.
➤ *www.ethno-gastro-balkan.net.*

GARE AUX VIPÈRES !

Attention, la nature sauvage n'est pas toujours amicale. Sachez qu'en été les vipères sont abondantes sur l'îlot de Vranjina, et la randonnée y est déconseillée.

sont présentés des animaux empaillés. Une occasion de pouvoir admirer à loisir le bec des faucons pèlerins, les ailes des mouettes ou la fourrure des loutres. Vous pourrez également profiter d'animations interactives et de films à visionner.

Des **randonnées** avec un guide du parc national sont possibles *(comptez 60 € pour une marche de 4h, à rés. auprès du centre).*

Le monastère Saint-Nicolas**

Sv. Nikola

Carte p. 90-91 – À 8 km N de Virpazar. Promenade de 5,4 km aller fléchée à partir du centre pour les visiteurs de Vranjina (p. 268). Déconseillé en été à cause des vipères.

Fondé au début du XIIIe s. sous la dynastie des Nemanjić, le monastère possédait un domaine très important. Des prêtres orthodoxes renommés, comme le pope Ilarion, disciple de l'évêque Sava, ou encore le pope Nikon de Jérusalem, animèrent la communauté. En 1843, les Turcs transformèrent le monastère en forteresse.

Le prince Nikola ordonna en 1886 la construction d'une nouvelle église sur le site, celle que l'on voit aujourd'hui.

Žabljak Crnojevića

Carte p. 90-91 – À 25 km N de Virpazar. Empruntez la route Virpazar-Podgorica. À Golubovći, tournez à g., traversez le pont, puis, à l'intersection suivante, prenez à g. et poursuivez jusqu'à Žabljak Crnojevića. Garez-vous au parking à l'entrée du village et longez la rivière jusqu'aux escaliers.

Perchée sur une petite éminence conique de quelques dizaines de mètres de haut, Žabljak Crnojevića fut la première capitale des Crnojević, forcés de se replier dans les montagnes face aux attaques turques incessantes.

Le **fort** bâti à son faîte servait alors à surveiller la plaine et les marais alentour. La dynastie, après la prise de la ville par les Ottomans en 1478, choisit de se replier à Obod. Occupée par le représentant du sultan, la forteresse servit ensuite d'arsenal jusqu'à la Première Guerre mondiale, puis de poste de police, avant d'être abandonnée après le tremblement de terre de 1979.

Le monastère de Kom**

Carte p. 90-91 – Accessible uniquement en taxi-boat *(p. 268).*

Juché au sommet de la colline Ondrijska, le monastère de Kom a été érigé par les Crnojević au début du XVe s. Tel un château fort, Kom surveille depuis son promontoire toute la contrée et est ceinturé de murs. Il faut savoir que, contrairement à aujourd'hui, les terres en contrebas étaient émergées et cultivées. Prospère jusqu'au XVIIe s., le couvent fut ensuite déserté.

Depuis une dizaine d'années, une confrérie religieuse a réinvesti les

POUR UN TOUR À VÉLO

Au départ de Virpazar, une piste cyclable (MTB 3) vous fait découvrir le *poljé* (plaine) de la Crmnica, ses champs et ses vergers. Vous pédalerez à l'ombre des chênes ou entre les vignes et traverserez les villages de **Boljevići, Limljani** et **Gluhi Do.** Vous pourrez vous y arrêter le temps de déguster dans une des caves un petit cru du coin. En chemin, si vous avez un creux, arrêtez-vous et ramassez des mûres dans les buissons des bas-côtés.

➤ *Carte p. 90-91 – Boucle facile de 17,5 km quasi sans dénivelé (env. 2h). Loc. de vélos à Podgorica (p. 269) et à Virpazar (10 €/j., p. 268).*

lieux et mène ici une vie d'ascèse et de prière tout en poursuivant les travaux de restauration. Grâce à ses efforts, le complexe spirituel est un véritable modèle de reconstruction réussie. Les fidèles monténégrins peuvent désormais venir assister aux célébrations dominicales. De belles fresques du XVIe s. et une du XVe s. dans l'abside ornent l'église de la Dormition.

Poseljani

Carte p. 90-91 – À 10 km N-E de Virpazar sur la route de Cetinje. Piste de 4,2 km, guide recommandé (p. 268).

À Komarno, un petit village de la Crmnica, un chemin facile grimpe jusqu'à Poseljani, blotti dans les gorges de la Seljanska. Le site est adorable avec ses **maisons en grappe** et ses **quatorze moulins** à l'orée du cours d'eau.

Rijeka Crnojevića**

Carte p. 90-91 – À 25 km N de Virpazar.

Tout au bout de la route, voici Rijeka Crnojevića, ancienne capitale du royaume de la dynastie des Crnojević. Installée le long de la rivière homonyme, elle connut son apogée au XVe s. lorsque, fuyant les Ottomans, Ivan Crnojević transféra sa capitale de Žabljak à la colline d'Obod. La **forteresse** perchée sur un promontoire, rebaptisée Riječki Grad, protégeait alors un monastère, son église Saint-Nicolas et l'imprimerie d'État. Mais le site fut dévasté par les Turcs en 1692. L'**église Saint-Nicolas** actuelle date de 1743. La cité Rijeka Crnojevića, sise au bord de la rivière, devint un grand carrefour commercial. La ville prospéra grâce, notamment, à un petit poisson séché local, *ukljeva*, dont raffolaient les Vénitiens. La dernière famille régnante du Monténégro appréciait les lieux et y avait installé ses quartiers d'hiver – le temps y était plus clément qu'à Cetinje, sa voisine.

Aujourd'hui, la bourgade se refait une beauté. Une **promenade pavée** a été aménagée le long du cours d'eau. Les habitations, bâties sur le modèle de la maison commandée par l'évêque Petar Ier en 1810, sont peu à peu ravalées. Des constructions neuves, mais respectueuses de l'architecture traditionnelle, apparaissent dans le centre-ville. Un ravissant **pont** construit par le prince Danilo en 1853 franchit la rivière.

Sous les arches de pierre, quelques canards et cygnes glissent silencieusement. Des barques effi-

Le hameau de Karuć

Les méandres de la rivière Crnojevića

lées sont posées sur les rives. Des enfants jouent à la marelle, d'autres échangent des balles sur la table de ping-pong municipale. Quelques terrasses à l'abri des parasols invitent à la rêverie. La perspective des deux ponts anciens en enfilade et les cyprès sur la colline rappellent des gravures de Toscane.

C'est à **Koscele,** juste au-dessus de Rijeka Crnojevića, que le peintre Dado *(p. 255)* est enterré.

Balades autour de Rijeka Crnojevića

Depuis le bourg, une balade *(boucle de 7,6 km, env. 2h, facile)* conduit aux **ruines de l'ancienne Obod** et aux sources de la rivière dans la grotte Obod (accès à la grotte impossible à marée haute).

À la sortie de Rijeka Crnojevića, sur la route de Virpazar, un **sentier pédagogique** de 2,5 km a été aménagé. Illustré de panneaux explicatifs, il offre de belles perspectives sur les méandres du lac, des plates-formes d'observation des oiseaux et des tortues, et des aires de pique-nique. Une halte idéale pour les familles !

Kayak dans les dédales de la rivière Crnojevića

Kayak Montenegro (p. 189) organise des excursions au départ de Rijeka Crnojevića.

La meilleure façon de découvrir la rivière et ses marécages est sans nul doute à bord d'un kayak. Vous êtes au ras de l'eau et glissez sans bruit, hormis celui des pagaies fendant l'onde. Le rythme de l'exploration est lent, magique.

Au fur et à mesure de votre progression, vous pénétrerez dans cet univers ni tout à fait aquatique ni tout à fait terrestre. Les prairies verdoyantes, trompe-l'œil naturel, ne sont que roseaux et nénuphars. Même les arbres ici poussent dans l'eau, formant une sorte de mangrove. Sur vos embarcations discrètes, vous pourrez approcher au plus près des oiseaux et de leurs habitats et vous arrêter au creux d'une baie déserte, le temps d'une baignade rafraîchissante ou d'un pique-nique revigorant.

Au milieu du bassin, des habitants pratiquent un peu d'aquaculture. L'air est saturé de l'odeur âcre du poisson. Aux beaux jours, quelques randonneurs viennent déjeuner ici dans un des restaurants au bord du rivage.

Karuć*

***Carte p. 90-91** – À 35,5 km N de Virpazar ou 1h30 aller en bateau depuis Vranjina.*

Ce hameau de quelques maisons est blotti au fond d'une baie profonde presque fermée. Ses anciennes maisons toutes simples s'étagent sur la colline. Quelques figuiers, des chats endormis, des terrasses sous une treille, des barques au mouillage donnent à ce village retiré du monde une atmosphère de quiétude délicieuse.

Dodoši

Carte p. 90-91 – À 40 km N de Virpazar.

Autre pittoresque village de pêcheurs, Dodoši occupe une péninsule sur le bassin Malo Blato. Chaque maison, deux fois centenaire, possède son propre embarcadère et un petit jardin clos. Désertée en hiver, cette petite commune revit en été. Si vous êtes en bateau, vous pouvez continuer la balade jusqu'à Prevlaka *(à l'O)* en remontant la rivière Karatuna. Peut-être croiserez-vous un caïque hors d'âge aux planches délavées portant à son bord une paysanne et sa chèvre…

➤ Le massif de la Krajina et le sud du lac Skadar★★

Carte p. 90-91 – Tte la rive S-O du lac, de Virpazar à Ckla.

Sur ces versants abrupts du **massif Rumija,** la lande rase avec quelques touffes essaimées ici et là évoque plutôt les paysages d'Irlande ou d'Écosse, et ce d'autant plus quand le ciel se charge de nuages. Pour peu que la bruine s'en mêle, l'illusion est totale ! Le littoral, tout en échancrures, caps, boucles, anses et détours, se perd dans le lointain, vers les montagnes albanaises. Sur chaque îlot ou presque, un monastère témoigne de la foi des anciens souverains.

Une forêt de châtaigniers pluriséculaires s'étend sur les pentes de la colline Briska. Le duc Vladimir aurait imposé que tout jeune homme plante un pied avant de se marier ! Elle est particulièrement splendide en juin au moment de la floraison. Une **fête de la châtaigne** est célébrée chaque année à Ostros *(p. 249)*.

La route en mauvais état ondoie et, si une voiture arrive en sens inverse, mieux vaut savoir gérer la marche arrière. Depuis la fin de la dynastie des Balšić, la région s'est dépeuplée. Les hameaux sont rares et… pauvres.

Grmožur★

Carte p. 90-91 – En excursion depuis Virpazar ou Vranjina (p. 268).

C'est l'Alcatraz monténégrin. Cet établissement remonte au règne de Nikola (fin XIXe s.). Sur ce récif, le souverain internait ses prisonniers politiques. On raconte que tous ceux qui y étaient envoyés, condamnés comme geôliers, ne savaient pas nager et que celui qui réussissait à s'évader était alors gracié.

À présent, le bagne minuscule sert de crèche à des **colonies de mouettes** insensibles au matraquage photographique.

Godinje★

Carte p. 90-91 – À 4 km S de Virpazar.

Le tremblement de terre de 1979 a sévèrement meurtri Godinje, l'ancienne résidence d'été des Balšić. Les maisons en cascade, appuyées les unes sur les autres, sont en déshérence aujourd'hui. Quelques habitants résistent toujours et tentent, notamment grâce au tourisme, de faire revivre la petite communauté.

Les vignes accrochées à la colline depuis des siècles produisent un *vranac* de bonne qualité, que les viticulteurs entreposent dans de belles caves voûtées et vendent aux visiteurs. Le village possède quinze sources et de nombreuses fontaines. Son ruisseau, le Mlištici, alimentait à sa grande époque neuf moulins !

Balade de Zabes à Godinje

Le sentier balisé 796B *(4,5 km A/R)* permet, au départ de Zabes *(sur la vieille route de Bar, sur la dr. avant Godinje en venant de Virpazar),* de rejoindre Godinje. Il grimpe jusqu'au belvédère de Brcelice à 270 m d'altitude, passe ensuite par le hameau Nikoci, devant un monument aux morts de la Seconde Guerre mondiale, puis à côté des sources de Smolac.

Raduš*

Carte p. 90-91 – À 11 km S-E de Virpazar. En excursion depuis Virpazar ou Vranjina (p. 268).

Sur le circuit des excursions touristiques, la baie de Raduš abrite une poignée de maisons accrochées aux rochers. C'est ici que se trouve le gouffre *(oko)* le plus profond du lac avec sa source souterraine. Cet apport en eau vive et fraîche rend ses fonds très poissonneux. Des pêcheurs perpétuent la tradition et font sécher leurs filets sur le pas de leur porte.

Donji Murići

Carte p. 90-91 – À 21 km S-E de Virpazar.

Sur la berge sud, dans le pays de Krajina, Donji Murići est un village rural intemporel. Les cultures en terrasses, les rangées d'oliviers, les quelques maisons éparpillées autour d'un minaret, deux ânes attachés à un arbre près de la jetée, des barques traditionnelles au bois délavé en équilibre sur la **plage,** une église isolée au clocher-mur en cascade forment un décor suranné délicieux.

Les monastères de la rive sud

Carte p. 90-91 – Accessibles en excursion depuis Virpazar ou Vranjina (p. 268), ou directement à négocier avec les pêcheurs de Murići.

Starčeva Gorica**

Érigé sur un îlot par les Balšić au XIVe s., le **monastère de la Mère-de-Dieu** est le doyen du lac. À cette époque, un ermite, le père Makarije, vivait sur ces arpents de terre et de roche.

Encore assez bien conservé malgré les âges, le complexe monastique ceint d'un mur s'ordonne autour de l'**église de l'Assomption.**

Tout comme au monastère Beška *(ci-contre)*, de nombreux incunables furent copiés, enluminés et reliés ici. Dans la crypte repose d'ailleurs Božidar Vuković (1466-1540). Ce dernier, *logotet,* ou « scribe », du prince Crnojević de Zeta, avait suivi son souverain jusqu'à Venise après la prise de Cetinje. Il y avait installé une imprimerie qui édita les premiers ouvrages en cyrillique. Un moine occupe le site bien restauré. Il sculpte des croix en bois qu'il vend aux visiteurs.

Beška

En face de la plage de sable, on découvre l'île de Beška et son monastère médiéval, aujourd'hui encore occupé par une petite communauté religieuse. Une douzaine de nonnes habitent ici, s'occupent du potager et du verger. On peut d'ailleurs leur acheter une excellente grenadine, des icônes peintes ou encore une crème au calendula.

Les **deux églises,** la grande dédiée à la Vierge (restaurée au début du XXe s. par le roi Nikola) et offerte par le roi Đurđe II Stratimirović-Balšić, la plus petite offerte par la reine Jelena Balšić, où se trouve d'ailleurs sa tombe, accentuent le romantisme et la quiétude des lieux.

Consacré à la culture des oliviers, activité traditionnelle de la région de Krajina, le centre pour les visiteurs

LE GOÛT DU VIGNOBLE

La vallée de la Crmnica est réputée pour ses vignobles plantés sur les flancs des collines avoisinantes depuis l'époque illyrienne. De nombreux viticulteurs ouvrent aujourd'hui leurs caves aux visiteurs et leur font goûter leurs crus. On pourra ainsi se rendre à Zabez dans la **maison Đurišić,** récompensée par de nombreuses médailles d'or. Dans sa cave aménagée, on vous proposera une dégustation de ses cépages, le blanc *krstac* ou le rouge *vranac,* avec fromage et charcuterie pour 5 €.

➤ ***Carte p. 90-91 – Vinarija Đurišić.*** *Zabes. www.vinarijadjurisic.me.*

L'ancienne prison de Grmožur

présente dans des cabanes sur pilotis les différentes étapes de la fabrication de l'huile, les méthodes artisanales, les outils agricoles.

Moračnik

Non loin du rivage de Murići, l'îlot de Moračnik dresse sa formidable tour carrée censée intimider les envahisseurs. Le monastère (début XVe s.) comprend une église, un prieuré et un réfectoire, le tout entouré de murs. Détruit par les Turcs et abandonné pendant 250 ans, le site accueille de nouveau des moines depuis 1998. Dans l'église, des traces de fresques sont encore visibles.

Ostros

Carte p. 90-91 – À 35 km S-E de Virpazar.

Ce lieu saint fondé au XIe s. garde la mémoire du roi Vladimir, saint vénéré tant du côté albanais que du côté monténégrin. Ses reliques y furent conservées jusqu'en 1215 avant d'être transférées de l'autre côté de la frontière. Siège de l'évêché de Zeta jusqu'au XVIe s., le monastère tomba ensuite en déshérence. Aujourd'hui, seul son clocher a été reconstruit.

Une croix en bois est dressée au sommet, symbolisant celle que portait le roi de Duklja, Vladimir, lors de son exécution en 1016 par le tsar de Macédoine, Vladislav.

Tous les ans en juin, il accueille une procession lors de la fête de la Trinité *(p. 249)*.

Ckla

Carte p. 90-91 – À 40,5 km S-E de Virpazar.

À la lisière de l'Albanie, ce petit village ressemble à un bout du monde avec sa rade marécageuse et sa poignée de barques. La frontière albanaise passe juste à quelques mètres de là. Si la vue sur les montagnes et le lac est splendide, le site n'a pour l'heure pas été vraiment aménagé.

Pélican sur le lac Skadar

Balade secrète

À la découverte de la faune protégée du lac Skadar

Classée parc national du Monténégro, une grande partie du lac Skadar est un véritable sanctuaire naturel. Une faune et une flore particulières s'y épanouissent. Il y a même de nouveau des ours et des loups dans les parages !

Un écosystème très diversifié

Sur une surface étroite, différents biotopes coexistent : eau libre, marais, forêts inondables, forêts à feuilles caduques, zones karstiques. Le marécage qui s'étend au nord est tapissé de nénuphars et de châtaigniers d'eau faisant disparaître sous une nappe verdoyante la limite entre l'eau et la terre. La Morača se fraie un chenal dans cette zone trouble. Les rives méridionales, escarpées et rocheuses, sont couvertes de forêts de charmes, de chênes, de marronniers. Sur les pentes de la chaîne Rumija, les botanistes en herbe dénicheront des orchidées délicates, les *Ophrys,* ou bien la fleur rose du pays, la *Ramonda serbica*.

Le dernier habitat des pélicans d'Europe

Autour du lac Skadar, on recense 279 espèces d'oiseaux, dont 73 migratoires. Au total, le lac compte cinq réserves ornithologiques, dont les plus célèbres habitants à plumes sont les pélicans. Avec un peu de chance, vous pourrez voir les nids flotter sur les masses de tourbe ou, mieux, admirer des pélicans décoller et planer au-dessus des marais. Ils sont concentrés au nord du lac dans les réserves de Pančeva Oka (*panac* est le nom local donné au pélican) et de Manastirka Tapija. Vers la fin mai-début juin, les volatiles s'aventurent au milieu du lac, l'occasion de les voir de près !

Des sorties ornithologiques

Des séances d'observation ornithologique à bord d'une barque sont organisées par des guides du parc national. Vous découvrirez au petit jour le lac encore tout embué. Un ornithologue averti vous conduira de site en site à la découverte des foulques et autres canards. Vous apercevrez sûrement des cormorans aux ailes déployées perchés sur des branchages à fleur d'eau, des mouettes agglutinées sur une île, des nids délicats de sternes posés sur les nénuphars blancs, des grèbes effarouchés, des hérons et des aigrettes élégants, des vols d'oies sauvages... Au passage, vous effleurerez du regard le fort Lesendro, le monastère Vranjina, les marécages et les récifs innombrables.

Un autre point de vue

On peut aussi observer la faune depuis l'une des quatre plates-formes aménagées sur les rives. La meilleure saison est l'automne, à l'époque des grandes migrations.

PRATIQUE

Carte p. 90-91.
Départ : *centre pour les visiteurs de Vranjina (p. 268) ☎ 020.879.103 (rés. au moins 1 j. à l'avance). Deux circuits accompagnés d'un ornithologue parlant l'anglais sont proposés ; il vous emmène jusqu'à la réserve des pélicans.*
Durée : *circuits de 4h.*
Budget : *180 € pour 2 pers. et 280 € pour 3 à 5 pers. Le prêt de jumelles est compris dans le tarif.*

11 Cetinje

Le centre-ville de Cetinje

Ancienne capitale du royaume déployée au milieu d'un *poljé* (plaine), Cetinje est en fait une petite ville de montagne au décor d'opérette. Les Turcs se sont chargés au cours des siècles de détruire les rares constructions érigées par Ivan Crnojević et son fils. Il ne faut donc pas y chercher de monuments historiques très anciens, mais plutôt un ensemble citadin du XIXe s. surprenant : palais néoclassiques, ambassades Art nouveau, parcs aux essences rares, monastère, théâtre bonbonnière, allées plantées de tilleuls, imposants bâtiments administratifs et banques... Le tout baigné d'une certaine indolence.

- **Carte et plan :** p. 87 et ci-contre.
- **Arriver, se déplacer :** voir Carnet pratique p. 268.
- **Point de départ de la visite :** l'église de la Nativité-de-la-Vierge.
- **Manger, dormir, s'amuser :** p. 212.
- **Coup de cœur de l'auteur :** L'art des Balkans à Cetinje : la galerie d'Art du Monténégro, p. 109.

Cetinje

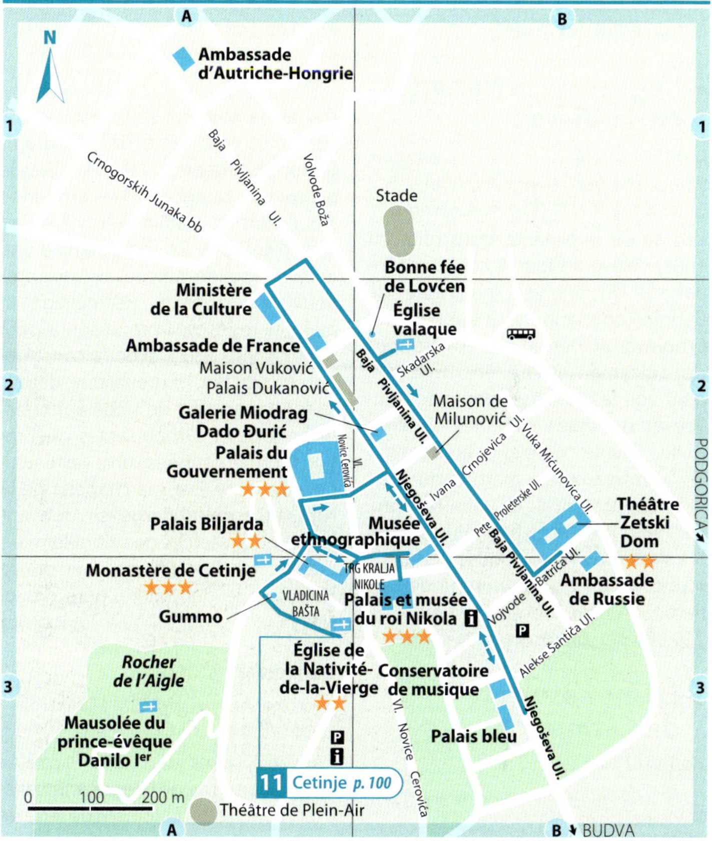

Cetinje★★★

Plan ci-dessus.

En 1496, à la fin de la dynastie des Crnojević, la ville est plus ou moins abandonnée, et ce jusque dans les années 1830, lorsque l'évêque Petar II Petrović Njegoš choisit de s'y établir. Il y fait construire une tour sur une colline surplombant le monastère, puis le palais Biljarda *(p. 103)*, résidence des gouverneurs du Monténégro. Sous le règne du prince Nikola (1860-1918), Cetinje se développe à un rythme accéléré. Le souverain ordonne la construction d'un nouveau palais, d'une auberge pour les visiteurs, d'un institut pour les jeunes filles et d'un hôpital. Les liaisons routières avec le pays sont améliorées. Les guerres balkaniques puis la Première Guerre mondiale sonnent le glas de cette prospérité. Ainsi, la ville a échappé à la grande vague des constructions de logements sociaux et a gardé intacte sa physionomie passée. Aujourd'hui, Cetinje, hormis ses parasols siglés, ressemble encore à une image sépia du début du XIXe s.

Le centre de Cetinje regorge d'anciens édifices officiels, sièges du gouvernement, parlement, tribunal aujourd'hui convertis en musées. La transformation du centre ancien en parcours muséographique et la mise en valeur des espaces urbains attirent de plus en plus de touristes curieux. Très dynamique, la direction du **Musée national du Monténégro** *(encadré ci-dessous)* participe à la Nuit européenne des musées.

➤ L'église de la Nativité-de-la-Vierge**

Dvorska Crkva

***Plan p. 101 / A3** – Ulica Novice Cerovića. Ouv. juin-sept. : t.l.j. 9h-16h. Accès libre.*

L'église de la Nativité, construite en 1886, s'élève à Čipur, à côté des fondations du premier monastère de Cetinje commandé en 1484 par Ivan Crnojević et détruit par les troupes de Suleyman Pacha en 1692. On peut voir les soubassements de l'édifice et quelques colonnes. La **chapelle royale** contient aujourd'hui les **tombeaux** en marbre du dernier couple royal du Monténégro. En 1989, les restes funéraires du roi Nikola et de son épouse y furent transférés en grande pompe de San Remo, en Italie, devant une foule de 250 000 personnes.

➤ Le monastère de Cetinje***

Cetinjski Manastir

Au N-O de l'église de la Nativité-de-la-Vierge, sur la même esplanade ☎ 041.231.273. Ouv. t.l.j. 6h-19h (18h en hiver). Accès libre.

Détruit à plusieurs reprises par les Ottomans, le monastère fut maintes fois reconstruit. L'édifice actuel a été bâti en 1786. On peut voir à l'extérieur des vestiges du bâtiment original, érigé en 1484.

L'enceinte

Depuis la cour, levez la tête vers la galerie et vous verrez les **six chapiteaux Renaissance.** Dans l'église, le parapet de l'autel porte les **armoiries** des Crnojević. Danilo Petrović prend soin d'entourer le monastère d'une enceinte solide percée de soixante-deux meurtrières ! Réaménagé à maintes reprises, il prend son aspect définitif vers 1925 avec la construction du clocher. Le monastère, depuis sa fondation, sert de siège épiscopal orthodoxe, et d'importantes célébrations sont organisées sur la vaste prairie extérieure. Dans la **chapelle de la Naissance-de-la-Vierge** se trouvent les reliques sacrées de saint Pierre de Cetinje. Ici reposent aussi le prince Danilo et le duc Mirko, père du roi Nikola.

Le trésor***

www.mnmuseum.org. Ouv. t.l.j. 8h-16h. Entrée plein tarif : 5 €.

Conservé dans la partie appelée « **appartements de Njegoš** » (reconstruits après le tremblement de terre de 1979), le trésor du monastère contient quelques objets remarquables. La muséographie aérée et contemporaine met en valeur ce patrimoine unique et dépoussière l'idée que l'on se fait des trésors religieux.

Pièce maîtresse du trésor, la **main droite momifiée** de saint Jean-Baptiste est présentée dans un **reliquaire** en or pur incrusté de saphirs et de diamants.

La collection de manuscrits, d'incunables et d'ouvrages imprimés du XIIIe au XVIIIe s. est particulièrement intéressante. Différents **livres de prière** richement enluminés et illustrés sont présentés, notamment un évangile de 1350, le **psautier de Schwaipolt Feol** de 1491 et l'***Octoèque, premier ton*** de 1493. Des

LE MUSÉE NATIONAL DU MONTÉNÉGRO

Le Musée national du Monténégro regroupe six institutions à Cetinje (le musée Njegoš, le musée du roi Nikola, le Musée ethnographique, le musée d'Histoire, la galerie d'Art du Monténégro et le Musée archéologique, non traité dans ces pages). Vous pouvez acheter des billets d'entrée pour chacune d'elles ou un billet groupé *(plein tarif : 10 €)* valable pour tous les musées.
➤ *www.mnmuseum.org.*

PROMENADE

Depuis le monastère de Cetinje, une petite promenade vous mène en une poignée de minutes à un joli belvédère juste au-dessus de la ville. Perché sur le **rocher de l'Aigle** (Orlov Krš), le **mausolée du prince-évêque Danilo Ier** a été réalisé sur une idée de la princesse Jelena, fille de Nikola Ier et future reine d'Italie. Sous un baldaquin en pierre de Korčula repose le tombeau du fondateur de la dynastie Petrović. Remarquez sur la pierre tombale les insignes du *vladika* : deux yatagans – une arme à la lame recourbée – croisés sur le sceptre du métropolite, entouré d'une couronne de laurier et d'olivier.
➤ *Plan p. 101 / A3.*

habits sacerdotaux finement brodés, des calices et des croix, une épine de la sainte Croix dans son coffret en or rehaussé de rubis et de diamants, et une couronne incrustée de pierres précieuses de Stepan Nemanjić du XIVe s. sont exposés dans les vitrines.

➤ Le gummo

Plan p. 101 / A3.

L'aire de battage du blé devant l'entrée du monastère a été reconstituée à l'emplacement de l'ancienne, créée par l'évêque Sava. Ce large cercle de pierre occupait une place importante dans la société monténégrine, largement rurale. C'est ici que se rassemblait la population pour prendre des décisions communes, régler les conflits entre clans ou bien festoyer. Cour de justice coutumière, piste de danses folkloriques, elle sert aujourd'hui volontiers de banc public où l'on vient converser. On retrouve ces forums en plein air partout dans le pays.

➤ Le palais Biljarda★★

Plan p. 101 / A3 – Trg Kralja Nikole ☎ 041.230.310. Ouv. de mi-avr. à oct. : t.l.j. 9h-17h ; de nov. à mi-avr. : lun.-sam. 9h-16h. Entrée plein tarif : 3 €. Fait partie du Musée national du Monténégro.

Loin de l'image d'un palais d'apparat, le **palais Biljarda** évoque plutôt une forteresse avec des hauts murs défensifs, quatre tours d'angle percées de meurtrières et trois puits intérieurs. Il est vrai que la menace turque pesait sur le pays. D'ailleurs, à la faveur de la reprise des hostilités, on n'hésitera pas à fondre la couverture de plomb et les casses de l'imprimerie pour fabriquer des balles contre l'ennemi !

Le musée Njegoš, dans l'ancien palais de Petar II Petrović Njegoš

Ce palais ordonné par Petar II Petrović Njegoš en 1837 reçut la première table au tapis vert du Monténégro, apportée ici à dos d'âne. D'où son surnom de Billard (Biljarda).

L'intérieur

Le Biljarda comptait vingt-cinq pièces réparties entre le rez-de-chaussée, consacré à la cuisine, à la salle à manger et aux réserves de victuailles, et l'étage destiné aux chambres du souverain, de son secrétaire particulier, de ses hôtes et aux espaces de travail. La résidence officielle abritait aussi le **Sénat,** la garde personnelle du prince, les fameux *perjanici,* et, caprice du prince, une **imprimerie.** Lorsque le prince Nikola déménagea en face dans le nouveau *palac*, le Biljarda fut transformé en collège, séminaire et institut pour jeunes filles.

Le rez-de-chaussée, totalement réorganisé, accueille dans de vastes salles blanches des expositions temporaires d'art contemporain.

Le musée Njegoš

Njegošev Musej

Au centième anniversaire de la mort du grand prince-évêque et poète Njegoš, en 1951, le palais fut converti en musée-mémorial. L'environnement familier de Njegoš, de son stylo-plume à son fauteuil vénitien, de son chef-d'œuvre *La Couronne des montagnes* à ses portraits, retrace l'itinéraire de l'enfant chéri du pays.

La cour

Plan p. 101 / A2.

Dans la cour, sous une verrière, un énorme plan-relief du pays a été élaboré par les Autrichiens pendant la Première Guerre mondiale. Son échelle au 1/10 000 en fit un outil stratégique d'une extrême finesse.

➤ Le palais et le musée du roi Nikola★★★

Musej Kralja Nikole

***Plan p. 101 / B3** – Trg Kralja Nikole*
☎ 041.230.555. Ouv. avr.-oct. : t.l.j. 9h-17h ; nov.-mars : t.l.j. 9h-16h. F. lun. déc.-avr. Entrée payante, vis. en français. Fait partie du Musée national du Monténégro.

La résidence

Construite en 1867, cette **gentilhommière** cossue était destinée à accueillir la veuve et la fille du prince Danilo, mais celles-ci préférèrent quitter le Monténégro. L'édifice remplaca alors le palais Biljarda et devint la résidence principale de la famille royale. Il fut converti en **musée** en 1926.

LES AMBASSADES

Entre 1878 et 1914, Cetinje prend très au sérieux son rôle de capitale. Le nouvel État souffre de deux handicaps majeurs : sa jeunesse et sa petitesse. Il redouble d'efforts pour attirer l'attention des grandes puissances. C'est sans doute pour cette raison que de nombreuses ambassades sont érigées en un clin d'œil autour du palais royal. Au total, douze légations européennes voient le jour et laissent aujourd'hui à Cetinje quelques belles bâtisses.

Après l'**ambassade d'Autriche-Hongrie** *(plan p. 101 / A1)*, avec sa chapelle attenante (1899) implantée un peu à l'écart sur l'avenue Pivljanina, c'est au tour de la **Russie** de se doter d'une mission, rue Vulka Mičundiča *(plan p. 101 / B3)*. Manifeste surprenant d'Art nouveau, l'**ambassade de France** (1910) choisit la meilleure adresse possible, la rue Katunska, devenue Njegoševa *(p. 106)*. On peut voir encore la légation **italienne** convertie en **Bibliothèque centrale** sur le boulevard Lenjina *(plan p. 101 / hors pl. par A1)*, ou la **mission britannique** devenue **conservatoire de musique** *(plan p. 101 / B3)*.

Les collections

Dans les pièces du rez-de-chaussée, vous verrez la plus grande collection d'**étendards** pris aux Turcs, des décorations décernées au roi Nikola, dont la Palme académique et la Légion d'honneur françaises, et des uniformes galonnés.

À l'étage, on a voulu reconstituer fidèlement le décor bourgeois des appartements privés de 1910 : le salon indonésien, le salon vénitien, la salle à manger capable de réunir 50 convives, la salle à manger familiale chippendale ou la chambre Art nouveau de la reine. Au fil de la visite, entre descente de lit en peau d'ours blanc et vases chinois, vous vous familiariserez avec les différents Petrović Njegoš dont les portraits ornent les murs.

Vous découvrirez la chambre Napoléon III de Ksenija, une des neuf filles du couple royal. Femme libérée et lettrée, photographe amateur aux premiers temps de cet art, première princesse au volant, passionnée de chasse, Ksenija restera toujours aux côtés de son père.

➤ *En ressortant, notez la statue colossale du fondateur de la ville, Ivan Crnojević (inaugurée en 1982).*

➤ Le Musée ethnographique*

Etnografski Musej

***Plan p. 101 / B2** – Trg Kralja Nikole ☎ 041.230.310. Ouv. de mi-avr. à nov. : t.l.j. 9h-17h ; de déc. à mi-avr. : lun.-sam. 9h-16h. Entrée plein tarif : 2 €. Fait partie du Musée national du Monténégro.*

Ce petit musée occupe depuis 2002 l'ancienne ambassade serbe. Ses salles rénovées exposent des morceaux choisis de la culture monténégrine. Vous apprécierez les **jolis coffres** aux motifs floraux, les **broderies** des tenues locales à faire pâlir d'envie nos académiciens, les tapis colorés, etc. La scénographie sobre et bien éclairée permet de mettre en valeur les 150 objets représentatifs d'un art de vivre séculaire.

➤ Le palais du Gouvernement***

Vladin Dom

***Plan p. 101 / A2** – Novice Cerovića 7, Vladin Dom ☎ 041.230.310, www.mnmuseum.org.*

Construit en 1910, année du jubilé du règne de Nikola Ier, le palais du Gouvernement est alors le plus grand édifice du Monténégro. La première session parlementaire s'y déroule le 15 août de cette même année. Dans les ailes de cette « maison carrée » sont regroupés la direction du **Musée national du Monténégro,** le Musée historique et la galerie d'Art du Monténégro.

Le musée d'Histoire

Istorijski Musej

Ouv. de mi-avr. à nov. : t.l.j. 9h-17h ; de déc. à mi-avr. : lun.-sam. 9h-16h. Entrée plein tarif : 3 €. Vis. guidée en anglais. Fait partie du Musée national du Monténégro.

Le Musée historique a ouvert ses portes en 1989. Ses salles en enfilade retracent chronologiquement toute l'histoire du pays à travers 1 500 objets, depuis les **harpons de l'âge paléolithique** jusqu'aux photos de 250 héros du mouvement de la Lutte pour la libération du peuple, en passant par le fameux ***Octoèque*** de 1493 *(p. 102)* et le **drapeau** du Monténégro transpercé par 400 balles lors de la bataille de Vučji Do.

La galerie d'Art du Monténégro

Crnogorska Galerija Umjetnosti

Ouv. t.l.j. 9h-17h. Billet couplé avec la galerie Miodrag Dado Đurić (p. 106) : 3 €. Fait partie du Musée national du Monténégro.

Fondée dès 1950, la galerie développe dix collections thématiques dans les grandes salles à l'étage du palais du Gouvernement. Si vous aimez contempler des tableaux loin de la bousculade, vous serez ici gâté : les salles sont quasi désertes ! Ce panorama artistique couvre la période allant des courants réaliste et impressionniste de la fin du XIXe s. jusqu'à la création contemporaine.

➤ *Lire aussi le coup de cœur de l'auteur : L'art des Balkans à Cetinje : la galerie d'Art du Monténégro (p. 109).*

➤ L'avenue Njegoševa

Plan p. 101 / A2-B2-3.

À sa modeste échelle, Ulica Njegoševa, appelée ici « Corso », correspond à nos Champs-Élysées. De belles demeures aux façades plus ou moins décrépies jalonnent l'avenue qui s'étend aujourd'hui du Palais bleu au ministère de la Culture.

Arpentez les allées bordées de tilleuls et de marronniers, de saules et de cèdres, décorées de loin en loin de quelques bustes mystérieux.

Vous pourrez flâner à votre rythme entre les maisons basses aux façades de couleur vive. Les jolis réverbères, les vitrines pimpantes et les terrasses donnent à la ville un air gai. Plus loin, derrière de solennelles clôtures en fer forgé, les **hôtels particuliers** affichent balcons élégants, perrons imposants et pilastres. Les styles diffèrent d'une demeure à l'autre, au gré des goûts des propriétaires.

Le Palais bleu

Plavi Dvorac

Plan p. 101 / B3 *– Ulica Njegoševa.*
Ouv. lors des expositions temporaires.

Cet élégant palais a été construit pour le prince héritier Danilo en 1894. Situé entre les deux parcs luxuriants de la ville, il est le plus délicat monument de Cetinje. Ses pilastres rouges agrémentés de chapiteaux ouvragés métalliques rythment sa façade bleu pâle à la symétrie parfaite. Aujourd'hui, le Palais bleu sert de résidence au président de la République. Chaque matin, des gardes en tenue d'apparat assurent la revue.

PAUSE EN TERRASSE

Installé dans l'ancienne ambassade de Bulgarie, le **Gradska Kafana** est un établissement typique qui sert des rafraîchissements et des plats locaux sur sa belle terrasse ombragée.
➤ ***Plan p. 101 / B3*** *– Ulica Njegoševa.*

La galerie Miodrag Dado Đurić

Galerija Miodrag Dado Đurić

Plan p. 101 / B2 *– Ulica Njegoševa.*
Ouv. mai-oct. : mar.-dim. 10h-14h et 17h-22h ; nov.-avr. : mar.-dim. 9h-16h. Billet couplé avec la galerie d'Art du Monténégro (p. 105) : 3 €.

Inauguré en 2012, ce musée à la structure translucide tranche par sa modernité. Cube épuré aux façades en verre, il est inondé de lumière le jour et brille tel un diamant la nuit. Très belles expositions temporaires dédiées aux grands artistes d'aujourd'hui.

L'ambassade de France

Plan p. 101 / A2.

L'avenue Njegoševa accueille depuis 1910 le bâtiment qui abrite l'ambassade de France, signée Auguste Perret et Paul Gaudet. Notez ses décorations en céramique orientalisante. Cette fantaisie architecturale serait due à une erreur de courrier : c'est un plan de l'ambassade en Égypte qui aurait atterri ici au lieu de celui prévu pour le Monténégro ! À l'intérieur se trouve la partie musée de la **Bibliothèque centrale du Monténégro.**

Le ministère de la Culture

Plan p. 101 / A2 *– Poursuivez vers l'O.*

Installé dans l'ancien siège de la Banque hypothécaire, le ministère a hérité de son aspect cossu et massif avec ses pilastres et son bossage. Les statues en bronze sur le perron incarnent un couple de Monténégrins.

➤ L'avenue Pivljanina

Plan p. 101/A2-B2-3.

Parallèle à l'avenue Njegoševa, cette avenue ne manque pas de charme avec ses maisons basses aux façades colorées. Empruntez-la pour revenir vers le centre.

➤ L'église valaque

Vlaška Crkva

***Plan p. 101/B2** – Trg Slobode.*

Entourée de pins, cette modeste église à une nef et au clocher-peigne est la plus ancienne de Cetinje. Sa construction originale remonte à 1450, lorsqu'un groupe d'éleveurs nomades dressa sur cette prairie une chapelle en torchis. De l'ancien cimetière des bogomiles, deux **stèles** ont été préservées, les autres étant intégrées dans la construction.

La **clôture extérieure** est faite de 1 544 canons confisqués aux Turcs lors des batailles de Grahovac (1858) et de la libération du pays de 1876 à 1878. À l'intérieur, notez une précieuse iconostase dorée à l'or fin qui date de 1878. Le monument qui se dresse devant son portail, appelé « **la bonne fée de Lovćen** » (1939), rend hommage aux Monténégrins de la diaspora revenus défendre le pays pendant la Première Guerre mondiale, et dont le navire s'échoua le 24 décembre 1915.

➤ Le théâtre Zetski Dom★★

***Plan p. 101/B2** – Ulica Pivljanina.*
Ne se vis. pas.

Le théâtre Zetski Dom (1888) reçut des hôtes de marque pendant le règne de Nikola Ier. Le monarque se flattait d'ailleurs d'avoir des lettres, et l'on inaugura la scène par la pièce *L'Impératrice des Balkans* signée… Nikola Ier ! Aujourd'hui, il accueille toujours des représentations régulières.

L'avenue Pivljanina et ses maisons colorées

Le palais du Gouvernement, abritant
la galerie d'Art du Monténégro

Coup de cœur de l'auteur

L'art des Balkans à Cetinje : la galerie d'Art du Monténégro

La galerie d'Art du Monténégro est installée dans le palais du Gouvernement, un imposant édifice du début du XXe s. Elle fait partie du Musée national du Monténégro et présente notamment une riche collection de peintures des XIXe et XXe s., réalisées par les plus grands artistes des Balkans.

Art des Balkans

La sélection du musée s'intéresse essentiellement aux peintres yougoslaves, et permet ainsi de découvrir des sensibilités différentes, bien qu'imprégnées des grands mouvements de l'art occidental. À l'époque, les artistes des Balkans suivaient des formations à Belgrade, Vienne, Paris, Rome. Les œuvres des plus célèbres d'entre eux (Lubarda, Milunović, Đurić, tous trois monténégrins, nés dans la région de Cetinje, *p. 254*) sont présentées ici dans des espaces séparés. Peut-être serez-vous ému face à la toile abstraite *Nuit au Monténégro* de **Petar Lubarda** (1951, salle 7), ou bien par le tableau de **Milo Milunović** intitulé *Devant la mer* (1954, salle 6). Le musée possède également quelques-unes des premières créations de **Miodrag Đurić** (salle 9).

Le fonds est enrichi par les donations des deux mécènes communistes Svetozar Vukmanović Tempo et Milica Sarić Vukmanović, qui léguèrent 223 tableaux et sculptures, dont quelques œuvres de **Dalí, Chagall** et **Renoir.**

La création contemporaine n'est pas en reste, et vous devrez vous faire une opinion face à des installations surprenantes comme le palindrome en pierre d'**Ilija Šoškić.** Pour admirer des œuvres plus actuelles, rendez-vous à la **galerie Miodrag Dado Đurić** *(p. 106)*, consacrée aux artistes des XXe et XXIe s.

La collection d'icônes

Le musée possède également une belle collection d'icônes que l'on peut classer en trois catégories : celles de la fin du XIXe s. et du début du XXe s. venant de Russie, celles d'origine italo-crétoise des XVIIe et XVIIIe s., et celles de l'école des Dimitrijević-Rafailović (XVIIe s.) des bouches de Kotor *(p. 31)*.

Dans cette section, le morceau de choix est la ***Vierge de Philerme,*** exposée seule dans la Chapelle bleue. Protectrice de l'ordre de Malte, elle fait l'objet d'une véritable vénération. La couronne et la robe incrustée de diamants et de saphirs furent réalisées par de grands joailliers de Saint-Pétersbourg et de Moscou au XVIIIe s.

PRATIQUE

Plan p. 101 / A2.

Accès : *galerie d'Art du Monténégro (p. 105). Novice Cerovića 7, Vladin Dom ☎ 041.230.310, www.mnmuseum.org. Ouv. t.l.j. 9h-17h.*

Budget : *entrée plein tarif 3 € (billet couplé avec la galerie Miodrag Dado Đurić, p. 106).*

12 Le parc national du Lovćen

Le parc national du Lovćen

Niché entre Kotor et Cetinje, le parc national est dominé par le massif montagneux du Lovćen, considéré comme une montagne sacrée par les Monténégrins. À son sommet repose, dans un monument exceptionnel, la dépouille de la plus importante figure du pays, Petar II Petrović Njegoš (1813-1851), prince-évêque et poète de renom. Parcouru de nombreux sentiers et parsemé de hameaux, le parc offre de belles possibilités de promenades.

- **Carte :** p. 87.
- **Arriver, se déplacer :** voir Carnet pratique p. 269.
- **Manger, dormir, s'amuser :** p. 213.

Le parc national du Lovćen***

Carte p. 87.

Le mont Lovćen a été classé parc national en 1952. Il abrite plus de 1 500 espèces animales et végétales, et son climat, très spécifique (comptez 10 °C de moins que sur la côte, située à seulement quelques kilomètres), pourra vous surprendre.

➤ Ivanova Korita

Carte p. 87 – À 12,5 km O de Cetinje.

Ce n'est pas vraiment un village, mais plutôt un hameau dans les alpages qui prend ses aises dans une large dépression. Le roi Nikola Ier y possédait l'une de ses résidences d'été, convertie en hôtel de charme. Une aire de battage des céréales *(gummo)*, quelques burons *(katuns)* occupés uniquement à la belle saison et une jolie petite église évoquent les temps anciens.

Des bâtiments modernes bordent aujourd'hui un vaste terrain de sport.

Le centre pour les visiteurs

Carte p. 87 – Bajava 2 ☎ 041.231.570 ou 069.328.858 (port.). Ouv. avr.-nov. : 9h-17h ; déc.-mars : 9h-12h. Entrée payante dans le parc, barrière à Bjeloši.

Vous y trouverez de la documentation, quelques itinéraires de marche et des conseils utiles. Une petite exposition est consacrée aux loups, une autre à la présentation de la flore locale.

Le chemin des loups

Carte p. 87 – Boucle facile de 6 km (3h30).

Le chemin de petite randonnée 750 R part du restaurant **Palas.** Vous vous promènerez sous les ramures des hêtres et des pins, ou bien au milieu des pâturages et des anciennes cultures en terrasses. Les plus courageux pourront rallonger le circuit en grimpant en haut du Treštenički Vrh, à 1 489 m d'altitude.

➤ Le mausolée de Njegoš***

Carte p. 87 – À 6 km N d'Ivanova Korita. Laissez la voiture au parking et grimpez à pied. Ouv. mai-oct. : t.l.j. 9h-17h. Entrée plein tarif : 3 €.

Au cœur du parc se dresse un monument remarquable élevé là pour le grand homme de l'histoire nationale, Petar II Petrović Njegoš, dit Njegoš *(p. 240)*. Il fait lui-même ériger en 1845 une chapelle au sommet du mont Jezerski Vrh, où il souhaite être

Le mausolée de Njegoš, au sommet du mont Lovćen

enterré. En 1951, pour le centième anniversaire de sa mort, le principe d'un grandiose mausolée est adopté. En 1974, le monument funéraire est achevé.

L'escalier

Les pans vertigineux de la cime ont imposé des aménagements, dont le percement d'un long tunnel. L'escalier de 461 marches est en grande partie souterrain. Mais, une fois en haut, vous serez récompensé. La **vue** sur les montagnes de part et d'autre du chemin est éblouissante. Tout au bout, sur un soubassement colossal, l'édifice en pierres claires de Brac et de Korčula s'ouvre sur un atrium.

La chapelle

L'entrée de la chapelle est portée par deux cariatides en granit de Jablanica. Au milieu d'une salle vide encadrée de piliers de granit brut et sous une voûte en mosaïque d'or trône la statue de Njegoš, exécutée par l'élève de Meštrović, Andrija Krstulović. Le poète est représenté assis en tailleur, un livre ouvert sur ses genoux et adossé à un aigle, symbole de liberté. La sculpture pèse 28 t ! En dessous se trouve la crypte où repose le sarcophage de Njegoš.

➤ La passe de Krstac

Carte p. 87 – À 10 km N du mausolée.

Une très belle route part du mausolée et rejoint la passe de Krstac (965 m) sur la route Kotor-Cetinje. C'est un pur bonheur que de conduire sur ces routes de montagne désertes.

➤ Njeguši★★

Carte p. 87 – À 15 km N d'Ivanova Korita.

Dans un paysage paisible sans âme qui vive, la route continue jusqu'à Njeguši. Ce village aux modestes fermes alignées le long de la chaussée est le berceau de la lignée royale des Petrović. La **maison natale** du héros national, le prince-poète Njegoš *(ouv. avr.-nov. : t.l.j. 9h-17h ; déc.-mars : lun.-sam. 9h-16h ; entrée plein tarif : 2 €)*, qui régna de 1896 à 1918, est une bâtisse toute simple à un étage autrefois recouverte d'un toit de chaume. Aujourd'hui, Njeguši doit sa réputation à son fromage de chèvre et à son jambon séché, le fameux *prsut* *(p. 253)*.

Vue sur la baie de Kotor depuis le parc national du Lovćen

13 La vallée de la Zeta

La vallée de la Zeta

Se déployant au nord de Podgorica, nouvelle capitale du pays, la vallée de la Zeta conserve des traces de ses occupations successives, notamment à Duklja, *municipium* romain, et à Medun, forteresse illyrienne. Plus au nord, le monastère d'Ostrog, un des principaux sanctuaires orthodoxes des Balkans, semble incrusté dans la falaise. Si la ville de Nikšić est surtout connue pour sa bière, le lac de Krupac, tout proche, offre une plage agréable pour s'accorder un moment de détente.

- **Carte et plan :** p. 87 et p. 114-115.
- **Arriver, se déplacer :** voir Carnet pratique p. 269.
- **Manger, dormir, s'amuser :** p. 214.

Podgorica

A
B
N
1
2
3
4
13. Jula
Jola Piletić
PONT MILLENIUM
PASSERELLE MOSKOVSKA
Cathédrale de la Résurrection
Vašingtona
Markovića
Moskovska
Statue de Vladimir Vissotsky
Nouvelle Université du Monténégro
Bd Džordža
Bd Sv. Petra Cetinjskog
Svetozara
CETINJE, BAR, BUDVA, NIKŠIĆ
TRG RIMSKI
Statue de Petar Ier
Bd Revolucije
Ivana Vujoševića
Bd Sv.
Ivana Milutinovića
PONT BLAŽ JOVANOVIĆ
Svetlane Kane Radević
Musée d'Art moderne
Maison de la Garde
STARA VAROŠ
UNION BRIDGE
Morača
8. Marta
Srnogorskih Serdara
Vojvode Ilije Plamenca
Parc de la Forêt de Ljubović
0
125
250 m

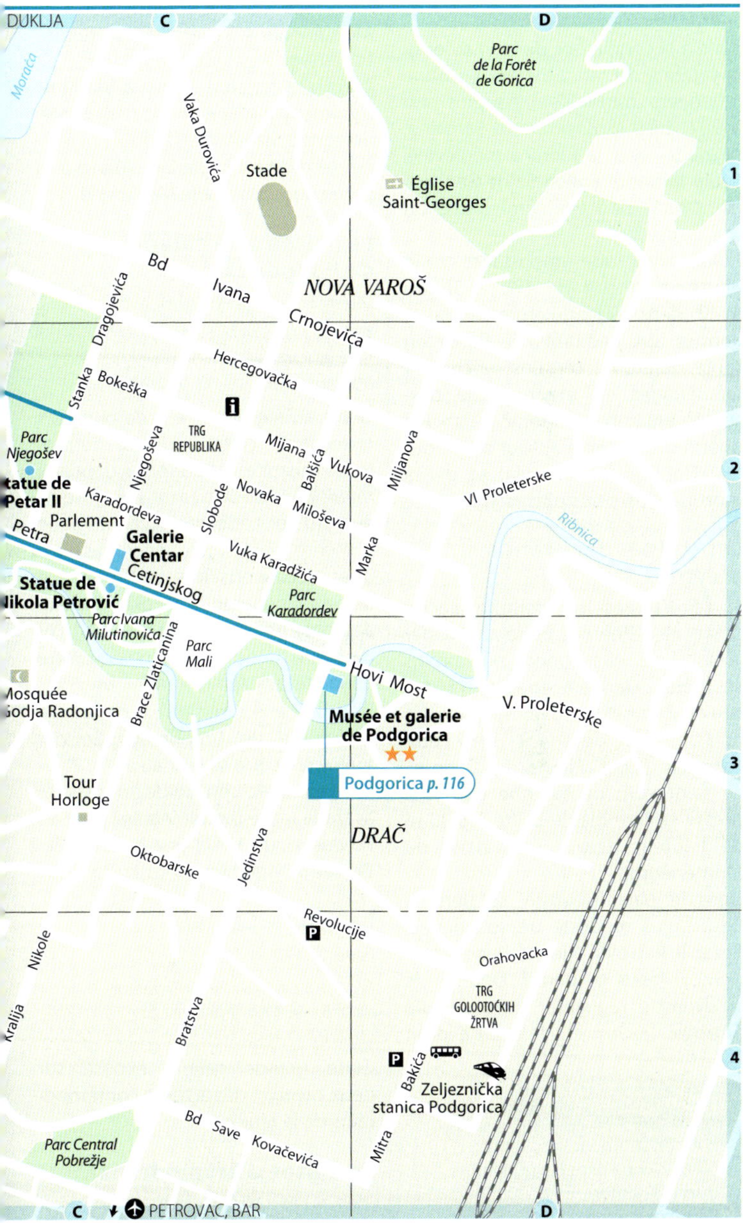
DUKLJA
C
D
Morača
Parc de la Forêt de Gorica
Vaka Durovića
Stade
Église Saint-Georges
1
Bd Ivana Crnojevića
NOVA VAROŠ
Dragojevića
Hercegovačka
Stanka
Bokeška
TRG REPUBLIKA
Mijana Vukova
Njegoševa
Balšića
Miljanova
Parc Njegošev
2
tatue de Petar II
Karadordeva
Novaka Miloševa
VI Proleterske
Parlement
Slobode
Ribnica
Petra Cetinjskog
Galerie Centar
Vuka Karadžića
Marka
Statue de Nikola Petrović
Parc Karadordev
Parc Ivana Milutinovića
Parc Mali
Brace Zlaticanina
Hovi Most
Mosquée Godja Radonjica
V. Proleterske
Musée et galerie de Podgorica
3
Tour Horloge
Podgorica p. 116
DRAČ
Oktobarske
Jedinstva
Revolucije
Nikole
Orahovacka
TRG GOLOOTOĆKIH ŽRTVA
Kralja
Bratstva
4
Bakića
Zeljeznička stanica Podgorica
Bd Save Kovačevića
Mitra
Parc Central Pobrežje
PETROVAC, BAR

Podgorica

Plan p. 114-115.

Bâtie à la confluence de cinq rivières, la capitale du Monténégro, en proie à la fièvre immobilière, n'a plus rien à voir avec la Birziminum romaine, ni même avec la Ribnica médiévale. Seule la petite **église Saint-Georges** (Sv. Dorde pod Goricum) datée du IXe s. a survécu !

Aujourd'hui, une importante zone piétonne s'étend de 17h à 5h du matin dans le quadrilatère central et permet aux habitants de flâner en toute quiétude ; certains parcs sont réaménagés et une nouvelle passerelle enjambe la Morača. L'ancien quartier musulman autour de la tour de l'Horloge (Sahat Kula) et de sa mosquée reste très pittoresque.

Les statues des grands hommes

Si l'ex-Titograd ne compte aucun buste élevé en mémoire du leader yougoslave, elle honore néanmoins ses héros. Dernière en date, la **statue de Petar Ier Petrović Njegoš** *(plan p. 114-115/A2)*, devenu ici sveti Petar Cetinjski (saint Pierre de Cetinje). Le saint vêtu de sa robe d'évêque dresse sa formidable coiffe à 6,80 m de hauteur devant l'université du Monténégro.

Dans le parc Njegošev se tient la figure plus modeste de son neveu, **Petar II Petrović Njegoš** *(plan p. 114-115/C2)*, assis et pensif. Dernier de la dynastie régnante, le **roi Nikola Petrović** *(plan p. 114-115/C2)* a droit lui aussi à sa statue, équestre cette fois, face au Parlement. Mais les Monténégrins savent aussi rendre hommage aux stars modernes. La preuve ? La statue élevée à **Vladimir Vyssotsky** *(plan p. 114-115/B2)*, poète, acteur et chanteur russe mort mystérieusement en 1980. Elle s'élève à la sortie de la passerelle Moskovski.

SESSION LÈCHE-VITRINES

Pour un moment shopping, rendez-vous dans les nouveaux quartiers autour de la Trg Republika *(plan p. 114-115/C2)* et dans la rue piétonne Hercegovačka *(plan p. 114-115/C2)* ou bien dans le nouveau centre commercial Delta Dity *(plan p. 114-115/hors pl. par A3)*.

Le musée et la galerie de Podgorica★★

Muzej i Galerija Podgorice

***Plan p. 114-115/C3** – Marka Miljanova, br. 4 ☎ 020.242.543. Ouv. mar.-ven. 12h-20h, sam.-dim. 9h-14h. Entrée payante.*

Grâce au regroupement de plusieurs collections, cette structure retrace toute l'histoire de Podgorica, depuis le *municipium* de Doclea (IIIe-VIe s.) jusqu'à aujourd'hui. La section archéologique présente notamment quelques vestiges découverts lors des fouilles à Doclea. Vous y verrez par exemple une adorable fibule en forme de singe et de lapin, de délicats flacons en verre et une tête de femme en marbre.

Une partie du musée est consacrée à l'œuvre de l'imprimeur Božidar Vuković, actif à Venise au XVIe s. À ne pas manquer, son guide touristique avant la lettre intitulé *Abrégé pour les voyageurs*, de 1547 ! Une belle collection ethnographique termine la visite.

La galerie Centar

Galerija Centar

***Plan p. 114-115/C2** – Njegoševa 2 ☎ 020.665.489. Ouv. lun.-sam. 10h-13h et 19h-22h, dim. 10h-13h.*

Cette grande galerie expose sur deux niveaux des artistes contemporains de la région.

Le musée d'Art moderne★★

***Plan p. 114-115/B3** – Dvor Podgorica, Kruševac bb ☎ 020.243.914. Ouv. lun.-ven. 8h-14h et 17h-22h, sam. 10h-14h. Accès libre.*

Le musée, rénové en 2013, est installé dans l'ancien palais du duc Mirko Petrović Njegoš, seul édifice rescapé des bombardements de la Seconde Guerre mondiale. Dans les grandes salles claires, vous pourrez voir plus de 1 000 pièces provenant de 60 pays : un véritable tour du monde de l'art dans les pays non alignés. Ce fonds a en effet été constitué à l'époque de la **galerie d'art des Pays non alignés Josip-Broz-Tito,** ouverte en 1984. Un autre espace est dévolu aux artistes contemporains monténégrins.

À côté du musée, la **Maison de la garde** (Perjanicki dom) accueille des événements culturels : musique classique, soirées littéraires, foires aux livres, etc.

La cathédrale de la Résurrection

Saborni Hram Hristovog Vaskrsenja

Plan p. 114-115/A1.

Exécutée dans un style byzantin très classique, cette cathédrale orthodoxe est considérée comme un chef-d'œuvre.

➤ Les ruines de Duklja

Carte p. 87 – À 3 km N-O de Podgorica. Empruntez l'av. Jola Piletica à dr. après le pont Millenijum. Accès libre.

Dans un vaste terrain vague encerclé d'imposants remparts effondrés dorment quelques colonnes brisées,

PAUSE AU BORD DE L'EAU

Installé au bord de la Morača, le restaurant **Mareza** sert de délicieux poissons de rivière et les grands classiques nationaux. Bon rapport qualité-prix.
➤ Plan p. 114-115/hors pl. par B1 – Mareza bb ☎ 069.070.866 (port.).

des fûts cannelés et des fondations d'édifices que seul un œil averti saura reconnaître.

Duklja, ville prospère de 10 000 habitants, a été démolie par les Goths au Ve s., endommagée par un tremblement de terre en 518, puis détruite par les Slaves en 620.

Sa résurrection est due à **Sir Arthur Evans,** lors d'une campagne de fouilles entre 1875 et 1882. Le site est de nouveau exploré entre 1954 et 1964, et en 1998. La cité, traversée par la voie ferrée, garde aujourd'hui un air désolé, comme à l'abandon.

Sur ce plateau coincé entre la Morača, la Zeta et la Siralija, un premier établissement est fondé dès le Ier s. av. J.-C. Il prend alors le nom d'un clan illyrien, Docleata. Devenu *municipium*, il adopte les règles de l'urbanisme romain. L'axe principal, le *decumanus maximus,* est la voie orientée est-ouest, la plus importante, et est

La cathédrale de la Résurrection

coupé à angle droit en son centre par le *cardo maximus*. Au croisement se trouve l'épicentre de la cité, le forum.

➤ La forteresse illyrienne Medun

Carte p. 87 – À 13 km N-E de Podgorica. Accès libre.

Cette citadelle illyrienne édifiée aux IVe et IIIe s. av. J.-C. a conservé quelques énormes blocs de pierre taillée qui appareillaient ses murailles cyclopéennes. La cité disparue était formée d'une ville basse et d'une ville haute, l'acropole.

Des fouilles archéologiques ont révélé sur la route reliant les deux parties de Medun un **temple** dédié au serpent, dieu majeur du panthéon illyrien. En 167 av. J.-C., la ville est prise par les légions romaines et le dernier roi, Gentile, est capturé avec sa famille. Les pièces exhumées ont, pour la plupart, été transférées dans le musée et la galerie de Podgorica *(p. 116)*.

➤ Le monastère d'Ostrog★★★

Manastir Ostrog

Carte p. 87 – À 51 km N de Podgorica dir. Nikšić. Empruntez de préférence la nouvelle route construite en 2013, plus rapide et plus sûre que l'ancienne. Arrivé au monastère bas, vous pouvez alors choisir de laisser votre voiture au parking et de poursuivre la montée à pied à travers une belle forêt. Autre solution : empruntez la route asphaltée et garez-vous en haut, mais attention les places sont limitées ! Ouv. mai-sept. : t.l.j. 6h-17h ; oct.-avr. : t.l.j. 5h-16h. Accès libre. Tenue correcte exigée.

Des milliers de fidèles monténégrins et serbes viennent chaque année prier et se recueillir dans ce monastère, le plus important du pays pour les chrétiens orthodoxes *(p. 243)*.

Le **monastère bas** (Donji Manastir) et l'**église de la Sainte-Trinité** (Crkva Sv. Trojice, 1824), ornée de superbes fresques, sont situés à 800 m d'altitude.

Le monastère d'Ostrog

Le monastère haut***

Gornji Manastir

C'est vraiment un lieu unique ! Sa silhouette blanche encastrée dans la roche transparaît à peine dans la brume, sorte d'apparition miraculeuse surgie du Déluge. Le monastère d'Ostrog remonte au XVIIe s. Il suscite un étonnement admiratif : comment a-t-on pu construire un tel édifice au-dessus du vide ?

La chapelle de l'Assomption-de-la-Vierge

Après avoir traversé le balcon accroché à la falaise, vous monterez jusqu'à l'adorable chapelle de l'Assomption-de-la-Vierge.
Cette église troglodytique a été aménagée en 1175 pour accueillir la dépouille sacrée de saint Basile (sv. Vasilije Ostroški). Le métropolite Basile Jovanović passa quinze ans dans cet ermitage suspendu. À sa mort, en 1671, selon l'hagiographie officielle, son corps resta intact durant sept ans dans son cercueil et dégagea une fragrance fraîche de basilic, preuve irréfutable de la sainteté de cet homme d'Église. Il est depuis révéré comme l'un des principaux saints du pays.
Les fidèles venus des quatre coins de l'horizon orthodoxe se recueillent devant la châsse sacrée sous le regard vigilant d'un moine.

La chapelle de la Sainte-Croix

Quelques volées de marches plus haut, voici la chapelle de la Sainte-Croix. Selon l'inscription placée au-dessus du porche, elle a été creusée par l'higoumène Isaija (abbé d'un monsatère orthodoxe). Elle est décorée de **magnifiques fresques** exécutées en 1666-1667 par le maître Radul. Remarquez sur la voûte la figure pleine de douceur du Christ Pantocrator. Quelques reliques plus ou moins macabres sont exposées : les mains tranchées par les Turcs du martyr Stanko pour n'avoir pas renié sa foi, les chaînes d'un aliéné guéri après avoir passé une nuit à Ostrog, ou encore une grenade allemande de 1942 n'ayant pas explosé.
Dehors, sur ce perchoir inhospitalier, pousse une vigne improbable. Elle aurait germé à l'emplacement exact où saint Basile expira !

Fresque dans la chapelle de la Sainte-Croix

LA LOURDES DES BALKANS

Ayant échappé par miracle à un incendie en 1925, puis à l'explosion d'une grenade allemande en 1942, Ostrog accueille chaque jour des pèlerins venus en quête de guérison. Les annales du monastère sont riches d'histoires bienheureuses. Beaucoup de croyants remplissent de petites bouteilles d'eau bénite à la fontaine située en face des bâtiments d'habitation.
Le jour de la **Saint-Basile, le 12 mai,** et le jour de l'**Assomption,** la montagne se couvre de fidèles, et les parkings sont saturés ! Beaucoup choisissent de dormir sur place, dans les dortoirs aménagés dans le *konak* annexe, à la belle étoile, sur les bancs ou le parvis de l'église. La procession, guidée par la hiérarchie épiscopale, monte à pied jusqu'au sanctuaire *(p. 249)*.

Le pont impérial

Carev Most

Carte p. 87.

Ce pont enjambe en seize arches de pierre le lit de la Zeta, sur l'ancienne route de Podgorica. Ce bel ouvrage d'art long de 260 m, érigé en 1896, a été financé par le tsar russe, d'où son nom. Malgré son âge avancé, on peut toujours l'emprunter aujourd'hui.

Nikšić

Carte p. 87 – À 53,5 km N-O de Podgorica.

L'originalité principale de la ville tient à son **plan urbain** conçu par Josip Slade à la fin du XIXe s. Vue de haut, sa ville ressemble un peu à la moitié de la place de l'Étoile parisienne, avec des avenues arborées rayonnant à partir d'une place centrale. Sauf qu'ici, à la place de l'Arc de Triomphe, se trouve un simple rond-point !

Comme toutes les villes du Monténégro, Nikšić a souffert au siècle dernier, mais elle compte encore quelques édifices respectables : l'énième **palais d'été** du roi Nikola Ier, converti désormais en centre culturel, une **sculpture équestre** du dernier monarque sur la place principale, la **cathédrale Saint-Basile-d'Ostrog** (Saborna Crkva Sv. Vasilija Ostroškog) trônant sur son promontoire boisé, une **forteresse médiévale** perchée sur les hauteurs appelées Onogošt, une rue aux maisons basses et colorées, etc.

Avant de quitter l'agglomération, vous pouvez pousser la curiosité jusqu'à l'**église Saints-Pierre-et-Paul,** sise au milieu du cimetière et dont on ne connaît pas les dates exactes de construction. D'aspect rustique, elle est dotée d'un impressionnant **clocher** (fin XIXe s.) et possède encore des **fresques** du XVIIIe s.

Le lac de Krupac*

Carte p. 87 – À 56 km N-O de Podgorica et à 7 km O de Nikšić.

Juste à la sortie de Nikšić, le lac de Krupac est très populaire. Sur sa **plage** bien aménagée avec bars et restaurants *(p. 214)*, des familles entières viennent passer la journée. Sur sa base nautique, vous trouverez kayaks, Jet-Ski, bateaux, embarcations à pédales, terrains de volley ou de basket… Pour vous occuper entre deux plongeons dans l'onde pure.

Le pont romain de Mostanića

Le lac Slansko

➤ Le vieux pont romain de Mostanića

Carte p. 87 – À 57 km N de Podgorica dir. Nikšić puis Trebinje, suivez les panonceaux marron. Attention, à la fourche après la sortie de la route principale, prenez la route à g.

Ce vieux pont romain à quelques kilomètres de Nikšić tient encore debout sur ces belles arches de pierre. Un peu plus loin se trouve une petite église isolée sur la lande.

➤ Le lac Slansko

Slansko Jezero

Carte p. 87 – À 53 km N de Podgorica et à 12 km S-O de Nikšić.

Le lac Slansko, que l'on peut traduire littéralement par «lac salé», forme une étrange oasis liquide, comme sertie au milieu des collines et des montagnes alentour. Avec ses rivages dentelés et ses multiples petites îles qui affleurent ça et là, le lac semble se glisser dans le paysage et pénétrer les moindres creux des berges. Rien d'étonnant à cela puisqu'il s'agit en réalité d'une retenue d'eau artificielle dotée d'un barrage.

À l'automne et au printemps, les rivières, d'ordinaire sages et discrètes, mais gonflées alors par les fortes pluies, alimentent de jolies **cascades.** Aucune route ne fait le tour du lac. Faute de pouvoir marcher le long de ses rives, vous pourrez apercevoir ses belles arabesques céruléennes depuis Kuside ou Orina.

Non loin du lac, sur l'**aire sportive Kovce Do,** vous trouverez des terrains de sport, des bassins de natation et des pistes de jogging.

Les massifs montagneux

Plus on s'enfonce à l'intérieur du pays, plus le Monténégro ressemble à son toponyme ! Les forêts sombres couvrent les pentes des massifs tandis que sur les plateaux d'altitude, les alpages verdoyants et fleuris du printemps jaunissent au fil de l'été. Ces hautes terres à la nature intacte, qui abritent plusieurs parcs nationaux offrant des possibilités de randonnées infinies, ne sont toutefois pas totalement inhabitées. De ci de-là, quelques cabanes en bois forment les *katuns,* des hameaux saisonniers où les bergers se retrouvent, à chaque transhumance. Se promener dans ces espaces sauvages aux panoramas spectaculaires, c'est l'occasion unique de redécouvrir le plaisir pur des paysages. Imaginez une route qui vagabonde sur les estives, passe des cols dénudés, longe des cirques ténébreux, zigzague sur les flancs d'une paroi, surplombe une rivière… Profitez d'un séjour dans la région pour vous essayer au rafting, au canyoning ou à l'équitation : les paysages grandioses s'y prêtent merveilleusement.

PRATIQUE

Cartes et plans : Les massifs montagneux p. 124-125 • Le massif du Durmitor p. 127 • Le canyon de la Tara et Pljevlja p. 137 • Le massif de Bjelasica et la Morača p. 143 • Les massifs des Komovi et des Prokletije p. 152-153.
Manger, dormir, s'amuser : p. 217.
Se déplacer : en voiture de préférence *(voir Carnet pratique p. 269).*
- **De Donja-Brezna au pont de Budečevica (visites 14 à 15) :** 93 km par la M18 vers le sud puis la R5 vers le nord.
- **De Pljevlja à Kolašin (visites 15 à 16) :** 110 km par les R4 et M2 vers le sud.
- **De Šavnik à Andrijevica (visites 16 à 17) :** 113 km par les R16 et M9 vers l'est.

VISITES
14 à 17

Les massifs montagneux

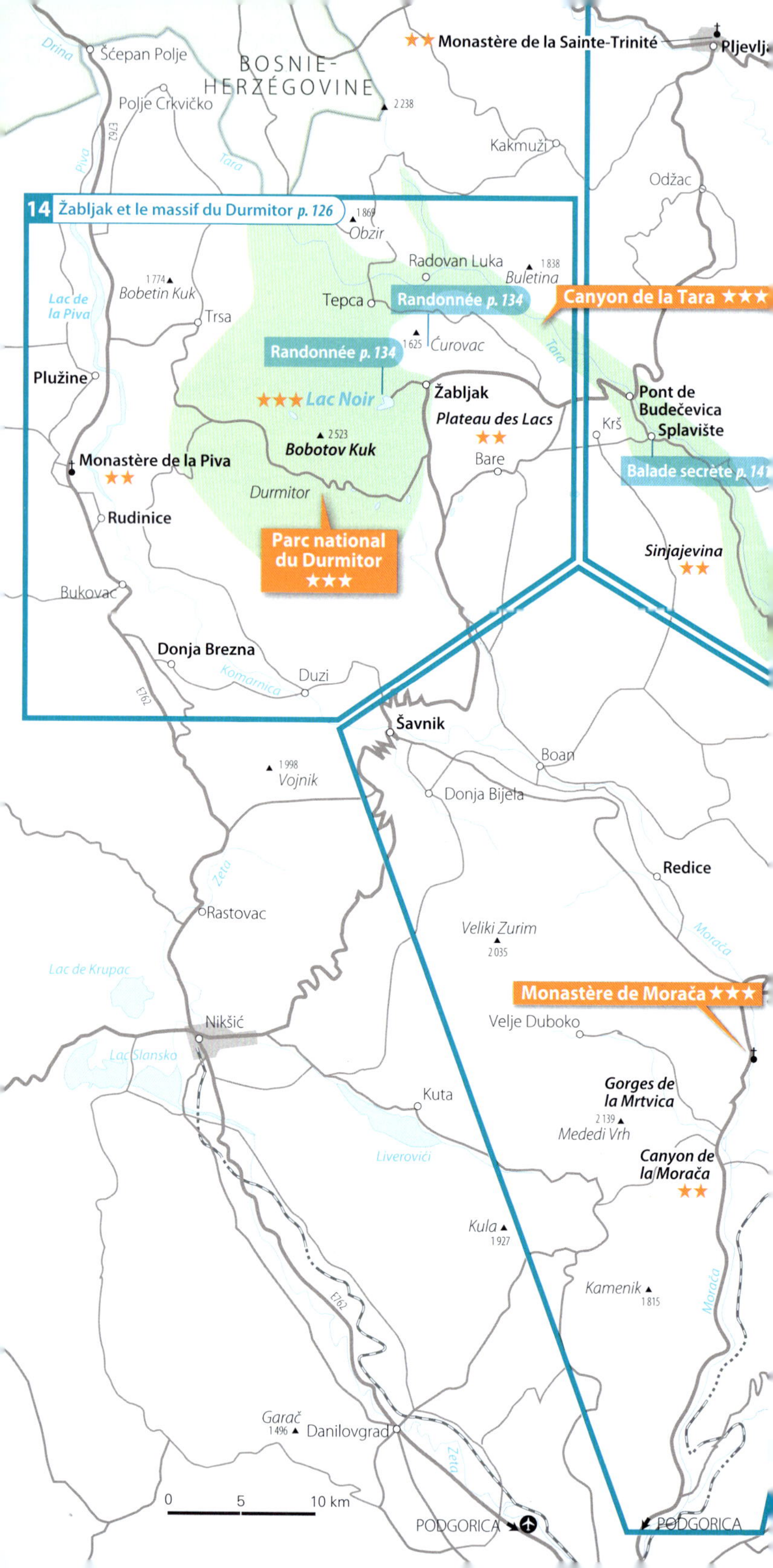
Drina
Šćepan Polje
BOSNIE-HERZÉGOVINE
Polje Crkvičko
E762
Piva
Tara
2 238
Monastère de la Sainte-Trinité
Pljevlja
Kakmuži
Odžac
14 Žabljak et le massif du Durmitor p. 126
1 869
Obzir
Radovan Luka
1 838
Buletina
1 774
Bobetin Kuk
Lac de la Piva
Tepca
Randonnée p. 134
Canyon de la Tara
Trsa
1 625
Ćurovac
Randonnée p. 134
Tara
Plužine
Lac Noir
Žabljak
Pont de Budečevica
Plateau des Lacs
Krš
Splavište
2 523
Bobotov Kuk
Monastère de la Piva
Bare
Balade secrète p. 14
Durmitor
Rudinice
Parc national du Durmitor
Sinjajevina
Bukovac
Donja Brezna
Komarnica
Duzi
E762
Šavnik
Boan
1 998
Vojnik
Donja Bijela
Zeta
Redice
Rastovac
Veliki Zurim
2 035
Morača
Lac de Krupac
Monastère de Morača
Velje Duboko
Nikšić
Lac Slansko
Kuta
Gorges de la Mrtvica
2 139
Medeđi Vrh
Liverovići
Canyon de la Morača
Kula
1 927
Kamenik
1 815
E762
Morača
Garač
1 496
Danilovgrad
Zeta
0
5
10 km
PODGORICA
PODGORICA

Les massifs montagneux

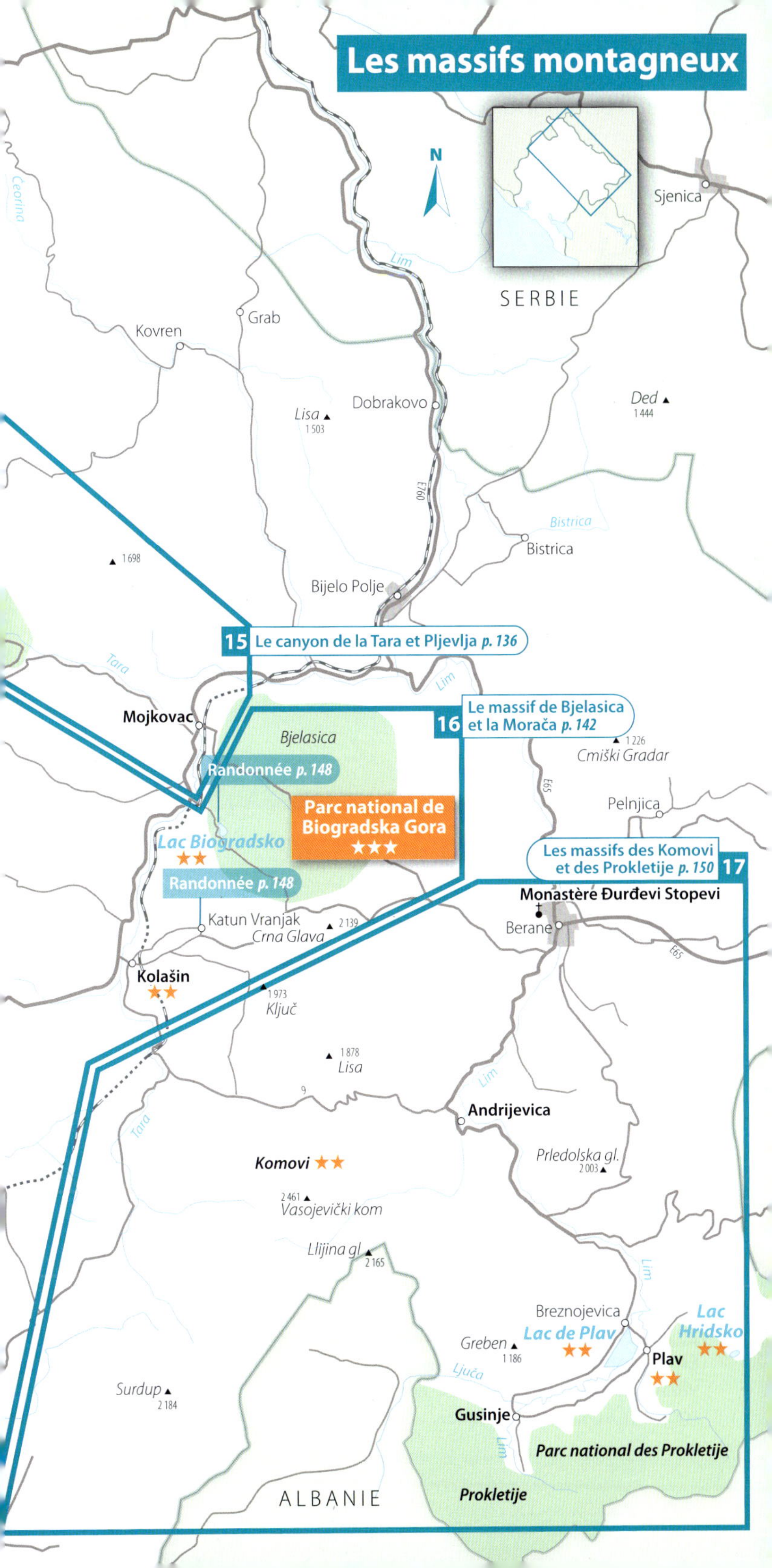

14 Žabljak et le massif du Durmitor

Les rives du lac Noir

Se déployant à l'est de Žabljak, le massif du Durmitor est un endroit resté hors du temps. En suivant les routes dans ces confins septentrionaux, vous serez enveloppé par la solitude des lieux, la beauté des hauts sommets et le calme des pâturages. Le parc national est un paradis pour les randonneurs mais les balades autour de son lac Noir raviront aussi petits marcheurs et familles.
En descendant vers le sud, les petits villages se font plus nombreux mais sont toujours aussi authentiques.

- **Carte :** p. 124-125 et ci-contre.
- **Arriver, se déplacer :** voir Carnet pratique p. 269.
- **Manger, dormir, s'amuser :** p. 217.
- **Randonnées :** Dans le parc national du Durmitor, p. 134.

Le massif du Durmitor

➤ Žabljak

Carte ci-dessus – À 120 km N de Podgorica.

Petite capitale du Durmitor, Žabljak est promue par l'office de tourisme national comme une station de sports d'hiver. Il y a effectivement quelques télésièges et tire-fesses aménagés sur les pentes alentour, une poignée d'hôtels de la grande époque yougoslave et pléthore de chalets en construction ! En quelques années, la petite station de ski s'est développée et de nouveaux hôtels chics et design sont apparus. On peut passer ici de belles vacances enneigées à petit prix, même si le domaine skiable est limité, ou, mieux encore, profiter du bon air et des 2 000 km de sentiers de randonnée aux beaux jours.

Parcours en VTT autour du massif du Durmitor

Carte p. 127 – Boucle de 86 km au départ de Žabljak, réservée aux sportifs en bonne condition physique. Prenez des provisions et de l'eau car l'itinéraire traverse des zones inhabitées, même si, une fois dans les katuns, *les habitants seront heureux de vous offrir un verre. Si vous prévoyez d'étaler ce périple sur plusieurs jours, vous trouverez refuge dans des cabanes en bois vers le lac Sušičko et à Lokvice. Emportez avec vous le matériel pour la nuit. Pour la loc. de vélos, voir p. 269.*

Cet itinéraire entièrement sur des chaussées plus ou moins asphaltées vous fera découvrir la partie occidentale du Durmitor, des forêts de pins aux plateaux dénudés, des vallées fleuries aux cirques de montagnes pelées. Vous commencerez par la montée jusqu'au bord du **Veliki Štuoc** (2 104 m). Les plus courageux pourront faire le détour par le sommet, les autres poursuivront. Puis la piste vous mènera à un hameau perdu, **Mala Crna Gora** *(p. 131)*, le plus haut des Balkans, perché à 1 800 m d'altitude, sur une pointe entre deux canyons, celui de la Tara et celui de la Sušica. Ses habitants vivent dans le *katun* en altitude pendant les mois d'été et retournent au village un peu plus bas (1 680 m) le reste de l'année. Vous arriverez ensuite au **lac Sušičko,** visible au printemps au moment de la fonte des neiges. Encore un petit effort et vous voici à **Nedajno,** un bout du monde sur les lèvres des gorges somptueuses de la Sušica. Profitez de la vue avant de pédaler vers **Trsa,** où vous rejoindrez une chaussée en meilleur état. La route serpente dans ces confins déserts dignes d'un Tibet européen. Vous passerez au **col Sedlo** (1 904 m) et louvoierez dans la **cuvette de Dobri Do.** Enfin, il ne vous restera plus qu'à redescendre vers **Virak** puis Žabljak.

DES NOMS ÉVOCATEURS

L'origine celte du nom Durmitor signifie « **montagne des eaux** ». Quant aux pics, leur toponyme est toujours très imagé. On trouve ainsi le Minin Bogaz, le « poignard », le Zupci, la « dent de scie », le Savin Kuk, la « hanche », l'Obla Glava, la « tête ovale », le Stozhina, la « meule de foin », le Šareni Pasovi, le « plaid coloré »...

DÉJEUNER SUR LES HAUTEURS

Juché sur les travers du mont Štuoc, **Momćilov Grad** est un restaurant d'altitude qui propose une carte du terroir savoureuse et qui offre un joli coup d'œil sur le Durmitor.
➤ ***Carte p. 127*** *– À 6 km de Žabljak, sur les flancs du Štuoc. Prenez la route qui part à g. après la pl. centrale en dir. du pont sur la Tara, à Budečevica. Suivez les panneaux « Restaurant Momćilov Grad ». Ouv. 10h-19h.*

➤ Le parc national du Durmitor★★★

Carte p. 127.

Fondé en 1978 *(p. 235)*, le parc recouvre 39 000 ha et englobe le canyon de la Tara depuis la Bistrica jusqu'à la Sušica, le massif du Durmitor, des portions du plateau de Jezera et du mont Piva, les sources de la Bukovica et les hautes terres des vallées de la Grabovica et de la Komarnica. En 1977, l'Unesco a inscrit les gorges de la Tara dans les réserves biologiques de la biosphère mondiale. Depuis 1980, le parc national du Durmitor fait partie du **Patrimoine mondial de l'humanité.**

Le parc est divisé en **sept zones** : les forêts de genévriers et de pins du bassin Mlinski Potok, la forêt de pins noirs de Črni Podi et, autour du lac Noir, le bassin des deux lacs Škrčka, le défilé de la Sušica, le lac Barno, le lac Zabojsko et les gorges de la Tara.

➤ *Lire aussi les randonnées : Dans le parc national du Durmitor (p. 134).*

Le lac Noir★★★

Crno Jezero

Carte p. 127 – À 3 km O de Žabljak. Départ du parking d'Ivan Do. Poursuivez à pied sur 800 m. Entrée plein tarif : 3 €.

Blotti à 1416 m d'altitude, le lac glaciaire Crno Jezero est divisé en deux bassins reliés par le détroit de la Struga. Cette passe s'assèche en été. La pinède enserre cette trouée d'eau fraîche à l'ombre du pic de Međed (pic de l'Ours) à 2287 m. Au printemps, l'eau jaillit de ses flancs abrupts et tombe en une superbe cascade de 40 m de haut et 150 m de large dans le lac. Le spectacle est saisissant. L'eau du lac s'écoule à travers des puits souterrains. Il lui faut huit jours pour atteindre la **vallée Dubrovsko** (Dubrovska Vrela) dans les gorges de la Komarnica, 20 km plus loin et 738 m plus bas. Une autre fuite la mène en neuf jours sur la Tara, 820 m plus bas. De nombreux sentiers de randonnée partent de ce lac.

Balade jusqu'à la source Čelina

Départ du parking d'Ivan Do. Suivez le sentier qui longe les rives du lac. La marche est facile et courte (boucle de 4 km autour du lac).

Vous passerez à l'ombre des sapins centenaires et pourrez visiter la **grotte de Tito** et son mémorial dédié à l'Armée nationale de libération et aux Détachements partisans de Yougoslavie. Vous gravirez une côte au-dessus du **lac Malo** (Malo Jezero) et bénéficierez alors d'une belle vue d'ensemble avant de longer les roches toutes couvertes de mousse autour de la **source Čelina.**

Randonnée vers la grotte de Glace

Ledena Pećina

Départ du parking d'Ivan Do. Boucle de 15 km ; 7 à 8h A/R ; 700 m de dénivelé. Réservé aux bons marcheurs. Certaines portions sont assez techniques (éboulis et névés). Attention à la descente vers la grotte : la pente est raide et pratiquement toujours enneigée. Vous pouvez faire appel à un guide (p. 219)

Une fois au **moulin Jakšića** (Jakšića Mlin), prenez le sentier qui monte sur la gauche à travers une belle forêt de pins. Rassurez-vous, le rai-

Hameau dans les environs de Žabljak

dillon du début s'adoucit ensuite. Au bout de 45 min de montée, vous arriverez à une plaque commémorative. L'ascension se poursuit sous des hêtres. Au sortir des bois, profitez de la vue sur le **lac Noir** et le **mont Međed.** À la fourche suivante, prenez la branche droite qui ondoie entre les mamelons de **Stari Katun** (la branche gauche rejoint le Bobotov Kuk, *ci-dessous)*. 1,5 km plus loin, le chemin entame l'ascension d'**Obla Glava** (2 303 m). Juste à son pied, après avoir passé une vallée peu profonde, vous voici arrivé à la **grotte de Glace** située à 2 160 m d'altitude. De là-haut, le regard embrasse tous les sommets les plus élevés du Durmitor, depuis Savin Kuk jusqu'à Terzin Bogaz.

Dans la grotte, le spectacle récompense l'effort de la longue marche. L'excavation est de belles dimensions : haute de 15 m, longue de 40 m et large de 30 m. Sur les parois, l'eau se fige en sculptures de glace étonnantes. Vous redescendrez et rejoindrez la route pour le ***katun* Lokvice.** Pris entre les **falaises de Čvoroz Bogaz** et le **Međed,** le chemin pentu se faufile dans la vallée étroite et caillouteuse. Après le refuge, il vous reste encore 2 h de marche dans de belles vallées avant d'arriver au parking d'**Ivan Do.**

Randonnée vers le Bobotov Kuk

Départ du parking du lac Noir. 11 km aller ; expédition de 9h A/R. Réservé aux bons marcheurs. Poss. de dormir dans un refuge au niveau de Škrka, ouv. du 1er juin au 1er oct. Guide recommandé : Zoran Vojinovic (☎ 069.209.977 [port.]), comptez 100 €.

Le Bobotov Kuk (2 523 m), le Bezimeni Vrh (le « pic sans nom » ; 2 487 m) et le Soa ou Djevojka (2 440 m) se trouvent sur la même crête, surnommée ici **Soa Nebeska** (l'autel des dieux). Ces trois pics forment le rempart le plus imposant du Durmitor (400 m de haut et 2 km de large), qui surplombe la magnifique vallée des deux lacs Škrčka. L'ascension du Bobotov Kuk est un must de l'alpinisme local. La voie classique, par le nord, part du lac Noir, passe par le *katun* Lokvice, Biljegov Do, les cirques glaciaires Valoviti Do et Škrka. Le début du sentier est le même que pour rejoindre la grotte de Glace *(p. 129)*. En chemin, vous pourrez admirer les plissements diagonaux extraordinaires de Šareni Pasovi : les strates minérales alternent avec les zones verdoyantes et créent d'étranges zébrures. Depuis le défilé vertigineux Škrčki Pogled (2 420 m), vous bénéficiez d'une vue magnifique. Votre regard embrasse une vision à 360° jusqu'aux massifs de Bjelasica, des Komovi et des Prokletije à l'est, jusqu'à l'Orjen et à la mer Adriatique au sud, jusqu'aux montagnes Zlatar et Zlatibor au nord, et jusqu'aux chaînes Bioč, Volujak et

Les sommets du parc

Maglić à l'ouest. Pour le retour, vous pouvez soit refaire le même chemin en sens inverse, soit prendre le chemin à gauche en redescendant après Biljegov Do, direction la grotte de Glace *(p. 129)*, qui ne rallonge pas la randonnée.

➤ Le plateau des Lacs★★

Jezera Povrs

Carte p. 127 *– Boucle de 36 km en voiture au départ de Žabljak. Prenez la route qui part vers le S vers Javorje, puis bifurquez sur la g. au niveau du lac Vrazje. Après Njegovuđa, reprenez à g. pour finir la boucle.*

La route traverse de minuscules hameaux clairsemés. La lande ondule sous le souffle du vent. Vous longerez les rives du **lac Vrazje** (lac «du diable»), berceau du cheval ailé Jabucilo, la monture de l'invincible duc Momcilo, personnage légendaire très populaire dans le Durmitor.

Voici bientôt l'adorable **lac Riblje** (lac «des poissons») frangé de roseaux. Remarquez aussi les **tombes anciennes.** À Njegovuđa, vous passerez à côté d'une ancienne base aéronavale militaire où atterrirent bien des avions alliés.

De nombreux sentiers pédestres partent de la route et permettent d'atteindre une éminence ou un *polję* (plaine encaissée). Vous pourrez sans risque laisser votre voiture et suivre un de ces chemins. Vous serez alors au cœur de la nature, sans aucun lien avec le monde des hommes!

Le lac de la Piva

➤ Mala Crna Gora

Carte p. 127 – À 16 km N-O de Žabljak.

La route qui mène à Mala Crna Gora passe au pied de Veliki Štuoc et surplombe par endroits les gorges encaissées de la Tara. Sur ce haut plateau aux confins du Monténégro, ce village aux fermes éparpillées est incroyablement préservé. On y voit encore les vieilles bâtisses traditionnelles avec les latrines à l'extérieur, les meules de foin et le potager adjacent. On peut prolonger la promenade en allant jusqu'au belvédère planté de séquoias au-dessus cette fois de la rivière Sušica, un affluent de la Tara. Là encore, les falaises tombent d'un seul jet de plusieurs centaines de mètres. Attention donc aux enfants !

➤ Vers l'est

Carte p. 127.

Les 44 km entre Žabljak et Plužine, qui serpentent dans les massifs de la Pivska Planina et du Durmitor, traversent des paysages somptueux : hauts plateaux couverts de fleurs à perte de vue, avec d'un côté les cimes du Bioč, en Bosnie-Herzégovine, et de l'autre les massifs comme taillés dans la roche du Durmitor. On y croise de temps en temps quelques vaches vagabondes tandis que dans les vallons paissent moutons et chevaux.

Le lac de la Piva

Carte p. 127.

Le barrage hydroélectrique haut de 220 m a submergé l'ancienne commune de Plužine, qui a dû déménager quelques mètres plus haut. Les eaux de la Piva sortent du barrage et sont rejetées dans le canyon plus au nord, qui ménage de belles vues depuis la route. Celui-ci se fraie un passage entre les montagnes Bioč, Volujak, Maglić et Pivska Planina. Le site, austère et magnifique, s'étend sur 33 km. Les eaux bleues et lisses se perdent entre les parois presque verticales des massifs. Certaines falaises atteignent 1 200 m.

Sur ce contour sinueux, il n'y a qu'une seule plage, zone de baignade favorite des gens du pays. Plus loin, la Piva rejoint la Tara à Šćepan Polje, près de la Bosnie-Herzégovine, pour former la Drina.

Quelques petits bateaux à moteur proposent des excursions sur le lac en saison *(rens. disponibles à l'office de tourisme de Plužine, p. 269)*. Comptez environ 4h avec déjeuner sur les rives et en moyenne 30 € par personne.

Plužine

Carte p. 127 – À 50 km O de Žabljak.

Moins touristique que d'autres localités du Monténégro, Plužine mérite pourtant le voyage. Depuis 1975, le fond de la vallée est envahi par le lac artificiel de la Piva. Blottie à ses pieds, la ville est un charmant petit bout du monde.

Le monastère de la Piva**

Carte p. 127 – À 57 km O de Žabljak
☎ 040.271.916. Ouv. t.l.j. 9h-19h. Accès libre.

Ce monastère sauvé des eaux a été transféré lors de travaux d'aménagement de la centrale hydroélectrique. L'**église de l'Assomption-de-la-Vierge** à trois nefs, sans clocher ni dôme (1586), possède un superbe cycle de fresques remontant à 1604. Des experts yougoslaves et des spécialistes de l'Iccrom, institut dépendant de l'Unesco, ont travaillé de concert pour sauver les 1 260 m² de **peintures murales.**

La plupart des œuvres de la nef principale sont dues à des artistes grecs anonymes, celles dans le narthex sont signées du pope Strahinja de Budimljamin et du maître Kozma (1626), ce dernier ayant aussi réalisé l'iconostase. Dans le **trésor** se trouvent également le psautier de Đurađ Crnojević, des crucifix en bois sculpté, des calices et des vêtements sacerdotaux.

Rudinice

Carte p. 127 – À 71 km S-O de Žabljak.

Ce petit détour réserve une vue imprenable et spectaculaire sur les gorges de la Komarnica. De nombreux départs de randonnées pédestres et cyclistes ont lieu depuis l'ethno-village Izlazak (gîte rustique, *p. 218*).

Donja-Brezna

Carte p. 127 – À 71 km S de Žabljak.

Ce petit village de fermiers à l'habitat dispersé s'étend sur les alpages. On peut loger ici dans l'adorable etno-village Montenegro *(p. 217)*. Un guide se propose de faire visiter les alentours : une grange de fumage de jambon local ; une ferme laitière où l'on fabrique une sorte de mozzarella au lait de vache ; un belvédère à la verticale du Nevidio et les différents sommets à proximité. Possibilité de descendre dans le canyon pour admirer la Komarnica.

Les trésors du monastère de la Piva

Randonnées

Dans le parc national du Durmitor

Depuis Žabljak, l'éventail des sentiers fléchés est vaste et permet à tous les types de marcheurs de trouver leur bonheur. Les promeneurs du dimanche pourront prendre un bon bol d'air pur sans grand dénivelé.

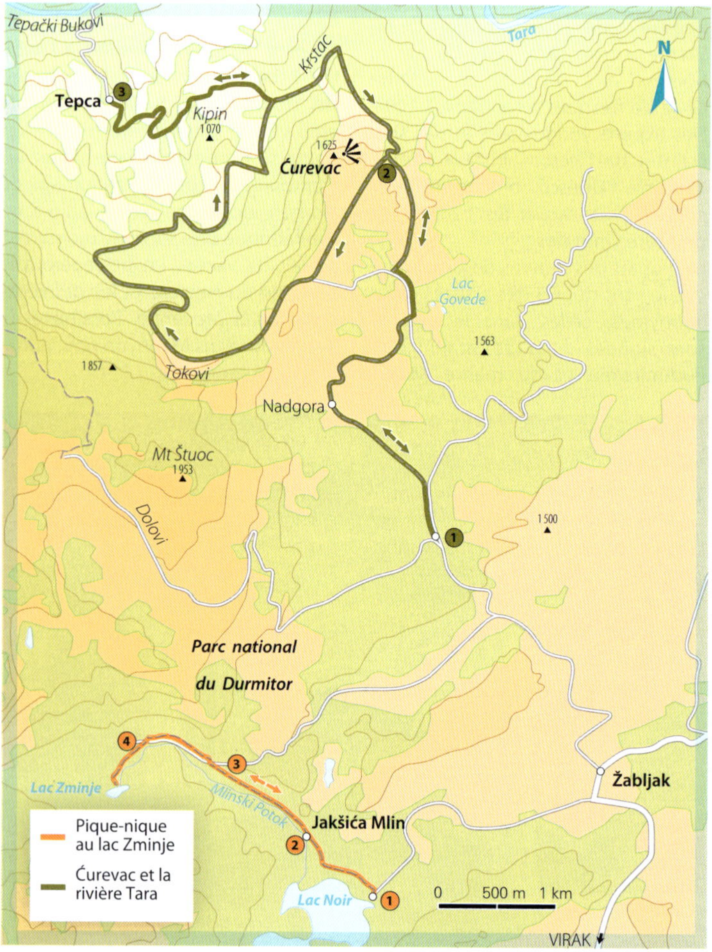

Pique-nique au lac Zminje

ACCÈS : départ du lac Noir, à 3 km de Žabljak.

CARTE : p. 127.

PARCOURS : 6 km A/R.

DURÉE : 2h30 A/R.

NIVEAU : facile.

Dans un écrin de conifères au cœur de la vallée Mlinski Potok, le lac dessine un bel ovale de 230 m de long sur 120 m de large. Ses eaux translucides et le silence des lieux invitent à la rêverie.

❶ Le chemin qui mène à ce coin de paradis commence à **Ivan Do,** une clairière sur la route allant au **lac Noir** (Crno Jezero).

❷ Arrivé à la jonction Jakšića Mlin, il serpente le long de la rivière **Mlinski Potok** et passe à côté de vieux moulins et de cascades.

❸ Vous atteindrez ensuite le monument au héros national Jakov Ostojić, tué lors de la Seconde Guerre mondiale.

❹ Un kilomètre plus loin, l'embranchement à gauche mène au **lac Zminje.**

Ćurevac et la rivière Tara

ACCÈS : garez votre voiture à 2 km de Žabljak sur la route en direction de Tepca.

CARTE : p. 127.

PARCOURS : 10 km, 2 km en plus pour rejoindre Tepca. Possibilité de retour en minibus depuis Tepca.

DURÉE : env. 6h A/R.

NIVEAU : facile.

Cette randonnée permet d'aller au bord des **gorges de la Tara.**

❶ Au départ de Žabljak, suivez la piste jusqu'à Ćurevac. Au niveau de Tepački Bukovi, vous entendrez le grondement de la rivière en contrebas.

❷ À Ćurevac, depuis les escarpements, la vue plonge 1 100 m plus bas sur le mince ruban bleu de la Tara et le canyon spectaculaire.

❸ Vous pouvez poursuivre la randonnée en descendant jusqu'à Tepca, soit en empruntant la piste qui zigzague (5 km plus loin), soit en suivant un sentier très raide qui dévale les flancs abrupts de la falaise, certes plus court mais vertigineux.

15 Le canyon de la Tara et Pljevlja

La rivière Tara

La Tara est la plus longue rivière de montagne du Monténégro. Elle coule sur 150 km, dont 78 au fond d'une vallée encaissée. Ce canyon, surnommé « larme de l'Europe », est le deuxième plus profond du monde après le Grand Canyon ! Il atteint 1 300 m au pied de Veliki Štuoc et de l'Obzir. À l'ouest s'élèvent les flancs abrupts des massifs de Sinjajevina et du Durmitor, à l'est ceux de Lubišnja et de Zlatni Bor. Le long de son cours, la rivière change d'humeur, tantôt apaisée, tantôt survoltée. La campagne autour de Pljevlja, troisième ville du pays, est d'une grande beauté.

- **Carte :** p. 124-125 et ci-contre.
- **Manger, dormir, s'amuser :** p. 219.
- **Balade secrète :** Rafting sur la Tara, p. 141.

Le canyon de la Tara et Pljevlja

➤ Le pont de Budečevica

Carte ci-dessus – À 22 km E de Žabljak sur la route de Mojkovac.

L'ouvrage d'art en béton qui enjambe la Tara à Budečevica est inauguré au tout début de la Seconde Guerre mondiale. En 1942, la Résistance organise sa destruction. En 1946, un nouveau pont est élevé. Les cinq arches en plein cintre, de hauteur et largeur inégales, mesurent 365 m de long et sont portées par de hautes piles de 150 m de haut. Ce viaduc est alors considéré comme un défi technologique. Aujourd'hui, il offre une belle vue sur la Tara. Certaines excursions en canoë et en rafting démarrent au pied de ce pont, mais la plupart débutent à **Splavište,** en amont.

➤ Lire aussi la balade secrète : Rafting sur la Tara (p. 141).

LA SAISON IDÉALE POUR LE RAFTING

Attention, à partir du mois de juillet, le niveau de la Tara baisse. La période idéale pour le rafting est en **mai et juin,** lorsque les rapides sont les plus impressionnants. À partir de l'été et jusqu'à la fin de la saison en octobre, la rivière s'assagit un peu, même si d'autres rapides apparaissent ici et là.

➤ De Budečevica à Mojkovac

Carte p. 137 – 44 km du pont à Mojkovac au S-E.

En remontant les gorges jusqu'à Mojkovac, vous apercevrez les **rapides de Trešnjički,** juste au nord du pont, puis la **source de Ljutica,** la terrasse à **Splavište,** les parois ravinées et les escarpements effilés de la Tara. Plus loin, vous rencontrerez aussi des hêtres, des frênes et des genévriers, des bassins tranquilles aux eaux claires ou vert sombre, des fonds comme des mosaïques scintillantes, des gerbes hautes au-dessus des rapides, la cascade souvent tarie à **Miljića Brod,** les **falaises de Krcija,** la petite église de **Sveti Đorđe** à Gornja Dobrilovina et des pins pluriséculaires à **Crno Podi.** Un circuit haut en couleur pour un dépaysement garanti.

➤ Les hauts plateaux de Sinjajevina★★

Carte p. 137.

Au-dessus des gorges de la Tara, à l'est du massif du Durmitor, s'élèvent de hauts plateaux couverts de pâturages et d'affleurements rocailleux. Dans ce paysage vaste, où l'horizon s'égare à perte de vue sans aucun obstacle, des arêtes plus ou moins aiguës se profilent au loin et signalent des pics dépassant les 2 000 m. De nombreuses randonnées sont balisées.

➤ De Budečevica à Pljevlja

Carte p. 137 – 39 km du pont à Pljevlja au N.

Entre Budečevica et Pljevlja, vous traverserez des paysages de hauts plateaux, vastes étendues ébouriffées où le vent court à sa guise sur les pâturages et les bosquets de pins. Respirez à fond et laissez-vous griser par cette sensation d'espace et de liberté. Au bout de la route, Pljevlja est une ville industrielle et minière qui a hérité d'une longue histoire pluriculturelle.

Pljevlja

Carte p. 137.

Centre du sandjak d'Herzégovine de 1583 à 1831, elle passe sous l'autorité autrichienne avant d'être libérée en 1913 par les forces monténégrines. La tolérance religieuse était alors de mise jusqu'aux tragiques événements de la guerre de 1990.

Aujourd'hui, la ville recèle deux monuments religieux dignes d'intérêt.

La mosquée Hussein Pasha Boljanić★★

Vuka Knezevica br. 4 ☎ 052.323.509 et 069.086.449 (port.). N'hésitez pas à demander aux fidèles après la prière de 17h la permission de jeter un coup d'œil.

Au cœur de la ville, l'élégante mosquée Hussein Pasha (fin XVIe s.), avec son minaret de 1911, a été construite sur le modèle de la médersa de Mehmed Pasha Sokolović à Istanbul. La façade principale est ornée d'un portique ouvert à quatre colonnes et flanquée d'un **minaret élancé.**

À l'intérieur, vous pourrez admirer les motifs colorés et les versets du Coran calligraphiés ornant le dôme et les murs, les stalactites et les chapiteaux en stuc, la niche du mihrab, l'élégant *mimber* (pupitre), la galerie peinte. À l'extérieur, des stèles coiffées de turbans stylisés parsèment la pelouse.

Le monastère de la Sainte-Trinité**

Sv. Trojice

À 2 km N de Pljevlja. Ouv. t.l.j. 7h-19h. Accès libre.

Au pied d'une colline et entouré d'une pinède, le monastère contraste avec l'environnement de la ville voisine. Citée pour la première fois en 1537, l'église a été construite pierre par pierre par le moine Visarion avant de recevoir sa coupole en 1592. Aujourd'hui, le sanctuaire n'a gardé de ses origines que les **fresques** du pope Strahinja de Budimljamin (1595-1596). Remarquez la procession de la famille régnante des Nemanjić. L'**iconostase** et une prolongation du narthex datent de 1875. Notez aussi la porte intérieure à la superbe marqueterie en bois précieux et nacre du XVIe s. Le monastère conserve des manuscrits très rares comme *Šestodneva (Six jours)* du maître Kozma (1649), décoré de ravissantes miniatures réalisées par les moines copistes.

Cabane de berger (katun) *dans les hauts plateaux de Sinjajevina*

Descente de la Tara en rafting

Balade secrète

Rafting sur la Tara

Longtemps utilisée pour acheminer le bois vers les scieries, la Tara est classée catégories 3 et 4 dans l'échelle technique des canyons (le Grand Canyon appartient à la catégorie 5), ce qui en fait un site exceptionnel pour cette discipline.

De Splavište au monastère de l'Archange-Michel

Commencez votre périple à Splavište. Juste après le passage sous les arches du pont de la Tara, à **Budečevica,** la rivière prend de la vitesse. Vous approchez des **rapides de Trešnjički,** et les radeaux accélèrent. Un bloc de pierre **(Veliki Kamen)** planté au milieu du lit divise le cours en deux branches. Une fois passé cet obstacle, une nouvelle émotion vous saisit. La proue de l'embarcation plonge dans le courant bouillonnant. Le raft slalome ensuite entre les écueils affûtés et les rives, et semble presque voler au-dessus des hauts-fonds. Après ce passage mouvementé, la rivière retrouve pendant quelque temps un train plus tranquille. Sur une belle pelouse verte, vous apercevrez sur la rive droite les vestiges de l'ancien **monastère de l'Archange-Michel.** Une halte est possible sur la berge, juste à côté de deux stèles funéraires gravées. Tout près, vous rejoindrez un **autel romain** dédié à la déesse Mitra. Vous êtes d'ailleurs sur la voie antique, Via Anagnasti, qui reliait le Durmitor à Pljevlja, comme en témoignent également les restes d'un pont romain. Avant de rembarquer, admirez la rive en face et son cirque de falaises et de terrasses verdoyantes.

Entre Črni Vrh et Radovan Luka

Changement de décor un peu après. Vous entrez alors dans un corridor étroit bordé de part et d'autre de hautes parois de plus de 1 000 m entre Črni Vrh (1 635 m) à gauche et Bunetina (1 838 m) à droite. Les **rapides de Nevidjen** rugissent en contrebas. Des cascades sorties de nulle part jaillissent de la roche. À **Bijela Vrela,** une source venue du lac Noir s'échappe en vastes gerbes en éventail. De là, l'embarcation tangue au-dessus des vagues avant de retrouver des parenthèses plus calmes. La journée s'écoule ainsi jusqu'à **Radovan Luka,** le premier campement. Vous aurez parcouru environ 20 km depuis Splavište.

Pour prolonger l'aventure : de Radovan Luka à Šćepan Polje

Si vous optez pour une plus longue aventure, vous repartirez le lendemain matin pour **Brstanovica,** puis vous rejoindrez **Šćepan Polje,** à la frontière de la Bosnie, le terme de ce voyage exceptionnel, là où les eaux de la Piva et de la Tara se rejoignent. En trois jours intenses, vous aurez vogué sur 82 km !

PRATIQUE

Carte p. 137.
Départ : *Splavište, au sud du pont de Budečevica. Plusieurs agences basées à Plužine, Žabljak et Šćepan Polje (p. 217).*
Durée : *excursions à la 1/2 j., à la j. et jusqu'à 3 j. avec nuits en motel ou sous la tente.*
Budget : *comptez 110 € pour la j., 200 € pour 2 j. Pour une excursion à la 1/2 j., comptez 35 à 45 € (stop à Zugica Luka, près de l'ancien monastère de l'Archange-Michel).*
À savoir : *les rafts sont des embarcations pneumatiques prévues pour dix personnes. Chaque membre de l'équipée est doté d'une combinaison et de chaussons en néoprène, d'un gilet de sauvetage et d'un casque.*

16 Le massif de Bjelasica et la Morača

Le lac Pešića, dans le parc national de Biogradska Gora

D'origine volcanique, ce massif au relief doux et aux pentes couvertes d'épaisses forêts et de verts pâturages contraste avec les paysages austères et spectaculaires des régions alentour. De nombreux cours d'eau dévalent les versants à l'ombre des pins et des hêtres. Plus loin, les lacs glaciaires du parc national de Biogradska Gora, dans le massif de Bjelasica, sont autant de buts de randonnée possibles. Au nord de Podgorica, la Morača coule au fond d'un canyon profond de 300 ou 400 m, superbe corridor naturel, et réserve une belle surprise : le monastère de Morača, à l'iconostase exceptionnelle.

- **Cartes :** p. 124-125 et ci-contre.
- **Arriver, se déplacer :** voir Carnet pratique p. 270.
- **Manger, dormir, s'amuser :** p. 220.
- **Randonnées :** Dans le parc national de Biogradska Gora, p. 148.

Le massif de Bjelasica et la Morača

➤ Le massif de Bjelasica

Carte ci-dessus.

Le massif de Bjelasica, aux reliefs doux et verdoyants, est sillonné par un florilège de sentiers de randonnée bien balisés. Cette partie des Alpes dinariques aux formes émoussées est particulièrement bien adaptée aux grandes marches sans difficultés techniques. Ici, il n'y a ni crevasses ni fissures à escalader. Dans le parc national de Biogradska Gora, neuf itinéraires ont été tracés, convergeant tous vers Crna Glava (2 139 m) et partant des différentes villes alentour : Kolašin, Mojkovac, Andrijevica, Berane, Bijelo Polje. Une brochure en français décrit étape par étape ces itinéraires. Elle est vendue à la Maison du parc et à l'office de tourisme *(p. 270)*.

Kolašin★★

Carte ci-dessus – *À 73 km N de Podgorica.*

Située sur la piste caravanière Podgorica-Bijelo Polje, à 960 m d'altitude, Kolašin a été bâtie au XVIIe s. La bourgade, avec ses nombreux bistrots alignés sur ses deux grandes places et son avenue piétonne, est assez

SPORTS D'HIVER

Le massif de Bjelasica compte deux petites stations de ski. À 8,5 km de Kolašin, le **centre Jezerine** est équipé de 15 km de descentes sur un dénivelé de 460 m. Du côté de Berane, à 14 km, au pied de la montagne Cmiljevica, **Lokve** possède autour d'un hôtel futuriste un télésiège et deux remonte-pentes. Les paysages sont grandioses et la neige toujours au rendez-vous en hiver !

animée en été et des hôtels hauts de gamme attirent une clientèle fortunée. La place haute, **Gornji Gradski Trg,** où trône la statue d'un héros de la guerre civile espagnole Veljko Vlahović, est située à l'emplacement de la ville turque fortifiée.

Sur la place principale, un étrange bâtiment semble à l'abandon. Cette construction futuriste, commandée à l'architecte **Marko Musić,** commémore le quarantième anniversaire du premier Conseil national antifasciste qui se tint en 1943. Devant, des bustes en bronze ont été élevés en hommage aux Héros du Peuple, et un groupe sculpté dédié aux victimes du fascisme rappelle les horreurs de la guerre. Un peu à l'extérieur, sur la route vers l'ancien moulin, on trouvera aussi un **cimetière** en mémoire des plus de deux cents partisans fusillés dans la prairie de Breza. Durant la Seconde Guerre mondiale, Kolašin a été bombardée 18 fois et a changé de camp 23 fois !

Le centre culturel

Trg Borca 1 ☎ 020.864.344.
Ouv. lun.-sam. 8h-15h. Entrée payante.

Situé dans une bâtisse du début du XXe s., ce musée abrite une exposition permanente. Vous y verrez des objets quotidiens de la vie d'antan à Kolašin, mais aussi des souvenirs de la Seconde Guerre mondiale et du mouvement des Partisans.

Le parc national de Biogradska Gora★★★

Carte p. 143 – À 21 km N de Kolašin.
Entrée plein tarif : 3 €. Excursion : 8 €/h.

Situé entre Mokjovac et Kolašin, ce petit parc de 56 km² compte quelques beaux sommets à plus de 2 000 m d'altitude et abrite l'une des trois dernières forêts primaires d'Europe. De nombreux sentiers de randonnée balisés, notamment au départ du superbe lac Biogradsko, permettent de le sillonner en tous sens.

Aux détours des chemins, vous découvrirez des ***katuns,*** de minuscules hameaux, parfois juste une ou deux maisons. Ils figurent néanmoins sur les cartes détaillées et servent de repères lors des randonnées. Certains *katuns* ont été transformés en hébergement touristique *(p. 221).*

➤ Lire aussi les randonnées : Dans le parc national de Biogradska Gora (p. 148).

Le lac Biogradsko★★

Biogradsko Jezero

Parking. Boucle facile de 3,3 km à pied autour du lac. Loc. de barques : 8 €/h.

C'est LA promenade du dimanche. Le lac repose à 1 094 m d'altitude dans un écrin de bois dense et lumineux. Dans son onde immobile, le ciel se reflète avec l'exactitude d'un miroir. Vous pourrez vous promener le long de ses berges et faire une pause sur l'un des bancs installés çà et là. Une passerelle en bois enjambe l'embouchure de la **rivière Biogradska** et ses marécages. À l'automne, la forêt primaire revêt des couleurs dorées et ocre à rendre jaloux les érables canadiens !

Le point de vue Bendorac

Départ du lac Biogradsko. 4h A/R.
Facile mais dénivelé assez important.

Depuis la petite cabane du parc, de nombreux sentiers de randonnée rayonnent. Une piste forestière grimpe jusqu'au mont Bendorac (1 794 m), qui réserve une très belle vue sur le lac Biogradsko.

Pique-nique au bord du lac Šiško

Suivez la route Berane-Jelovica. À Lubnice, prenez la route à dr. pour Kurikuče. Attention, la chaussée est cahoteuse dans les deux derniers km (route forestière). Boucle de 17 km au départ de la hutte Suvodo (1 302 m). Dénivelé : 330 m. Durée : 4h de marche A/R. Facile sur des sentiers bien marqués.

La balade commence par la route forestière 317 qui vous conduit au bout de 7 km de montée tranquille au lac Šiško (1 660 m). Prenez le temps d'une bonne halte là-haut et d'une baignade dans les eaux fraîches de cet *oko* au pied du **cône Žuber** (1 848 m). Les plus courageux peuvent entreprendre son ascension et pique-niquer à son sommet.

Depuis le lac Šiško, vous pouvez rejoindre 3 km plus loin par le chemin 301 un autre étang pittoresque, le **lac Ševarina** et son auréole de roseaux. Vous prendrez ensuite à gauche le sentier 327 qui rejoint la route forestière 317 en 3 km. Quatre kilomètres plus loin, vous voici arrivé à votre point de départ.

PAUSE AVEC VUE

Le restaurant **Crkvina,** situé sur le bord de la route nationale, peut être une halte bienvenue. Ses terrasses sur pilotis aménagées à l'ombre des chênes surplombent la vallée profonde. Rafraîchissements, snacks et plats traditionnels.

➤ ***Carte p. 143*** *– À 10 km S de Kolašin. Ouv. t.l.j. 8h-minuit.*

➤ Le canyon de la Morača★★

Carte p. 143.

Le canyon fait au total 98 km de long et est le principal affluent du lac Skadar. Sa partie la plus étroite, le défilé de Platije, s'étend sur 35 km entre Kolašin et Podgorica.

Le monastère de Morača★★★

Carte p. 143 *– À 26 km de Kolašin. Suivez vers le S la route principale qui relie Kolašin à Podgorica. Parking. Ouv. t.l.j. 6h-20h.*

Le monastère de Morača

En partant de Kolašin, vous abordez d'abord un adorable petit coin de verdure où le prince Stepan, petit-fils de Stepan Nemanja, fit bâtir en 1252 un monastère qui fait partie aujourd'hui des principaux lieux saints orthodoxes du pays.

Au XVIIe s., des artistes réputés, comme le pope Strahinja de Budimljamin, le moine Đorđe Mitrofanović du mont Athos et les maîtres Jovan et Radul, couvrirent ses murs de fresques admirables. La série de scènes représentant la vie du prophète Élie, réchappée du saccage turc du XVIe s., date du XIIIe s. et témoigne de la délicate tradition picturale byzantine.

L'**iconostase** est une des plus belles du pays avec sa pièce centrale, une *Vierge à l'Enfant* de Đorđe Mitrofanović (1617). L'autre église dédiée à saint Nicolas renferme des fresques du maître Kozma.

Le défilé de Platije

Carte p. 143 – À 37 km S de Kolašin.

La chaussée taillée en corniche se faufile dans le sombre défilé de Platije. À Tisov Vrh, sa profondeur atteint près de 1 000 m ! L'ombre tenace s'éternise ici, tandis qu'en haut les cimes découpent le ciel pur ou bien sont noyées dans une mer de nuages frustrante. Tandis que la route trace son chemin vaille que vaille, la voie ferrée sur l'autre rive semble suspendue au-dessus du vide.

➤ Les gorges de la Mrtvica

Carte p. 143 – À 35 km S-O de Kolašin. Départ de Međurječje. Garez votre voiture juste avant le port. Le chemin qui longe les gorges est malheureusement assez mal entretenu et surtout mal indiqué. Env. 12,5 km aller. Dénivelé : 612 m. Marche assez difficile.

La rivière Mrtvica coule au pied du mont Maganik (2 139 m) et se jette à Međurječje dans la Morača. Si son canyon est bien moins long que celui de la Tara (8 km), il offre des paysages tout aussi extraordinaires. Le cours d'eau est parfois enserré entre des parois hautes de 1 000 m. Les pans verticaux de calcaire nu se dressent d'un seul tenant, élevant des masses grises jusqu'au ciel. Une saignée a été taillée dans la roche pour créer un sentier. Sur ces terrains abrupts, presque inaccessibles tant ils penchent vers le vide, la forêt est restée vierge et fait partie des rares forêts primaires d'Europe. Non loin de Zeleni Vir, un petit étang glaciaire, les arches d'un pont en pierre construit sous le prince Danilo II franchissent la rivière. Tourbillons et cascades se succèdent dans un brouillard d'écume blanche.

➤ Vers Šavnik

Carte p. 143 – 63 km entre Kolašin et Šavnik.

La route tortueuse entre Kolašin et Šavnik offre des paysages bucoliques

La rivière Morača

au creux de la jolie vallée évasée de la Morača. Arrivée au fond, la chaussée grimpe en lacets le long des flancs du mont Semolj et découvre les falaises gigantesques de Sinjajevina. Puis la voie redescend pour regagner la tranquille vallée de la Bukovica. Prenez à droite après Boan et continuez à suivre la rivière.

Kayak sur la Morača

Carte p. 143 – À 35 km O de Kolašin dir. Šavnik.

Depuis **Redice,** la Morača offre 56 km de méandres inoubliables. Cette rivière capricieuse réserve aux meilleurs pagayeurs toutes sortes d'obstacles à négocier (de niveau 2 ou 3, voire 4) ! Attention, cette rivière tumultueuse est réservée aux kayakistes expérimentés. La saison ne dure que d'avril à juin *(p. 222)*.

La rivière Piva-Komarnica

Carte p. 143 – À 67 km N de Kolašin.

Dévalant de son haut plateau à près de 2 000 m d'altitude, la Piva-Komarnica se jette 33 km plus loin dans le lac de retenue de la Piva *(p. 132)*. Son cours est impétueux, parfois torrentiel, et toujours capricieux. Pendant les longues sécheresses, il disparaît parfois dans le sous-sol avant de ressurgir plus loin. Plusieurs sources karstiques souterraines s'y précipitent, comme la belle source de Sopot qui affleure à Dobri Do.

Vue de haut, la Komarnica dessine comme une cicatrice sombre dans le paysage. Pour l'observer, rendez-vous sur les hauteurs du **massif de Treskavac** à Duži *(8 km O de Šavnik)*. Une petite route de 6 km relie alors Duži à Gornja Brezna, située sur les hauts plateaux de Vojnik, de l'autre côté de la rivière. Du pont enjambant le défilé, vous aurez un aperçu vertigineux sur la rivière. Vous pouvez aussi observer son lit depuis le village de **Grabovica** *(9 km N de Šavnik)*.

Randonnées

Dans le parc national de Biogradska Gora

Le massif de Bjelasica, avec ses reliefs arrondis et ses 1 600 ha de forêt vierge, est le terrain de jeu idéal des randonneurs. Ses sentiers, de tous niveaux, sont généralement bien balisés. Les deux randonnées proposées ici sont de niveau facile, accessibles à tous.

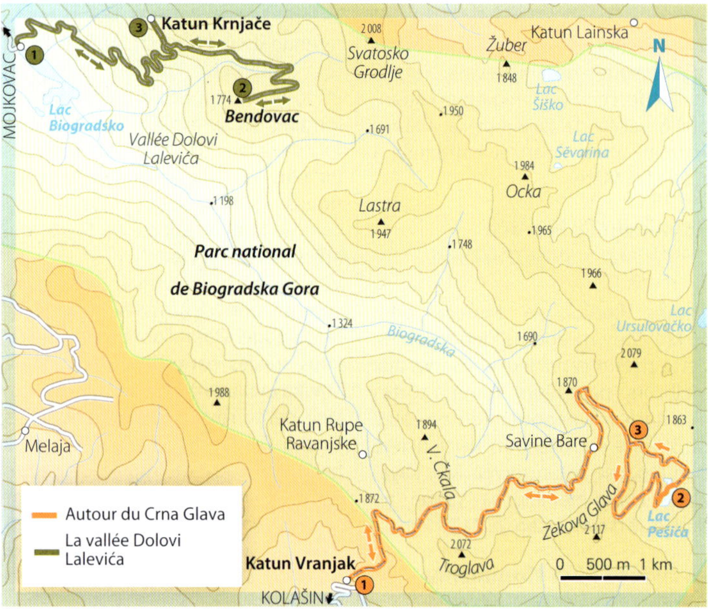

La vallée Dolovi Lalevića

ACCÈS : parking du lac Biogradsko, à 21 km N de Kolašin.

CARTE : p. 143.

PARCOURS : 12 km.

DURÉE : 5h A/R.

DÉNIVELÉ : env. 600 m.

NIVEAU : assez facile.

CONSEIL PRATIQUE : prévoyez de bonnes chaussures de marche et du ravitaillement. Il n'y a aucun point d'eau sur l'itinéraire.

❶ Cette randonnée part au niveau du parking et grimpe à travers la forêt aux hêtres plus que centenaires. Après **Lazovi** (1 295 m d'altitude), la côte s'accentue et le sentier zigzague. Au fil des virages, vous grimperez près de 500 m pour atteindre la merveilleuse **vallée Dolovi Lalevića.**

❷ Une variante, plus facile mais toutefois plus longue, consiste à suivre la route forestière. Paysage typique de ces Balkans d'altitude, quelques huttes en bois dispersées dans la prairie, des bosquets de pins, quelques groupes de rochers, des milliers de fleurs… Un chemin vous mène en 20 min environ au sommet voisin **Bendovac** (1 774 m), d'où vous aurez une magnifique vue sur le lac Biogradsko.

❸ De retour dans la vallée, vous pourrez soit poursuivre le chemin qui contourne une croupe herbeuse pour atteindre une heure plus tard le **Katun Krnjace** et redescendre ensuite vers le lac, soit rebrousser chemin et redescendre au lac Biogradsko.

Autour du Crna Glava

ACCÈS : à 14 km E de Kolašin. Départ du *katun* Vranjak.

CARTE : p. 143.

PARCOURS : 14 km.

DURÉE : 5h A/R.

NIVEAU : facile. Peut se faire avec des enfants.

CONSEIL PRATIQUE : possibilité de passer la nuit dans l'écovillage Katun Vranjak *(p. 221)*.

❶ La randonnée est à la fois spectaculaire et facile. Vous commencerez en suivant le CT1 jusqu'au croisement avec le sentier 303 et tournerez à droite. Dépassez les trois croupes resserrées du Troglava (2 072 m), puis le Zekova Glava (2 117 m) au pied duquel jaillit la jolie **source Jazevi Izvor.**

❷ Après un passage dans la forêt, vous croiserez le sentier 302 qui grimpe vers le **lac Pešića** (1 838 m), lieu idyllique pour une pause revigorante. Une aire de pique-nique est installée sur la rive.

❸ Reprenez un sentier discret situé au bout du lac et qui rejoint le chemin 301. Prenez à gauche pour retourner à votre point de départ sur un terrain presque plat.

Une fois revenu au **Katun Vranjak** (1 670 m), vous pourrez vous reposer et profiter de ces alpages pour un farniente au soleil avec vue éblouissante sur les cimes arrondies du **Crna Glava.** Vous goûterez ici à la vie simple des bergers et partagerez avec vos hôtes un repas robuste et savoureux avant de passer la nuit dans une des petites cabanes.

17 Les massifs des Komovi et des Prokletije

Randonneurs dans les Komovi

Les massifs des Komovi et des Prokletije déploient des paysages somptueux à la lisière de l'Albanie. Le parc national des Prokletije s'étend de part et d'autre de la frontière. Faute de sentiers balisés, il faut avoir une solide expérience de la randonnée pour se lancer à l'assaut de ses principaux sommets escarpés. Les voyageurs moins baroudeurs pourront néanmoins explorer cette région en suivant d'adorables routes de montagne qui passent de cols en hauts plateaux avant d'aboutir dans des bourgades coiffées d'un minaret et d'un clocher.

- **Cartes :** p. 124-125 et p. 152-153.
- **Arriver, se déplacer :** voir Carnet pratique p. 270.
- **Manger, dormir, s'amuser :** p. 222.

➤ Les Komovi★★

Carte p. 152-153 – À 56 km S-E de Kolašin via Andrijevica, puis vers le S pour Josanića.

Un peu plus au sud que le massif de Bjelasica, la chaîne des Komovi fait partie, avec le Durmitor et les Prokletije, des montagnes les plus impressionnantes du pays.

Contrairement aux cimes rondes et aux prairies de Bjelasica, les Komovi affichent des sommets aiguisés, des parois verticales striées, des déclivités abruptes, des éboulis et des terrains instables. Seuls les bons grimpeurs pourront prétendre arriver jusqu'aux pics les plus hauts. Les autres devront se contenter de rester en contrebas, à 1 900 m d'altitude tout de même, sur les magnifiques hauts plateaux de **Stavna** et **Ljuban** au nord, **Rogam** à l'ouest, **Crne** au sud et **Varda** à l'est.

Andrijevica

Carte p. 152-153 – À 45 km E de Kolašin.

La cité est installée sur une terrasse naturelle en surplomb de la vallée de la Lim. Si le site est grandiose, la ville ne mérite guère qu'on s'y attarde. On peut néanmoins faire un tour dans le **parc Kujazevac.**

Les sommets

Carte p. 152-153 – Randonnées pour les bons marcheurs, équipement d'alpinisme obligatoire.

Chaque sommet ici se mérite! Les trois pics favoris, **Kom Kućki** (2 487 m), **Kom Vasojevicki** (2 461 m) et **Kom Ljevorijevicki** (2 469 m) s'atteignent après plusieurs heures de marche et d'escalade depuis le ***katun*** **Stavna** *(p. 223)*, une excellente base de départ pour des excursions en haute montagne inoubliables. Pour le sommet le plus proche, Kom Vasojevicki, une voie de 3,8 km de long mène en 2h30 à ce superbe belvédère. Le Kom Ljevorijevicki est réservé aux randonneurs expérimentés, qui accéderont à sa cime en 3h environ *(4,8 km)*.

➤ Les Prokletije★

Carte p. 152-153 – À 26 km S-E d'Andrijevica par la route pour Plav ou à 40 km E par la route pour Cakor, ville frontalière, dir. Peč, au Kosovo.

Ce massif, à l'extrémité orientale de l'arc alpin, est un des plus hauts de la péninsule balkanique. Comme les Alpes françaises, son relief a été bouleversé sous l'action de forces tectoniques. L'érosion glaciaire a également laissé de larges empreintes et façonné, lors du retrait des glaciers, des cirques vertigineux, des lacs comme le **lac Visitor** et son île de tourbe, de larges dépressions et de profondes vallées aux proportions nettement plus vastes que dans les autres massifs dinariques. Avec ses arêtes acérées, ses pitons pointus, ses parois rocheuses verticales, sa neige qui s'accroche jusqu'en juin, ce massif porte bien son surnom d'« Alpes du sud de l'Europe ». Quant à savoir s'il mérite son toponyme, littéralement « les montagnes maudites », c'est une autre histoire…

Assez méconnu, ce massif à la lisière de l'Albanie, du Monténégro et du Kosovo s'étend sur 70 km et comprend une quarantaine de cimes. Il s'élève graduellement depuis la plaine de la Zeta jusqu'aux sommets les plus hauts, concentrés au nord-ouest dans la **chaîne Bogičevica,** dépassant alors les 2 500 m.

Le parc national des Prokletije★

Carte p. 152-153 – À 5 km S de Gusinje. Progressivement, le parc devrait améliorer l'accueil des randonneurs et des itinéraires commencent à être balisés. Une carte topographique détaillée a été éditée, avec description précise des circuits (encadré p. 275) ; vous pourrez l'acheter au Bureau du parc et à l'office de tourisme de Plav (p. 270).

Créé en 2009, le parc national s'étend sur 16 630 ha à cheval entre le Monténégro et l'Albanie *(p. 237)*.

Le monastère de la Sainte-Trinité*

***Carte ci-contre** – À Brezojevica, juste avant d'arriver à Plav, sur la route en provenance d'Andrijevica à g.*

Cité pour la première fois en 1566, le monastère, au pied d'une colline et en bordure de la Lim, ressemble à un décor de cinéma tant la scène est parfaite. Sévèrement touchée lors de la Seconde Guerre mondiale, l'église a été restaurée. Si vous pouvez pénétrer à l'intérieur, vous y découvrirez des fresques originelles, assez effacées malgré tout.

Plav et son lac**

***Carte ci-contre** – À 26 km S d'Andrijevica. Liaison en bus depuis Podgorica.*

Cette bourgade assoupie fut pendant des siècles une importante halte caravanière placée sur la route entre l'Adriatique et Constantinople.

La ville ottomane

Le bourg, cité pour la première fois en 1235 sous le nom de Ribare, a gardé de nombreuses traces de son long passé ottoman. Ses mosquées, dont la **Vieille Mosquée** (Stara Džamija) du XVe s. avec son minaret en bois, la belle **tour de défense de Redžepagić** (Redžepagića Kula) du XVIe s. équipée de meurtrières, ont survécu aux siècles tandis que les habitations traditionnelles en bois ont disparu. La **mosquée du Sultan** (Sultaniya Džamija) construite au début du XXe s. dresse son minaret élancé à 41,50 m de haut tandis que des cimetières musulmans émaillent la cité. Aujourd'hui, Plav reste à large majorité musulmane, avec 80 % de sa population se définissant comme musulmane ou bosniaque et 9 % albanaise.

Le bocage

C'est un coin de campagne qui respire la tranquillité, qui bat au rythme régulier des travaux des champs. Dans cette haute vallée (920 m d'altitude) largement évasée au pied de

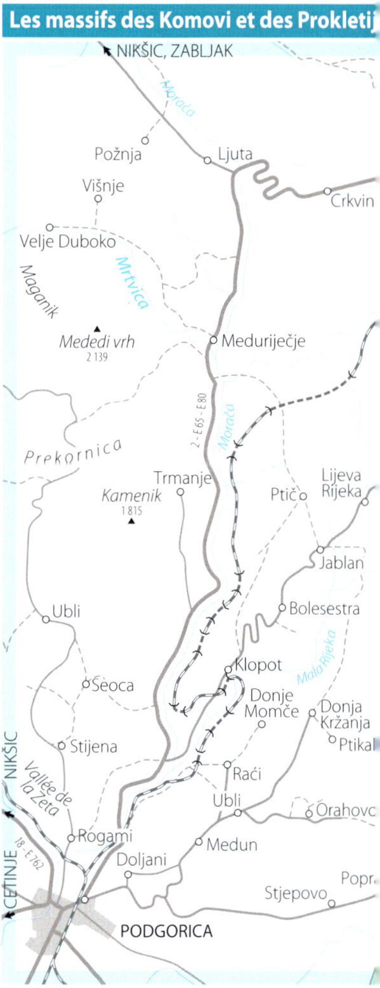

l'énorme **montagne Visitor** (2 211 m), de frêles peupliers, des saules au feuillage versatile, quelques haies dessinent un bocage autour du lac. Des vergers aux sages rangées d'arbres sont alignés dans les prés. Une couronne de joncs et des haies ourlent les berges. Ce lac, le plus grand lac glaciaire de la région, est réputé pour ses eaux poissonneuses et est un paradis pour les pêcheurs.

Sur le débarcadère, vous pourrez louer des kayaks ou des embarcations à pédales.

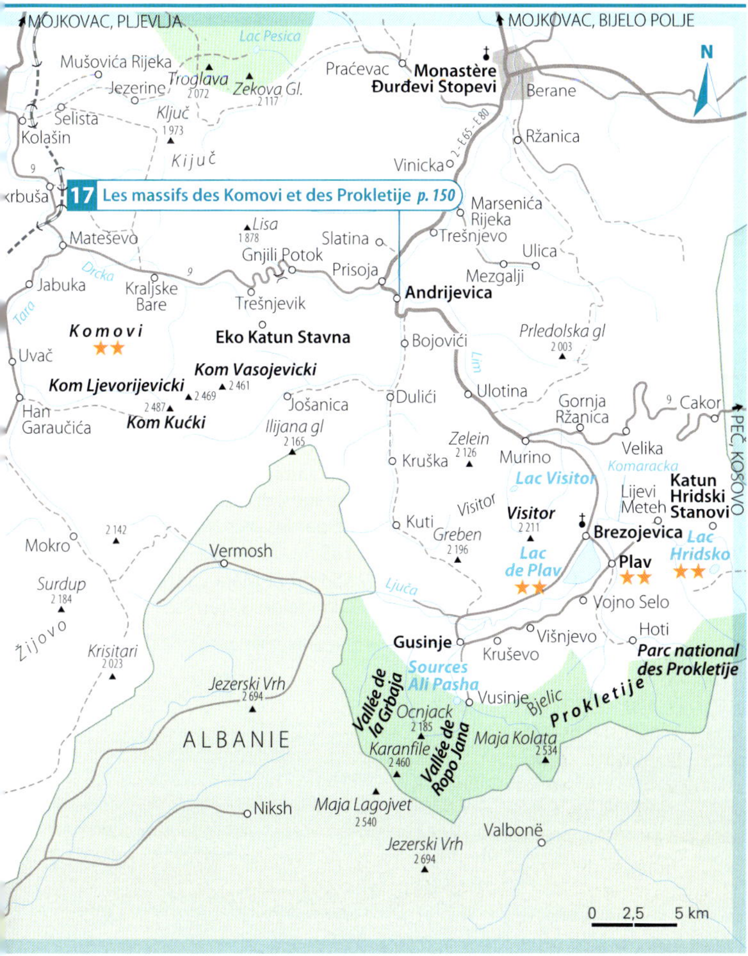

Gusinje★

Carte ci-dessus – À 10 km S-O de Plav.

Ce bourg, aux confins du Monténégro, mérite le détour pour son ambiance résolument orientale avec ses bazars, ses mosquées, dont celle du Vizir (XVIIe s.), ses minarets en bois sculpté et ses cafés. Quelques belles demeures témoignent de l'époque révolue où le village était une importante halte sur la route caravanière Dubrovnik-Istanbul. En 1852, le bourg au plan en demi-cercle comptait 1 500 maisons, cinq mosquées, huit médersas, un lycée, 350 magasins, sept auberges et vingt-sept cafés !

PÈLERINAGE À GUSINJE

Les sources **Ali Pasha** *(Alipašini izvori, au S du village)* s'animent chaque **2 août** à l'occasion d'un pèlerinage local. On vient ici en famille pour recueillir un peu de leur eau censée avoir des pouvoirs curatifs.

À proximité de Gusinje, sur les flancs de la montagne Vezirova, ont été

LA ROUTE DE KOLAŠIN À PODGORICA

Si vous devez retourner sur la côte ou à Podgorica, vous pouvez faire une variante et emprunter la jolie route (R19) qui serpente au bord de la Tara, devenue ici une paisible rivière. Il faut prendre son temps et s'imprégner de l'atmosphère buissonnière des lieux.
Les Komovi sur votre gauche dressent leur formidable pyramide grise. Plus loin, vous voici dans la région des Bratonožići, nom de l'ancienne tribu locale. Vous traverserez un village, avec sa petite école et son église. En contrebas, vous apercevrez la rivière Mala Rijeka. Le paysage a comme un air d'Italie avec ses cyprès, ses roches à vif et d'anciennes terrasses cultivées. Bientôt, la vaste plaine de Podgorica apparaît à l'horizon.
➤ *Carte p. 152-153 – À 59 km S de Kolašin via Mateševo puis Jabuka et Uvač. Attention : la voie est étroite et vous obligera à vous arrêter sur le bas-côté à chaque fois que vous croiserez une voiture ou un tracteur.*

retrouvés des dessins remontant à l'âge du fer (VIIIe s. av. J.-C.). La scène de chasse au cerf est cachée au fond de la **grotte de Grbaja.**

De Gusinje, la route continue jusqu'à **Vusanje,** dernier village avant la frontière albanaise. De nombreuses randonnées, signalées par des panonceaux jaunes, peuvent être organisées à partir de Gusinje, notamment dans la splendide **vallée de Ropo Jana,** avec son ruisseau et ses pâturages, et celle de la **Grbaja** encadrée par les pics majestueux Ocnjack (2 185 m), Karanfile (2 460 m), Presto (2 554 m) et Maja Lagojvet (2 540 m), où la neige s'éternise jusqu'à l'été.

Plav et son lac

Mais, attention, les sommets sont réservés aux grimpeurs expérimentés. En revanche, si vous avez un vélo, le coin est idéal pour des balades inoubliables sur les petites routes vicinales.

Le lac Hridsko**

Hridsko Jezero

***Carte p. 152-153** – À 18 km E de Plav, dans le massif Bogićevica. Suivez la route mal entretenue qui longe la rivière Komaracka vers Babino Polje, puis tournez à dr. jusqu'au* katun *Hridski Stanovi. Ensuite, 4 km de marche jusqu'au lac. Attention, uniquement accessible en 4x4 ou bien lors d'un Jeep-safari (p. 219 et 220).*

Depuis le ***katun* Hridski Stanovi**, le sentier qui mène au lac est indiqué. Dans son écrin de sapins sombres, le lac Hridsko, classé réserve naturelle, perché à 1 970 m d'altitude, mesure seulement 300 m de long, mais il est un havre de paix idyllique.

Véritable fontaine de Trevi pour les Monténégrins, il est censé exaucer vos vœux si vous avez le courage de vous baigner dans ses eaux fraîches ! Les pins Munika qui l'entourent sont des survivants de l'ère tertiaire et ont la particularité d'avoir des épines à cinq aiguilles.
Les vastes roches sur ses berges occidentales sont les vestiges de tout le matériel charrié lors de la fonte des glaciers à la fin des grandes glaciations.

➤ Le monastère Đurđevi Stopevi

***Carte p. 152-153** – À 17 km N d'Andrijevica, à côté de Berane. Ouv. t.l.j. 7h-19h.*

Fondé par le prince Stepan Prvoslav Nemanjić en 1213, ce monastère fut saccagé à plusieurs reprises. En 1898, pour le sauver des Turcs, vingt-sept personnes s'enferment à l'intérieur. Il brûlera malheureusement encore une fois en 1912 pendant la guerre des Balkans. L'église restaurée possède quelques fragments de fresques anciennes représentant les prophètes. Depuis 2002, le monastère a retrouvé sa vocation passée et de nouveaux bâtiments abritent une petite communauté religieuse.

Croatie : Dubrovnik et ses environs

À une trentaine de kilomètres seulement au nord-ouest de la frontière monténégrine, Dubrovnik mérite inévitablement une incursion en Croatie ! Cette ville millénaire, classée au Patrimoine mondial de l'humanité depuis 1979, est plus que jamais digne de son surnom de « perle de l'Adriatique ». Carapace épaisse et indestructible, les remparts ceinturent le quartier historique, où les larges pavés de Stradun miroitent sous le soleil.
Les alentours promettent également de belles échappées : balade et farniente sur les îles Élaphites ou sur celle de Lokrum, découverte de l'adorable village de Cavtat ou, plus près de la vieille ville, des anciens quartiers Pile et Ploče.

PRATIQUE

Cartes et plans : Croatie : Dubrovnik et ses environs p. 158-159 • La vieille ville de Dubrovnik p. 162-163 • Dubrovnik p. 178-179.
Manger, dormir, s'amuser : p. 224.
Se déplacer : à pied pour la vieille ville, en bus pour ses environs (compagnie Libertas) et en bateau pour l'île de Lokrum et les îles Élaphites *(voir Carnet pratique p. 270)*.

- **De Dubrovnik à l'île de Lokrum (visites 19 à 20) :** navette depuis le vieux port de Dubrovnik toutes les 30 min. Traversée en 15 min.
- **De Dubrovnik aux îles Élaphites (visites 19 à 20) :** bateaux depuis le vieux port de Dubrovnik et le port de Gruž plusieurs fois par jour. Traversée en 45 min jusqu'à Koločep, la première île.

VISITES
18 à 20

Croatie : Dubrovnik et ses environs

Croatie : Dubrovnik et ses environs

N
Tulje
Trebišnjica
6
Lug
Čopicec
Jaseniča-Lug
BOSNIE-HERZÉGOVINE
Ravni Vrh
739
Trebišnjica
Vlaka
Hum
Osojnik
Zaplanik
Lubovo
E80
Oštra Glava
816
Vlaštica
910
Mokošika
Daksa
plan p. 178
404
Visočnik
Ivanica
BABIN KUK
LAPAD
GRUŽ
Mont Srđ
412
Makoše
Grebeni
223
DUBROVNIK
plan p. 162
PILE
PLOČE
19
Dubrovnik hors des remparts p. 176
18
La vieille ville de Dubrovnik p. 160
Lokrum ★★
Vieille ville de Dubrovnik ★★★
E80
Supetar
Bobara
Mausolée Račić
Maison de Vlaho Bukovac
Collection Baltazar Bogišić
Pinacothèque
Cavtat ★★
Mrkan
DUBROVNIK
MONTÉNÉGRO

18 La vielle ville de Dubrovnik

Stradun et la vieille ville

Joyau de la Dalmatie, Dubrovnik hérite d'un patrimoine unique et d'une histoire exemplaire. La cité est petite par sa taille mais exceptionnelle par la richesse de ses monuments (824 édifices remarquables répertoriés) !
La promenade sur les remparts ménage de superbes vues sur la vieille ville et sa baie. Et une fois que vous serez immergé dans ses ruelles, églises, couvents, petites places et musées sauront vous charmer.

- **Carte et plan :** p. 158-159 et p.162-163.
- **Arriver, se déplacer :** voir Carnet pratique p. 270.
- **Point de départ de la visite :** la porte Pile.
- **Manger, dormir, s'amuser :** p. 224.
- **Coup de cœur de l'auteur :** Le palais des Recteurs, p. 175.

La vieille ville de Dubrovnik★★★

Plan p. 162-163.

La vieille ville de Dubrovnik a été façonnée par plus de neuf siècles d'histoire très riche.

Tout comme Venise, dont elle fut la vassale de 1204 à 1358, la ville a su s'élever au rang d'État capable de négocier avec les grandes puissances de l'époque. Son habile jeu d'alliances avec l'Empire byzantin puis ottoman, la monarchie hungaro-croate, la curie romaine et Venise, lui a permis d'exister pendant plus de quatre siècles, tandis que ses chantiers navals, sa flotte et son port commercial lui ont apporté la richesse.

Entre octobre 1991 et mai 1992, durant la guerre d'indépendance croate (1990-1995), environ deux mille projectiles serbes atteignent la ville. Ils touchent 563 des 824 bâtiments existants, ainsi que les deux tiers de ses toits *(encadré ci-dessous)*. Ouvert en 2008 au fort impérial, le musée de la Guerre d'indépendance croate relate cette bataille *(p. 180)*. Dès le début du siège en 1991, Dubrovnik est placée sur la liste des sites en péril de l'Unesco. L'organisation lance rapidement un plan d'action pour la sauvegarde de la ville, et l'essentiel de la reconstruction de la cité a pu être achevé en sept années. En 1998, Dubrovnik est retirée de la liste des patrimoines menacés.

➤ La porte Pile★★

Vrata od Pila

Plan p. 162-163/A2 *– À l'O de la vieille ville.*

Principal point de départ des visites organisées, la porte Pile ne désemplit pas de la journée. Avant de pénétrer à l'intérieur de la muraille, observez la ligne de défense de la cité avec son fossé, sa double ceinture et son chapelet de tours, de guérites et d'échauguettes. Des douves profondes isolaient la ville de la terre ferme. Seules deux portes équipées de pont-levis livraient l'accès à la cité, l'une à l'ouest et l'autre à l'est. Deux autres portes étaient orientées vers le port.

La porte occidentale, la porte Pile, est sous la protection de saint Blaise. Sa **statue** insérée dans une niche de la **porte Renaissance** (1537) semble donner éternellement la bénédiction aux passants. Juste derrière s'élève la **porte gothique** (1460). Arrêtez-vous un instant devant la carte des dommages causés par le pilonnage de 1991. Au passage, vous verrez la plus récente **statue de saint Blaise,** signée Ivan Meštrović.

➤ Les remparts★★★

Gradske Zidine

Plan p. 162-163/A2 *– Accès : Poljana Paska Milicevica, à dr. après la porte Pile (plan p. 162-163/A2), ou Sv. Dominika, tout à fait à l'E de la vieille ville (plan p. 162-163/D1), ou encore Tvrdava*

LES NOUVEAUX TOITS DE DUBROVNIK

Après les intenses bombardements de 1991, la vieille ville de Dubrovnik avait perdu les deux tiers de ses toits. Leur réfection nécessitait, outre la consolidation des charpentes (datant du XVIe s. pour les plus anciennes), le remplacement de quelque 490 000 tuiles. Appelées ***kupa*** en croate, les tuiles originales dataient de la république de Raguse et provenaient d'un village proche, Kupari.

Malheureusement, les ateliers avaient fermé leurs portes les uns après les autres. Pour redonner à Dubrovnik son aspect passé, il fallait donc trouver un modèle de tuile le plus proche possible de l'ancienne *kupa*. Ce fut une entreprise toulousaine qui, avec une fabrique croate, remporta le marché. Le résultat fut convaincant. Le camaïeu de roses et d'ocres un rien patiné évite la monotonie d'un matériau stéréotypé.

La vieille ville de Dubrovnik

Sv. Ivana, au S-E (plan p. 162-163/D3) ☎ 020.324.641. Ouv. juin-sept. : t.l.j. 8h-19h ; avr.-mai et oct. : t.l.j. 9h-18h ; nov.-mars : t.l.j. 7h-15h. Entrée plein tarif : 100 Kn, vis. de la forteresse incluse. Conseil : évitez de faire le tour des remparts aux heures chaudes de la journée en été. Il n'y a pas d'ombre et les haltes rafraîchissantes sont rares. Emportez une bouteille d'eau.

Dubrovnik ne serait pas la ville mythique qu'elle est aujourd'hui sans

ses très impressionnants – et très célèbres – remparts. Ces murs grèges qui encerclent la ville forment son écrin, la circonscrivent avec netteté dans le paysage, entre les montagnes grises et les flots turquoise de l'Adriatique, tout en lui offrant un trône à sa grandeur, symbolisant sa puissance intemporelle. Au sein de ce haut liseré de pierre frappé par le soleil, la ville semble presque tapie sous ses toits de tuiles roses.

Cette ceinture de 1 640 m protège la cité depuis le XIIIe s. Si son tracé n'a pas été modifié, plusieurs constructions ont été ajoutées au fil des siècles. Quatorze tours carrées jalonnent l'enceinte au XIVe s., doublées au siècle suivant par des murs ronds au profil étudié pour mieux résister aux armes à feu. On consolide encore l'ouvrage en dressant trois tours circulaires et cinq bastions. Au XVIe s., le fort Saint-Jean et le fort Saint-Luc sont érigés pour défendre le vieux port. Côté terre, les remparts atteignent 4 à 6 m d'épaisseur, contre 1,50 à 5 m côté mer. Par endroits, ils surplombent de 25 m de haut l'Adriatique. Cet ouvrage militaire mérite d'être vu sous tous ses angles, de loin comme de près.

De la tour Bokar au fort Saint-Jean

Plan p. 162-163 / A2-D3.

La tour Bokar, conçue par Michelozzo Michelozzi en 1461, située juste en face du fort Lovrijenac, s'avance au-dessus d'un éperon rocheux. De ses casemates bien abritées, les soldats jouissaient d'un large angle de tir. Vers le sud, le rempart longe les caprices du littoral. Il domine d'une belle hauteur la mer d'un côté et les vieux quartiers de **Kaštio** et **Pustijerna** de l'autre.

L'imposant **fort Saint-Jean** (Tvrđava Sv. Ivana) qui surveille le port date de 1557. Œuvre de Miličević, il est composé d'une tour semi-circulaire et d'un bastion pentagonal. Depuis sa terrasse, le regard embrasse le **vieux port** aux quais bondés, le brise-lames Kaše et l'île de Lokrum. Le bâtiment abrite aujourd'hui le **Musée maritime** *(p. 173)* et l'**aquarium**.

Porporela

Plan p. 162-163 / D3 – Derrière le fort Saint-Jean.

Bien cachée derrière la masse du fort Saint-Jean, la jetée Porporela, construite par les Autrichiens, sert de solarium à midi, de rendez-vous amoureux à la tombée du jour et de terrain d'entraînement de water-polo à la belle saison. En tout cas, tous les prétextes sont bons pour musarder de ce côté des remparts !

CHRONOLOGIE

VIIe s. Fondation de Dubrovnik sous la protection de l'Empire byzantin.
1205-1358. Dubrovnik passe sous la tutelle vénitienne.
1358-1808. Le traité de paix de Zadar place Dubrovnik sous la protection de la couronne austro-hongroise. La cité parvient à négocier son autonomie en échange d'un tribut versé à l'Empire et se constitue en république (république de Raguse).
1667. Tremblement de terre.
1806. Invasions napoléoniennes.
1808. Abolition de la république par décret du duc de Marmont.
1815. Congrès de Vienne. Dubrovnik, avec toute la Dalmatie, revient à la couronne autrichienne.
1914. Début de la Première Guerre mondiale.
1918. Création du royaume des Slovènes, Croates et Serbes, transformé en Yougoslavie en 1929.
1945. La république populaire de Croatie fait partie de la Fédération yougoslave dirigée par Tito.
1979. Le tremblement de terre de Kotor endommage également Dubrovnik.
1980. Mort de Tito.
1980-1990. Montée des nationalismes et multiplication des conflits armés en Yougoslavie.
1991-1992. Bombardements serbes sur Dubrovnik.
1993-2000. Énormes travaux de reconstruction de la cité.

Le fort Saint-Luc et le mur nord

Plan p. 162-163/B1-D2.

Le rempart passe au-dessus du vieux port à l'est et de la **place de la Loge** (Luža) à l'ouest. La curiosité de ce tronçon ? Le beffroi de la ville, érigé en 1444 et restauré en 1929, et ses deux effigies de bronze surnommées affectueusement ici les « **Zelenci** ». Ils annonçaient le début des sessions du Conseil et sonnent désormais les heures avec la régularité d'un coucou suisse ! Un peu plus au nord, voici une autre forteresse, **Saint-Luc** (Tvrđava Sv. Luka), le pendant de Saint-Jean *(ci-contre)*.

Côté nord, l'enfilade des quatre tours carrées aux jupes arrondies forme un décor de cape et d'épée plus vrai que les célèbres murs de Carcassonne ! Ici, aucun Viollet-le-Duc n'est venu coiffer les tourelles de toits coniques. Le chemin de ronde grimpe assez rudement pour suivre le relief du **mont Srđ** *(p. 180)*.

La porte Ploče

Plan p. 162-163/D1.

Sur le pendant oriental de la porte Pile, la porte Ploče (début XIVe s.) possède également deux entrées successives. En haut de la porte intérieure se tient la plus ancienne statue de saint Blaise.

Un élégant pont en pierre à la balustrade décorée enjambe le fossé et mène au pied du **fort Revelin** et à la porte extérieure. Un pont-levis dont le mécanisme a été préservé protégeait la cité de toute intrusion indésirable.

La tour Minčeta

Plan p. 162-163/B1.

Construite à partir de 1319 dans l'angle nord-ouest de la citadelle, la tour initiale quadrangulaire est doublée au siècle suivant d'une nouvelle enveloppe ronde conçue par l'ingénieur dalmate Juraj Dalmatinac et le Florentin Michelozzo Michelozzi. C'est aussi le point culminant du parcours. De là, le **panorama** sur toute la vieille ville est magnifique.

Découverte en 2011, une fonderie médiévale située sous la forteresse Minčeta témoigne de l'ingénuosité de la République ragusaine.

➤ La place Miličević

Poljana Paska Miličevića

Plan p. 162-163/A-B2.

La fontaine d'Onofrio★★

Velika Onofrijeva Fontana

Plan p. 162-163/A-B2 *– Pl. Miličević, juste à dr. derrière la porte Pile.*

Point de ralliement dans Dubrovnik, la fontaine monumentale dessinée par le Napolitain Onofrio della Cava alimente en eau potable la ville depuis 1438 ! Elle est surmontée d'un dôme et son eau s'écoule par l'entremise de seize jets encadrés de **mascarons sculptés.** Elle doit son aspect un peu massif actuel à la perte d'une élévation lors du tremblement de terre de 1667.

L'église Saint-Sauveur

Crkva Sv. Spasa

Plan p. 162-163/B2 *– Pl. Miličević, juste à g. après la porte Pile.*

Curieusement, tandis que la ville s'effondrait littéralement sous les secousses telluriques, la petite église Saint-Sauveur (1528) sortait indemne de la catastrophe !

Des concerts de musique classique sont régulièrement organisés sous sa nef (en automne, chaque lundi soir, vous assisterez à un concert du quatuor à cordes de Dubrovnik).

Le couvent franciscain★★

Muzej Franjevačkog Samostana

Plan p. 162-163/B1 *– Juste à côté de l'église Saint-Sauveur, dans une ruelle ☎ 020.321.410. Ouv. mai-oct. : t.l.j. 9h-18h ; nov.-avr. : t.l.j. 9h-14h. Entrée plein tarif : 30 Kn pour le cloître et la pharmacie.*

Stradun, la rue principale

Élevé aux XIVe et XVe s., le couvent franciscain est en partie détruit par le séisme de 1667. Son clocher, achevé en 1424, perd ainsi sa flèche gothique, qui sera remplacée par une coupole baroque. Avant d'entrer dans l'église, levez les yeux au-dessus du portail pour découvrir une touchante Pietà encadrée de saint Jérôme et de saint Jean-Baptiste, des sculpteurs Leonard et Petar Petrović (1498). L'intérieur de style baroque abrite le tombeau du grand poète local, Ivan Gundulić (1588-1638).

Le cloître***

Le cloître (XIVe s.) dessiné par Mihoje Brajkov fut épargné par le tremblement de terre. Ses colonnes jumelées d'une très grande finesse donnent sur un parterre arboré aux alignements de buis taillés. Au centre trône une fontaine élégante du XVe s. Admirez les **chapiteaux,** qui offrent un formidable bestiaire tout droit sorti du Moyen Âge. Le soir venu, les ombres portées de la colonnade créent une atmosphère particulièrement féerique.

La pharmacie**

Ce serait l'une des plus anciennes d'Europe puisqu'elle remonterait à 1317, date de la fondation du monastère. On y vend encore des onguents et des crèmes fabriqués par les moines selon des recettes gardées secrètes.

➤ Stradun (ou Placa)***

Plan p. 162-163/B-C2 – Derrière la porte Pile.

Les 292 m de Placa vont de la porte Pile à l'ouest jusqu'à la place de la Loge (Luža) à l'est et au vieux port. Ce sont les Vénitiens qui affublèrent la Placa du nom de Stradun, péjoratif par rapport à *strada*. De là à penser qu'ils étaient jaloux...

Jusqu'au XIe s., l'actuelle Stradun est un mince bras de mer qui sépare l'île de Laus de la terre ferme. Une fois le chenal comblé, elle devient l'axe principal reliant les deux anciennes cités, Raguse, d'origine latine, et Dubrovnik, d'origine slave. Peu à peu, l'artère dégagée se couvre de palais superbes, réduits à un tas de décombres par le séisme de 1667.

Aujourd'hui, Stradun est bordée d'hôtels particuliers baroques à l'ordonnance simple et élégante. Sous les arcades au rez-de-chaussée, les boutiques se succèdent. Souvenirs, vins fins, vêtements, bijoux, livres ornent les devantures.

➤ La rue Prijeko

Plan p. 162-163/B1-C2.

Parallèle à Placa, la rue Prijeko court sur les premières pentes de la colline Srđ. C'était l'ancienne rue principale de Dubrovnik. Aujourd'hui, les terrasses des restaurants, les stores et les parasols encombrent la perspective. C'est dommage ! Les maisons très sobres aux fenêtres bien alignées ne manquent pas de charme. Au bout de Prijeko se dresse la façade Renaissance de **Saint-Nicolas** (Sv. Nikole).

PAUSE GOURMANDE

À deux pas de Stradun, le glacier **Dolce Vita** propose toute une gamme de parfums et de succulents muffins.
➤ *Plan p. 162-163/B2 – Nalješkovićeva 1a ☎ 020.321.666. Ouv. t.l.j. 9h-minuit.*

War Photo Limited**

Plan p. 162-163/B1 – Antuninska 6
☎ 020.322.166. Ouv. juin-sept. : t.l.j. 10h-22h ; oct.-mai : mar.-dim. 10h-16h.
Entrée plein tarif : 40 Kn.

Dans cette galerie, les murs racontent l'ignominie de la guerre, les vies à jamais meurtries, les villes détruites, les paysages dévastés. Trois reportages signés des meilleurs correspondants de guerre sont exposés en même temps. Une visite bouleversante, comme un coup de poing.

Les escaliers du Nord

Plan p. 162-163/B-C1 – Rues perpendiculaires à Prijeko.

Des tas de venelles pentues coupent la rue Prijeko. Des escaliers grimpent vers les remparts. Sur les marches, des caoutchoucs, des fougères, des géraniums en pot poussent à profusion. Sur les cordes à linge, la lessive sèche à l'ombre. Le soleil n'arrive guère à percer ici tant la chaussée est étroite. Tout en haut de la rue Zlatarska (« des Orfèvres »), à l'orée des remparts, se tient la petite église médiévale **Saint-Jean-de-Peline.**

➤ La synagogue

Sinagoga

Plan p. 162-163/C2 – Žudioska 3.
Ouv. mai-oct. : lun.-ven. 10h-20h ; nov.-avr. : t.l.j. 10h-15h ou 13h.
Entrée plein tarif : 30 Kn.

La communauté hébraïque prend son essor au début du XVIe s. après l'expulsion des juifs d'Espagne (1492). En 1546, le gouvernement de Dubrovnik alloue à ces nouveaux habitants quatre maisons situées dans la rue rebaptisée Žudioska (« rue des Juifs »).

La synagogue passe facilement inaperçue car elle a été aménagée en 1652 au deuxième étage d'une demeure. Au premier étage a été ouvert en 2003 le premier **musée du Judaïsme** de la Croatie. Des rouleaux de la Torah du XIIIe au XVIIe s. sont exposés, ainsi qu'un magnifique *parokhet* (rideau derrière lequel est cachée l'arche de l'Alliance) en velours brodé et d'autres objets du culte.

➤ La place de la Loge★★★

Luža

Plan p. 162-163/C2 – À l'extrémité E de Stradun.

Au bout de Stradun, côté vieux port, s'ouvre une esplanade aux belles proportions : la place de la Loge. Épicentre de la ville, la place concentre sur son pourtour les principaux édifices politiques, économiques et religieux. Ici étaient proclamées les annonces officielles et les peines exécutées en public.

La colonne de Roland★★

Orlando Stup

Plan p. 162-163/C2 – Au centre de la pl. de la Loge.

Au milieu de la place s'élève la colonne de Roland, appelée ici par son nom italien, Orlando, œuvre du sculpteur Bonino de Milan. Emblème de l'indépendance de Dubrovnik sous la protection de l'Empire austro-hongrois, elle est érigée en 1419 à l'emplacement d'un ancien pilori. À cette époque, de nombreuses colonnes semblables sont érigées dans les villes allemandes. L'épée que tient le héros représente la liberté de la cité, tandis que le bouclier symbolise la défense militaire de la couronne hungaro-croate. À Dubrovnik, la statue arbore également le drapeau blanc de saint Blaise.
La coudée ragusaine, longueur entre les doigts et le coude de la statue de Roland (51,2 cm), servit longtemps d'unité de mesure officielle, notamment pour mesurer les étoffes vendues par les marchands ambulants. Elle est également gravée sur le socle de la colonne.

L'église Saint-Blaise★

Crkva Sv. Vlaha

Plan p. 162-163/C2 – Au S de la pl. de la Loge. Ouv. t.l.j. sf pendant la messe.

Construite en 1714 par l'architecte vénitien Marino Groppelli, l'église baroque Saint-Blaise évoque irrésistiblement le charme des *campi* de la cité de la lagune. À l'intérieur, sur l'autel principal, la statue de saint Blaise (XVe s.) en argent doré à la feuille tient une maquette de la ville de Dubrovnik dans sa main gauche. Elle provient de l'ancienne église Saint-Blaise.
Après les bombardements de 1991, le tailleur de pierre Vinko Fabris donna ses réserves de pierre venant de la

L'église Saint-Blaise, sur la place de la Loge

LE CULTE DE SAINT BLAISE

En 972, selon la légende, le martyre de Sébaste mort en 316 (en Arménie) serait apparu en rêve au prêtre Stojko de Dubrovnik pour le prévenir de la bataille fomentée par les Vénitiens contre sa cité. Le vieil homme à la barbe blanche fut alors vénéré comme le sauveur de Dubrovnik, symbole de sa liberté et de sa neutralité. Pendant des siècles, son effigie fut reproduite sur la monnaie, les sceaux et les drapeaux de l'État. Ses statues gardent encore les portes de la ville aujourd'hui : chaque année, le **3 février,** une majestueuse procession est organisée en son honneur.

carrière abandonnée de l'îlot Vrnik pour restaurer l'église. Avec l'aide du sculpteur Ivo Jasic, il reconstitua à l'identique la balustrade de l'église. Quant au feston baroque, à droite du portail principal, il fut refait par deux Français, Frédéric Mohus et Jean Garder, qui, pour l'occasion, apprirent à manier la *zubatka*, un outil traditionnel dentelé spécifique à la Croatie.

La **fête de saint Blaise** *(encadré ci-dessus)*, patron de la ville, est célébrée chaque année avec force : processions, messes, drapeaux, orchestres se succèdent du 2 au 4 février. Les festivités s'ouvrent par un envol de colombes symbolisant l'indépendance de la cité et se terminent deux soirs plus tard par l'illumination de Stradun et par des danses et des chants.

Le beffroi (Luža Zvonara) et la maison de la Garde

Plan p. 162-163/C2 *– À l'O en dir. du vieux port. Vis. guidée nocturne possible.*

La route vers le vieux port passe sous une belle arche brisée au-dessus de laquelle une loge est aménagée. C'est à elle que l'on doit le nom de la place de la Loge. Juste à côté, le beffroi (1463), restauré en 1929, est flanqué à son tour par la maison de la Garde, construite en 1708 par l'architecte vénitien Marino Groppelli. Dans une niche ménagée dans la façade, la petite fontaine **Onofrio** (XVe s.) a été décorée de bas-reliefs charmants par le sculpteur milanais Pietro di Martino.

Le palais Sponza★★★

Plan p. 162-163/C2 *– Au N de la pl. de la Loge ☎ 020.323.887. Ouv. lun.-ven. 10h-22h, sam. 8h-13h. Entrée payante pour les expositions temporaires.*

Avec son portique et ses baies aux arcs trilobés, le palais Sponza est un des plus jolis monuments de la ville. Construit entre 1515 et 1522, il associe avec élégance les vocabulaires décoratifs Renaissance et gothique. Il fait partie des rares bâtiments ayant survécu au séisme de 1667 et est un témoignage admirable de ce que fut la citadelle avant la catastrophe.

L'inscription latine qui court sur la façade, *Fallere nostra vetant et falli pondera – meque fondero dum merces, ponderat ipse deus,* signifie « Ne trichez pas sur les poids et mesures ; pendant que je pèse les marchandises, Dieu me juge. »

L'édifice eut plusieurs vocations : il servit de douanes, d'hôtel de la monnaie, de banque, de trésor et de *fondaco* (bureau de marchandises). Le niveau supérieur, lui, servit de salon littéraire à des cercles comme Les Acadiens ou Les Frivoles.

Aujourd'hui, la salle à l'entrée a été transformée en mémorial dédié aux 221 héros de la guerre de 1991, tandis que des expositions temporaires sont organisées dans le patio. À l'étage se trouvent les archives municipales.

➤ Le couvent dominicain★★★

Muzej Dominikanskog Samostana

Plan p. 162-163/C1-2 *– Au N du vieux port, dir. porte de Ploče ☎ 020.322.200. Ouv. mai-oct. : t.l.j. 9h-18h ; nov.-avr. : t.l.j. 9h-17h. Entrée plein tarif : 20 Kn.*

Fondé dès 1225, le couvent dominicain est le plus ancien de la cité. La construction de l'édifice actuel débute en 1315.

Le cloître***

Ce monastère à l'aspect de forteresse cache en son sein un remarquable cloître gothique de la fin du XVe s. dessiné par Massa di Bartolomeo. Les amples arcades rythmées de colonnes fines surmontées de **chapiteaux corinthiens** s'ouvrent sur un jardin intérieur. Orangers et palmiers s'épanouissent dans ce quadrilatère tranquille. À la différence de son alter ego franciscain *(p. 165)*, une galerie court toujours à l'étage.

Le trésor***

Les dominicains ont accumulé au fil des siècles un formidable patrimoine artistique et culturel. Une petite partie est exposée dans le musée. Parmi ces merveilles, vous pourrez voir une bible du XIe s., un psautier du XVe s., un évangile selon saint Matthieu du XIIIe s. et d'autres incunables extraits de la bibliothèque. L'orfèvrerie est aussi représentée à travers des bijoux votifs, des calices, des reliquaires, des croix processionnelles… Mais ce qui frappe le plus, ce sont sans doute les remarquables tableaux réunis ici : ***L'Annonciation*** de Nikola Božidarević, la ***Sainte Famille*** de Lorenzo di Credi, ***Saint Blaise et Sainte Madeleine*** de Titien. Les quinze mystères du rosaire de Tripo Kokolja (XVIIe-XVIIIe s.) méritent également votre attention.

➤ Le vieux port***

Stara Luka

***Plan p. 162-163 / D2** – À l'E de la pl. de la Loge.*

Aménagé au XVe s., le port de Dubrovnik est défendu par les forts Saint-Jean et Revelin, et son entrée protégée par le brise-lames Kaše. Ses quais semblent aujourd'hui étonnamment petits par rapport à la réputation de la flotte ragusaine. Au XVIe s., la République peut s'enorgueillir d'une flotte marchande de 200 bâtiments. Située au centre de la Méditerranée et donc longtemps au cœur du monde connu, Dubrovnik a mieux su s'adapter à la nouvelle configuration planétaire, et ses grands voiliers

Le cloître du couvent dominicain

Le vieux port

comme ses galions ont appareillés pour les traversées transatlantiques. Désormais déserté par les gros navires, relégués à Gruž, Stara Luka accueille quelques barques de pêche et des bateaux d'excursion, mais il n'a rien perdu de son charme.

L'ancien arsenal

***Plan p. 162-163 / C2** – À dr. après le passage voûté.*

Signe de son importance passée, l'arsenal (1386), plusieurs fois agrandi, a gardé ses amples proportions. À l'abri de ses voûtes, les cargaisons pouvaient être déchargées en toute sécurité. Les bâtisses aux murs épais ont été converties en restaurants.

➤ Autour de la cathédrale

Plan p. 162-163 / BC-2-3.

Le périmètre autour de la cathédrale s'organise en trois places, dont la plus pittoresque est la place Gundulić, et une large promenade, Pred Dvorom, face au palais des Recteurs *(p. 172)*. Vous pourrez flâner dans le quartier, faire un peu de lèche-vitrines du côté de la rue Od Puča, grimper les escaliers monumentaux qui mènent à l'église jésuite, ou juste siroter un verre à l'une des nombreuses terrasses.

La cathédrale de l'Assomption***

***Plan p. 162-163 / C3** – Poljana Marina Držića. Ouv. t.l.j. 8h-18h (19h juil.-août). Entrée payante pour l'autel principal et le trésor.*

Chef-d'œuvre de l'architecture baroque, la cathédrale est édifiée entre 1672 et 1713 sur l'emplacement de l'ancienne cathédrale romane détruite par le séisme de 1667. De nombreux architectes italiens participent à ce grand chantier et vont donner à Dubrovnik un décor digne de Rome. Si Buffalini, Andreotti, Bazzi, Napoli se succèdent, c'est le Ragusain Ilija Katičić qui achève les travaux. Après le tremblement de terre de 1979, on a découvert sous ses fondations des vestiges d'une basilique byzantine.

Une architecture baroque

La façade est devancée par un emmarchement rectangulaire sobre. Les trois portes sont décorées d'un fronton cintré ou triangulaire et encadrées par des pilastres aux chapiteaux corinthiens. Dans la niche à gauche, vous pourrez voir une adorable **statue de saint Joseph portant l'Enfant Jésus.** Et devinez qui se trouve à gauche ? Saint Blaise ! La balustrade qui court au bord du toit est rythmée par d'autres statues, tandis qu'au centre s'élève une tour-lanterne à dôme percée de larges fenêtres.

Des toiles de maîtres

L'intérieur est orné d'œuvres commandées à des peintres italiens du XVIe s. récupérées après le séisme, de **Palma le Jeune** au **Parmesan,** à **Padovanino** et **Bordone.** La pièce la plus remarquable se trouve au-dessus du maître-autel. Ce **triptyque de Titien** (1552) représente l'Assomption de la Vierge avec à gauche saint Blaise (maquette de la ville) et saint Lazare, et à droite saint Nicolas (crosse et pomme) et saint Benoît (barbe et auréole).

Le trésor**

Cette pièce a été réalisée par des artisans et maîtres italiens : l'architecte Marino Groppelli a dessiné la salle, le mobilier en bois doré est signé des frères Vissiani, tandis que la mosaïque en marbre du sol est l'œuvre de Carlo degli Frangi. Les peintures sont dues au peintre local Petar Matei Matejević. Sous les stucs restaurés, le lieu abrite depuis 1721 les reliquaires sauvés des décombres et des objets liturgiques précieux.

Le palais des Recteurs***

Knežev Dvor

***Plan p. 162-163 / C2-3** – Pred Dvorom*
☎ 020.321.422. Ouv. juin-sept. : t.l.j. 9h-18h ; oct.-mai : t.l.j. 9h-14h. Entrée plein tarif : 70 Kn.

Le palais des Recteurs, équivalent local du palais des Doges vénitien, symbolise, en dépit de ses modestes proportions, le pouvoir de la république de Raguse. Très inspiré du style gothique Renaissance pratiqué à Venise, ce palais aux fenêtres jumelées et aux chapiteaux délicats ne déparerait pas sur le Grand Canal ! Les appartements du recteur, les salles du Grand et du Petit Conseil, l'administration, l'arsenal, la chambre des notaires, une pharmacie et la prison y sont concentrés. Le palais abrite aujourd'hui le **musée d'Histoire culturelle de Dubrovnik.**

➤ *Lire aussi le coup de cœur de l'auteur : Le palais des Recteurs (p. 175).*

La maison de Ronald Brown

***Plan p. 162-163 / C3** – Držićeva Poljana 1. Ouv. mar.-dim. 10h-20h. Entrée plein tarif : 100 Kn.*

Cette belle maison ancienne abrite une intéressante collection des

Appartement dans le palais des Recteurs

trois grandes figures de l'art moderne de Dubrovnik : Antun Masle, Ivo Dulčić et Đuro Pulitika. Ce lieu honore également la mémoire du diplomate américain Ronald Brown, décédé dans un crash aérien au-dessus de la ville en 1996.

Le Musée maritime*

Pomorski Muzej

Plan p. 162-163/D3 – Fort Saint-Jean, entrée indiquée à partir de Kneza Damjana Jude ☎ 020.323.904. Ouv. juin-sept. : mar.-dim. 9h-18h ; oct.-mai : lun.-sam. 9h-14h. Entrée plein tarif : 40 Kn. Cartels en anglais.

Situé aux deux étages supérieurs du fort Saint-Jean, le musée retrace l'histoire de la navigation dans l'Adriatique depuis l'Antiquité jusqu'au XXe s. Portraits de capitaines au long cours, portulans et cartes maritimes, longues-vues, maquettes de bateaux, coffres de voyage, vaisselle et boussoles témoignent de la grande épopée maritime, marchande et militaire de Dubrovnik.

La place Gundulić

Gundulićeva Poljana

Plan p. 162-163/C2-3.

Cette jolie place se transforme chaque matin en **marché animé.** Autour de la statue du poète humaniste Ivan Gundulić (1589-1638), les étals de fruits, légumes, miel, pâtes de fruits s'installent, avant de laisser la place aux terrasses des restaurants. À l'angle de la rue Od Puča, le **palais Pucić,** ancienne résidence des hôtes de marque de la ville, a été converti en hôtel de luxe.

La rue Od Puča et ses bijoutiers

Plan p. 162-163/B-C2 – Rue parallèle à Placa, qui relie la pl. Gundulić à la pl. Paska Miličević.

Rue étroite bordée d'hôtels particuliers, Od Puča est l'artère commerçante de la cité. Bijouteries, boutiques de souvenirs et de vêtements s'y succèdent, d'où une propension à l'embouteillage piétonnier !

À côté de l'église orthodoxe serbe (1877) se trouve le petit **musée des Icônes,** où sont exposées 78 icônes provenant de différentes écoles artistiques (ragusaine, russe, grecque, italo-crétoise, byzantine). Ce panel d'œuvres sur fond doré montre l'évolution de cet art du XVe au XIXe s.

L'église Saint-Ignace**

Crkva Sv. Ignacija

Plan p. 162-163/B-C3 – Poljana Ruđera Boškovića.

La rampe monumentale (1735) qui mène à l'église des jésuites évoque la place d'Espagne à Rome. Encore une fois, elle est l'œuvre d'un Italien, Pietro Passalacqua. Achevée dix ans auparavant, l'imposante église Saint-Ignace, dessinée par Andrea Pozzo, domine la place. Son abside abrite des fresques en trompe-l'œil de G. Garcia. Juste à côté s'élève l'ancien collège des jésuites.

Le Musée ethnographique*

Etnografski Muzej Rupe

Plan p. 162-163/B3 – Od Rupa 3 ☎ 020.323.013. Ouv. t.l.j. sf mar. 9h-16h. Entrée plein tarif : 80 Kn.

L'ancien grenier à blé, dit *Rupe* (trous), accueille aujourd'hui une collection ethnographique variée. Ses quinze puits creusés dans la roche permettaient d'y conserver à température constante les céréales. Même si vous n'êtes pas passionné par les arts et traditions populaires, les voûtes gigantesques du bâtiment méritent le coup d'œil.

Les chapiteaux du palais des Recteurs.

Coup de cœur de l'auteur

Le palais des Recteurs

Situé à l'emplacement d'une ancienne forteresse détruite par une explosion, le palais des Recteurs est construit en 1436 par l'architecte favori de la ville, Onofrio di Giordano della Cava. Mais, dès 1463, une nouvelle déflagration oblige à d'importants travaux. Le **portique** mais aussi la **cour intérieure** intègrent alors des éléments décoratifs Renaissance : arcades, colonnettes, chapiteaux. Après 1667, il faut de nouveau rénover le bâtiment. C'est ainsi qu'est ajouté l'**escalier magistral baroque.**

Les chapiteaux

Avant d'entrer, prenez le temps de contempler les chapiteaux décorés de feuillages et de personnages réalisés par le sculpteur milanais Pietro di Martino (1464).

L'atrium

Cette cour intérieure à la belle élévation servait de salle d'attente et de tractations aux Ragusains qui venaient à la salle des audiences, mais aussi de parloir aux familles des prisonniers. Seul monument dédié à un personnage privé, un buste du grand armateur plébéien Miho Pracat rend un hommage posthume à ce mécène qui légua toute sa fortune à la Ville à sa mort en 1607.

L'étage

En haut de l'escalier, à droite, s'ouvre la salle du Grand Conseil. On peut toujours lire sur le linteau l'inscription latine *Obliti privatorum publica curate* (« Oubliez vos affaires privées, consacrez-vous à la chose publique »). À gauche, les appartements du recteur ont été largement pillés par les troupes napoléoniennes. Vous pourrez néanmoins y voir quelques pièces intéressantes, comme le secrétaire du XVIIIe s. en ébène orné de scènes mythologiques. Regardez aussi l'heure affichée sur les horloges : 17h35. C'est l'heure exacte de la prise de la ville par l'armée française le 31 janvier 1806.

Le musée d'Histoire culturelle

Situé au sein du palais, le musée expose dans une succession de salles des objets illustrant le passé de la ville. Admirez notamment les coffres anciens, des fragments architecturaux appartenant au portique médiéval qui bordait le port, un fragment de peinture en l'honneur de la Vierge ou les chaises à porteurs du XVIIIe s.
La décoration des salles elles-mêmes est également fastueuse, à l'image de l'ancienne salle d'audience et de son magnifique plafond du XVIIIe s., ou bien de la chambre à coucher du palais, qui clôt la visite.

PRATIQUE

Plan p. 162-163 / C2-3.
Accès : *palais des Recteurs (p. 172). Pred Dvorom ☎ 020.321.422. Ouv. juin-sept. : t.l.j. 9h-18h ; oct.-mai : t.l.j. 9h-14h.*
Budget : *entrée plein tarif 70 Kn.*

19 Dubrovnik hors des remparts

Le quartier de Pile et son minuscule port

Si la majorité des touristes vient avant tout se promener dans la vieille ville, les quartiers alentour ne manquent pas d'attrait. L'éclat de la cité-État a rejailli en dehors des remparts, et de nombreuses villas patriciennes ont été édifiées à Lapad, Gruž et Babin Kuk, à l'ouest, ainsi qu'à Ploče, à l'est.
Mais l'intérêt des environs réside principalement dans leur quiétude balnéaire. Il suffit de faire quelques centaines de mètres depuis la porte Pile pour se ressourcer au pied du couvent de Danče, face à la mer.

- **Carte et plan :** p. 158-159 et p. 178-179.

- **Point de départ de la visite :** le square Brsalje.

- **Arriver, se déplacer :** voir Carnet pratique p. 270.
- **Manger, dormir, s'amuser :** p. 227.

➤ Pile

Plan p. 178-179 / C3 – À la lisière des murailles, juste à l'O de la porte Pile.

Aujourd'hui le quartier le plus animé de Dubrovnik avec ses nombreux bars, restaurants et boutiques, Pile a toujours été un quartier stratégique (la belle forteresse Lovrijenac, qui surveille la ville côté ouest, a été construite ici) et possède un long passé artisanal. À partir du XIIIe s., le petit quartier devient une zone qui regroupe les tanneries, les savonneries et les fonderies. Au XVe s., un nouvel essor lié à l'industrie du verre, de la teinture et du tissage entraîne le développement du quartier. On y construit alors des logements pour les ouvriers autour de l'église Saint-Georges.

Pile a gardé le charme modeste de ses petites rues en pente bordées de maisonnettes blanches qui descendent vers un minuscule port.

Le square Brsalje

Plan p. 178-179 / C3 – Esplanade à l'O de la porte Pile ; principal terminus des bus Libertas.

À l'ombre des platanes majestueux, ce square est un lieu de rassemblement touristique. Au milieu, la fontaine est décorée des personnages chantés par le poète Gundulić dans son ode *Dubravska*. La balustrade au-dessus de la mer offre une jolie vue sur les deux forts, **Bokar** à gauche et **Lovrijenac** à droite *(ci-dessous)*. Un peu au-dessus du square, remarquez la façade rajeunie de l'hôtel Hilton, un des premiers palaces de Dubrovnik.

La forteresse Lovrijenac*

Tvrđava Lovrijenac

Plan p. 178-179 / C3 – À l'O du square Brsalje, suivez les panonceaux. Ouv. juin-sept. : t.l.j. 8h-19h30 ; avr.-mai et oct. : t.l.j. 9h-18h30. Entrée plein tarif : 100 Kn.

Chargée de surveiller la ville côté ouest, la forteresse Lovrijenac est accrochée à l'aplomb d'une haute falaise. Construite en 1050, elle est modifiée aux XIVe et XVe s. Au-dessus de l'entrée est gravée l'inscription latine : *Non bene pro toto libertas venditur auro* (« La liberté ne devrait pas être vendue même au prix de l'or »). En été, le bastion accueille un festival de théâtre.

Le couvent de Danče

Crkva Gospe od Danača

Plan p. 178-179 / C3 – Au bout de Don Frana Bulića.

Ce couvent où résident des sœurs est un havre de tranquillité à deux pas du centre-ville. Avec son cimetière fleuri, son église, son verger, ses quelques rangs de légumes et sa terrasse battue par la houle, il a un air de campagne. Si vous avez de la chance, vous pourrez rentrer dans le sanctuaire y découvrir **deux polyptyques remarquables,** l'un de Lovro Marinov Dobričević, l'autre de Nikola Božidarević. Une **plage** (un ponton avec un bar) est aménagée à ses pieds.

Le parc Gradac

Perivoj Gradac

Plan p. 178-179 / C3 – À dr. de Don Frana Bulića.

De ce parc, situé à l'orée de la citadelle, vous aurez tout loisir de regarder la Grande Bleue pendant que vos enfants s'ébatteront dans les allées. Idéal pour un pique-nique.

➤ Ploče

Plan p. 178-179 / D3 – À l'E de la porte Ploče, juste à l'extérieur des murailles.

À l'est de la cité, le quartier Ploče était la véritable porte d'entrée maritime ragusaine placée sous la surveillance du fort Revelin (1449). En 1627, on construisit sur les berges le **lazaret,** transformé en partie aujourd'hui en salle de spectacle. Plus loin, des hôtels de luxe se partagent le rivage.

Le musée d'Art moderne*

Umjenitcka Galerija

Plan p. 178-179 / D3 – Frana Supila 23, sur la grande artère à l'E de la porte Ploče ☎ 020.426.590.

Dubvrovnik

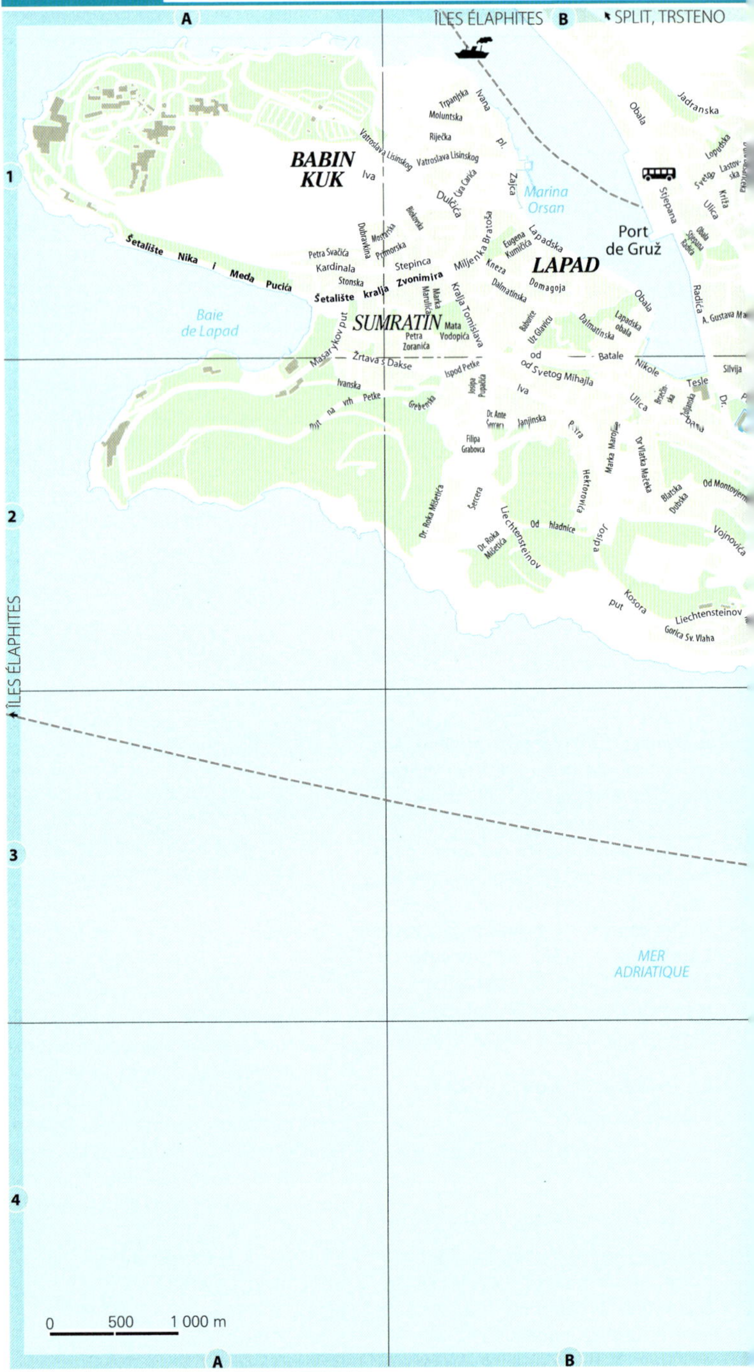

A
B
1
2
3
4
ÎLES ÉLAPHITES
SPLIT, TRSTENO
ÎLES ÉLAPHITES
BABIN KUK
LAPAD
SUMRATIN
Port de Gruž
Marina Orsan
Baie de Lapad
MER ADRIATIQUE
Šetalište Nika i Meda Pucića
Šetalište kralja Zvonimira
Masarykov put
Žrtava s Dakse
Kralja Tomislava
Iva
Vatroslava Lisinskog
Moluntska
Riječka
Trpanjska
Ivana pl. Zajca
Dubrovačka
Stonska
Kardinala Stepinca
Primorska
Mostarska
Petra Svačića
Miljenka Bratoša
Lapadska
Eugena Kumičića
Kneza Domagoja
Dalmatinska
Lapadska obala
Obala
Batale
od Svetog Mihajla
Nikole Tesle
Ulica
Jadranska
Lopudska
Stjepana Radića
A. Gustava Ma
Silvija
Ivanska
Ispod Petke
Put na vrh Petke
Josipa Pupačića
Dr. Ante Šercera
Janjinska
Filipa Grabovca
Dr. Roka Mišetića
Šercera
Liechtensteinov
Od hladnice
Josipa
Hektorovića
Marka Marojice
Dr Vlatka Mačeka
Blatska
Dubska
Od Montovjerne
Vojnovića
Kosora put
Liechtensteinov
Gorica Sv. Vlaha
Petra Zoranića
Mata Vodopića
Marka Marulića
0
500
1 000 m

C
D
N
1
2
3
4
Mont Srđ
Musée de la Guerre d'indépendance croate
Téléphérique
BONINOVO
Rt. Danče
Parc Gradac
PILE
Couvent de Danče
SQUARE BRSALJE
Forteresse Lovrijenac
PORTE PILE
STRADUN (PLACA)
PORTE PLOČE
DUBROVNIK
Musée d'Art moderne
PLOČE
CAVTAT
LOKRUM
Lokrum
Fort Royal
Rajska put
Jardin botanique
Monastère Samostanski kompleks
Mrtvo More
19 Dubrovnik hors des remparts p. 176
plan p. 162

Ouv. mar.-dim. 9h-20h pendant les expositions. Entrée plein tarif : 100 Kn.

Installé dans la massive demeure d'un armateur du XXe s., le musée organise régulièrement des expositions d'art moderne. Sa collection permanente compte près de 2 500 œuvres et permet de se familiariser avec quelques grands artistes de Dubrovnik. Après vous être initié à la création contemporaine croate, ne manquez pas d'aller faire un saut sur la terrasse. Le paysage de là-haut vaut bien une halte !

➤ Lapad et Babin Kuk

***Plan p. 178-179/A1-2-B1-2** – À 4 km O de la porte Pile. Accès en bus Libertas n° 6 (navette : 80 Kn).*

Si vous avez envie de vous extraire un temps du circuit historique, filez en bus ou en voiture jusqu'aux péninsules de Lapad et Babin Kuk. De jolies promenades balnéaires fleurant bon le jasmin longent la baie de Lapad. Les flâneurs sont nombreux sur la **Šetalište Nika I Meda Pucića** et son prolongement en ville, Šetalište Kralja Zvonimira, bordée de bars. De nombreux complexes touristiques parsèment cette portion du littoral. Au programme donc, farniente sur les rochers – ou, plus rarement, le sable –, plongeons dans l'azur, apéritif en terrasse.

➤ Le mont Srđ

Brdo Srđ

***Plan p. 178-179/D2-3** – Accès **à pied** par un sentier pentu débutant sur Magistrala (D8), bus 3, arrêt Magistrala 1. **En voiture** via Ulica Srđ (7 km depuis la porte Pile). **En téléphérique** (Žičara) : station de départ sur Petra Krešimira IV, au niveau du n° 10 (bus 5 ou 8, arrêt Krešimira 1) ☎ 020.325.393, www.dubrovnikcablecar.com. Ouv. déc.-janv. : t.l.j. 9h-16h ; fév.-mars et nov. : t.l.j. 9h-17h ; avr. et oct. : t.l.j. 9h-20h ; mai : t.l.j. 9h-21h ; juin-août : t.l.j. 9h-minuit ; sept. : t.l.j. 9h-22h. Ticket : 108 Kn A/R.*

Un téléphérique permet de rejoindre le sommet du mont Srđ (405 m). Les points de vue sur la ville et la baie sont incroyables.

Le musée de la Guerre d'indépendance croate★

***Plan p. 178-179/D2** – Fort impérial, au sommet du mont Srđ. Ouv. avr.-oct. : t.l.j. 8h-20h ; nov.-mars : t.l.j. 8h-18h. Entrée plein tarif : 30 Kn.*

Située dans la forteresse napoléonienne, cette exposition permanente retrace étape par étape le siège de Dubrovnik. Les panneaux explicatifs, traduits en anglais, sont illustrés de cartes et de photos d'époque. Quelques vitrines montrent les armes et les projectiles utilisés durant le conflit.

Téléphérique vers le mont Srđ

20 Les environs de Dubrovnik

L'île de Lopud

À quelques encablures de Dubrovnik (moins d'une heure de bateau), vous découvrirez des îles splendides et préservées, parsemées de petites plages aux eaux calmes et de charmantes églises perdues au milieu des pins et des oliviers.
Au sud-est de la ville, sur la route du Monténégro, Cavtat est un charmant village à découvrir, entre vestiges gréco-romains, architecture religieuse et musées.

- **Carte :** p. 158-159.
- **Arriver, se déplacer :** voir Carnet pratique p. 272.
- **Manger, dormir, s'amuser :** p. 230.

➤ L'île de Lokrum★★

Otok Lokrum

Plan p. 178-179 / D4 – Des navettes partent du vieux port de Dubrovnik ttes les 30 min entre 10h et 18h. www.lokrum.hr.

Au sud de la citadelle, à seulement 500 m, l'île de Lokrum est un pur jardin d'Éden. De loin, l'île étirée ne révèle que sa forêt de pins. Elle recèle néanmoins bien d'autres richesses, dont une abbaye bénédictine datant de 1023 et un jardin botanique extraordinaire. Quel plaisir de se promener dans les allées ombragées et de découvrir au détour d'une courbe les murs fatigués du **monastère Samostanski Kompleks,** son clocher roman, le cloître silencieux aux parterres de buis où se pavane un paon ! Les côtes très découpées, équipées de loin en loin d'une échelle, sont appréciées autant des baigneurs que des pêcheurs à la ligne.

À la pointe sud, vous tomberez sur **Mrtvo More,** un trou d'eau bleue au milieu des pins. Vers le nord, le **Fort royal** (Utvrda Royal), hérité de l'occupation française, est juché au sommet de l'île. De là-haut, la vue embrasse tout le littoral ragusain.

Le jardin botanique★★

Plan p. 178-179 / D4 – Accès libre.

Créé en 1960, ce jardin des merveilles couvre 2 ha et compte 500 espèces de plantes différentes ainsi que 200 succulentes cultivées en serre. Des panneaux au pied de chaque végétal permettent de reconnaître non seulement les banals eucalyptus, mais aussi le ravissant *Lagerstroemia indica* du Japon.

➤ Les îles Élaphites★★★

Elafitski Otoci

Carte p. 158-159 – Départ du port de Gruž ou du vieux port de Dubrovnik (p. 272).

Un chapelet de petites îles, les Élaphites, s'étend au nord de Dubrovnik. Échappez-vous une journée et rendez-vous en bateau sur l'une d'elles. Loin de la civilisation raffinée de Dubrovnik, pinèdes, vergers, champs d'oliviers et anses cachées vous réconcilieront avec la nature.

Koločep★★

Carte p. 158-159.

Le bateau se met à quai à **Donje Čelo,** un joli port prolongé d'une anse de sable clair. De là, partez sur le sentier jusqu'à **Gornje Čelo,** qui se trouve de l'autre côté de l'île. Partout alentour poussent les figuiers et les citronniers, les cerisiers, les oliviers, les pins et les caroubiers.

Au passage, vous longerez l'église lilliputienne **Saint-Nicolas** (Sv. Nikole) couverte de chaux ocre (XIe s.), entourée d'un cimetière adorable.

À Gornje Čelo, un autre sanctuaire, celui de **Saint-Antoine-de-Padoue**

(Sv. Antuna Padovanskog, XIe s.), veille sur le hameau, son port endormi et ses quelques motoculteurs. Ici, votre seule compagnie risque d'être un lézard qui se chauffe sur un muret !

Lopud**

Carte p. 158-159.

Autre île, autre atmosphère. La petite capitale Lopud s'étire en bordure de baie avec élégance. Les palais sur l'Obala Iva Kulijevana poussent le mimétisme jusqu'à arborer quelques lions de Saint-Marc perchés sur des balustrades.

Après une promenade dans le parc arboré, allez jusqu'à l'église **Sainte-Marie-du-Rocher** (Sv. Marije od Špilice), reconnaissable à son clocher qui dépasse des ramures. Il vous faudra ensuite marcher d'un bon pas pour rejoindre l'église perdue dans la campagne, **Gospa od Sunja,** juste au-dessus de la **plage de sable de Šunj,** lovée dans une baie au sud de l'île. C'est l'une des perles de l'Adriatique, très prisée des familles avec son lagon turquoise.

Šipan**

Carte p. 158-159.

La plus grande des îles Élaphites est aussi la plus éloignée et est donc moins visitée, même si elle dispose des mêmes atouts que ses voisines.

La ville de **Suđurađ**, où vous débarquerez, a des airs de grandeur avec sa demeure fortifiée du XVIe s. *(vis. groupée uniquement).* Vous pourrez voir son jardin échevelé depuis la route pour **Šipanska Luka.**

Si vous avez le temps, prenez un bus pour cet autre port miniature aux allures de carte postale et ses criques minuscules bordées d'oliviers, de pins et de figuiers.

Terrasse de café sur l'île de Šipan

DÉJEUNER AU BORD DE L'EAU

Idéalement situé avec sa belle terrasse sur la promenade du bord de mer, le restaurant **Galija** vous séduira avec sa cuisine inventive. Les crevettes sont parfumées au miel. Et si vous en avez assez des salades de poulpe, vous pouvez essayer l'assiette d'oursins.
➤ *Carte p. 158-159 – Vuličevićeva 1, Cavtat ☎ 020.478.566. Ouv. 11h-minuit.*

➤ Cavtat**

Carte p. 158-159 – À 20 km S-E de Dubrovnik.

De loin, vous verrez la rangée de palmiers plantés en bordure des quais, les bâtisses de pierres claires en arrière-plan, les clochers des deux églises qui s'échappent vers le ciel et, de chaque côté, les presqu'îles verdoyantes qui s'inclinent vers la mer.

L'ancien établissement grec *epidauros*, devenu *epidaurum* à l'heure romaine, avait donc choisi une rade sûre à l'abri des péninsules et des îles voisines, devenue aujourd'hui une marina de choix pour quelques yachts luxueux.

En saison, la fréquentation touristique de cet adorable village est dense. Si vous voulez échapper un temps à la foule, vous pouvez vous réfugier dans un des trois musées : la **maison du peintre Vlaho Bukovac** *(Bukovceva 5 ☎ 020.478.646 ; ouv. mar.-dim. 9h-13h et 16h-20h ; entrée plein tarif : 20 Kn)* ou la **collection Baltazar Bogišić** *(Obala Dr A Starcevica 18 ☎ 020.478.556 ; ouv. lun.-sam. 9h30-13h30, f. nov.-déc. ; entrée plein tarif : 30 Kn)*, qui présente toutes deux une sélection de leurs œuvres, ou bien la **Pinacothèque** *(Svetog Nikola 3 ☎ 020.478.249 ; ouv. lun.-sam. 9h-13h)*, qui propose une collection de belles œuvres d'art (XVe-XVIIe s.).

Le mausolée Račić*

Mauzolej Obitelji Račić

Carte p. 158-159 – Trumbićev Put 25, dans le parc au bout de la presqu'île de Rat. Ouv. lun.-sam. 10h-17h. Entrée plein tarif : 20 Kn.

Sur la petite éminence de la pointe de Rat, l'étonnant mausolée dédié à la famille Račić a été façonné par le sculpteur Ivan Meštrović, à qui l'on doit le fameux mausolée de Njegoš *(p. 111)*. On y retrouve donc sans surprise son goût pour les cariatides et la stylisation des personnages.

Le port de Cavtat

L'arboretum de Trsteno

La promenade de Rat

Šetalište Rat

***Carte p. 158-159** – Promenade partant juste à l'O de l'église Notre-Dame-des-Neiges (Gospa od Snijega).*

Cette promenade suit les rives de la presqu'île. Comme souvent en Croatie, le rivage est trop escarpé pour laisser la moindre chance à une grève de sable. Le bonheur se trouve ailleurs, à l'ombre des pins, sur les pontons plus ou moins improvisés ou bien dans l'eau !

➤ L'arboretum de Trsteno★★

***Carte p. 158-159** – À 18 km O de Dubrovnik sur la route dir. Split*
☎ 020.751.019. Ouv. mai-oct. : t.l.j. 7h-19h ; nov.-avr. : t.l.j. 8h-15h. Entrée payante.

Unique arboretum de cette taille (28 ha) sur la côte adriatique, ce parc extraordinaire est créé en 1494 par le patricien ragusain Ivan Marinov Gučetić-Gozze. La mode est alors aux résidences secondaires avec jardin d'agrément.

Le domaine ouvert au public en 1948 retrace l'art paysager depuis l'ordonnancement géométrique de la Renaissance jusqu'aux fausses ruines romantiques du jardin « moderne » de la fin du XIXe s. La villa, le kiosque suspendu au-dessus des flots, la fontaine de Neptune, le cabinet de verdure, les bosquets ombragés, les parterres de fleurs transforment cette parcelle de côte méditerranéenne en un parc idyllique… et ce d'autant plus qu'il est à l'écart de la foule.

Manger, dormir, s'amuser…

Toutes nos bonnes adresses chapitre par chapitre

Trouver la chambre parfaite avec vue sur mer, la petite auberge de campagne pour vous ressourcer, la *konoba* où déguster un plat typique, le refuge de montagne pour être au plus près des cimes, l'agence sérieuse pour organiser une session en rafting… Ces pages vous seront utiles tout au long de votre séjour.
Notre auteur a testé et sélectionné toutes les adresses présentées dans ce chapitre. Le symbole ♥ indique ses coups de cœur.

LES BOUCHES DE KOTOR

Les prix indiqués pour l'hébergement sont établis sur la base d'une chambre double de catégorie standard, en haute saison, petit déjeuner inclus (sauf pour les auberges et chambres d'hôtes). Ils sont donc susceptibles de varier en fonction de la date de votre séjour et de votre moyen de réservation.
Les tarifs mentionnés pour les restaurants sont calculés sur la base d'un plat du jour ou d'un menu, boisson non comprise.

➤ LA BAIE D'HERCEG NOVI

Visite 1, p. 30
Carte p. 28-29
Carnet pratique p. 265

Đenovići

OÙ DORMIR ?

➤ Appartements

À partir de 50 €

Amfora
Carte p. 28-29 – Banicevina bb ☎ 069. 210.220 (port.), www.adriatic-home.com.
Ce petit immeuble à fleur d'eau offre des appartements (3, 4 et 5 pers.) équipés et décorés dans un style contemporain. La propriétaire parle très bien l'anglais.

Herceg Novi

Visite p. 31

Vous trouverez un chapelet d'hôtels avec ponton privé sur la promenade du bord de mer. Ils sont assez récents et sans charme particulier, hormis leur emplacement.

OÙ DORMIR ?

➤ Hôtels

De 70 à 100 €

Vila Aleksandar
Carte p. 28-29 – Save Kovačevića 64 ☎ 031.345.806, www.hotelvilaaleksandar.com.
Chambres spacieuses avec terrasses en cascade au-dessus d'une petite plage privée.

♥ Hôtel Perla
Carte p. 28-29 – Šetalište Pet Danica 98 ☎ 031.345.700 et 031.344.093, www.perla.co.me.
Cet hôtel propose des chambres avec vue sur la mer pour certaines. Accueil agréable et atmosphère familiale. Prix intéressants pour les familles avec de jeunes enfants.

➤ Appartements

De 50 à 100 €

Casa del Mare
Carte p. 28-29 – Save Kovačevića ☎ 031.673.706 et 069.700.702 (port.), www.adriatic-home.com.
Cette agréable maison de vacances sur la Riviera d'Herceg Novi, à deux pas de la plage et du monastère de Savina, a été très bien rénovée. Ses appartements bien équipés sont confortables et aménagés avec goût. Le jardin planté de palmiers est un régal !

OÙ MANGER ?

De 5 à 15 €

♥ Tri Lipe
Carte p. 28-29 – Stepenište 28, Oktobra ☎ 067.220.826 (port.).
En descendant vers le port, vous pouvez faire une halte sur sa terrasse et savourer une cuisine généreuse ou y grignoter sur le pouce un *ćevapčići*.

De 10 à 20 €

Bluefin
Carte p. 28-29 – Šetalište Pet Danica 34 ☎ 069.390.088 (port.).
Restaurant-bar situé en bord de mer, où vous pourrez siroter un verre tout en assistant, avec un peu de chance, à une régate.

Feral
Carte p. 28-29 – Šetalište Pet Danica 47 ☎ 031.322.232.
Une *konoba (p. 273)* dans les règles de l'art : bancs rustiques et nappes à carreaux. Sa terrasse donne sur le port. Ses poissons frais sont délicieux.

SHOPPING

*À Herceg Novi, quelques boutiques de mode et un magasin de souvenirs en coquillages jalonnent l'**avenue Njegoševa,** devenue piétonne, qui mène à la place Nikole Djurkovica.*

SPORTS ET LOISIRS

➤ Agences généralistes

Black Mountain
Carte p. 28-29 – Šetalište Pet Danica 41, marina d'Herceg Novi ☎ 031.321.968, www.montenegroholiday.com.
L'équipe formée de Britanniques, mais aussi de guides francophones et monténégrins, concocte des programmes sur mesure avec des activités culturelles et sportives (pêche, observation ornithologique, kayak, kitesurf, VTT, voile, rafting, randonnées pédestres et équestres). Cette agence, très attachée au développement durable, est membre de l'association Leave no Trace Organisation *(http://lnt.org).*

Active Travels Montenegro
Carte p. 28-29 – ☎ 068.658.285 (port.), www.activetravelsmontenegro.com. Ttes les rés. se font par Internet.
Marko a monté cette agence en 2012 et organise des excursions sur mesure pour ses clients (à partir de 2 pers.). Chaque année, il étend un peu plus sa gamme d'activités et permet aux visiteurs de passage d'explorer des lieux retirés et moins touristiques. À côté des classiques rafting sur la Tara et canyoning dans le Nevidio, il propose la visite d'un vignoble près d'Ulcinj et celle d'une plantation d'oliviers, des marches dans le massif de l'Orjen, une excursion sur le lac de la Piva, ou encore du canyoning dans des gorges secrètes. Il parle très bien l'anglais.

Kayak Montenegro
Carte p. 28-29 – ☎ 069.182.455 (port.), www.kayakmontenegro.com.
Basé à Herceg Novi et Rijeka Crnojevića, Kayak Montenegro propose notamment des excursions accompagnées à la demi-journée dans les bouches de Kotor *(35 et 45 €)* et sur le lac Skadar. On peut aussi leur louer des kayaks *(à partir de 5 €/h).*

Stella
Carte p. 28-29 – Marina d'Herceg Novi ☎ 069.568.082 (port.) ou 069.568.082 (port.).
Le patron de ce bateau à moteur vous emmènera voir le fjord.

➤ Sports nautiques

De nombreux clubs de plongée organisent des sorties à la journée ou à la demi-journée. La formule coûte 70 €, repas non fourni. Ces plongées nécessitent toutes d'avoir passé le premier niveau. Des baptêmes de plongée (50 €) sont ouverts à tous (à partir de 8 ans).
Les sites étant nombreux, vous pourrez choisir entre une grotte maritime (la grotte Bleue, le repaire de Poséidon ou le trou de la Sirène), une épave (comme le pétrolier qui sombra près de Žanjice en 1983) ou une forêt de gorgones (près du cap Kabala).

Adriatic Blue
Carte p. 28-29 – Šetalište Pet Danica, Škver ☎ 069.833.043 (port.), www.divingmontenegro.com.

Jugole Grakalić
Carte p. 28-29 – Šetalište Pet Danica, Škver ☎ 069.485.725 (port.), jugolegrakalic@t-com.me.

➤ Pêche

Sports Fishing Club Jugole Grakalić
Carte p. 28-29 – Škver bb ☎ 031.322.205 et 067.829.589 (port.), ksrjg@t-com.me.

Kamerani

OÙ DORMIR ?

À partir de 130 €

Boutique Hôtel Casa del Mare Mediterraneo
Carte p. 28-29 – Jošica bb ☎ 031.673.706 et 069.700.702 (port.), casadelmare@t-com.me.
Installé sur le front de mer, juste sur le détroit, ce boutique-hôtel ouvert en 2010 a tout juste, de la plage avec ses baldaquins à ses chambres sous les toits ! On aime la gentillesse du personnel et la touche design des lieux.

Kumbor

OÙ DORMIR ?

À partir de 100 €

Xanadu

Carte p. 28-29 – Kumbor bb ☎ 031.684.666.

Sur deux niveaux, cet établissement s'est inspiré de l'architecture romaine et méditerranéenne : des colonnades blanches et des toits de tuiles autour d'un bassin bleu turquoise. La plage bordée de palmiers est charmante.

Meljine

OÙ DORMIR ?

De 70 à 100 €

Hôtel RR

Carte p. 28-29 – ☎ 031.348.123.

Espèces uniquement.

Ce vaste bâtiment avec trois murs bordés d'eau semble construit sur l'Adriatique ! Entièrement refait, il a conservé ses belles façades de pierre. Ses chambres, pas très grandes, sont confortables et claires. Les salles de bains sont équipées d'une douche. Tentez d'obtenir une chambre au sud, pour la vue sur la mer, sauf si vous craignez le bruit car le restaurant se situe juste en dessous. Avec sa plage de sable à deux pas, c'est le meilleur rapport qualité-prix du coin.

OÙ MANGER ?

De 10 à 20 €

Leut

Carte p. 28-29 – Brace Pedišića ☎ 069.041.054 (port.).

La meilleure table d'Herceg Novi pour les produits de la pêche. À midi, on s'attardera à l'ombre de ses pins à deux pas de la plage.

➤ LA BAIE DE RISAN ET PERAST

Visite 2, p. 38
Carte p. 28-29
Carnet pratique p. 266

Morinj

OÙ MANGER ?

Plus de 30 €

♥ **Ćatovlića Mlini**

Carte p. 28-29 – Morinj bb, sur la route entre Morinj et Risan ☎ 032.373.030.

Une des meilleures tables pour déguster fruits de mer et poissons. Ambiance familiale, chaleureuse et pittoresque. La famille Catović, propriétaire des lieux depuis 200 ans, cultive avec passion ce coin marécageux de la baie de Risan. L'ancien moulin qui pressait les olives et le blé a été reconverti en *konoba* (restaurant) au décor rustique. Le jardin est digne d'un paysagiste talentueux avec son dédale de ruisseaux où pataugent quelques canards, ses allées de bambous, ses orangers, ses palmiers…

Perast

Visite p. 40

OÙ DORMIR ?

➤ Hôtels

Autour de 30 €

Krsto Dragutinović

Carte p. 28-29 – Près de l'église Saint-Nicolas ☎ 032.373.738.

3 ch. doubles chez l'habitant avec toilettes et douche d'un confort simple. Accueil très agréable.

À partir de 80 €

♥ **Palace Jelena**

Carte p. 28-29 – Juste devant le port ☎ 067.255.668 (port.), www.palacejelena-perast.com.

Dans ce ravissant palace du front de mer, Jelena a aménagé 4 ch. doubles, plus ou moins spacieuses (la plus petite fait tout de même 25 m^2), dans un style ancien : marbre poli au sol, armoire et commode, robinets en cuivre, appliques rétro. La vue est superbe et l'accueil attentionné.

Plus de 200 €

Hotel Per Astra

Carte p. 28-29 – Perast bb ☎ 032.373.608, www.perastra.me.

Ce boutique-hôtel s'est installé un peu en hauteur, à seulement 100 m du rivage, et jouit d'un magnifique panorama sur les bouches. La sérénité des lieux, le charme des vieilles pierres ressuscitées, la gentillesse du personnel sont autant d'atouts du Per Astra. La piscine extérieure et le Spa en sont deux autres ! Le petit déjeuner encore un ! Et la liste pourrait s'allonger…

➤ Appartements

De 50 à 80 €

Apartments Boka Bay
Carte p. 28-29 – Perast br. 6, www.bokabay.com. Parking.
Studios aménagés avec soin dans une jolie demeure patricienne du bord de mer. Le balcon donne sur les îles.

Appartement Skolji
Carte p. 28-29 – Sur le front de mer ☎ 069.649.488 (port.).
L'appartement (4 pers. max., 100 m²) possède un petit balcon à la vue magnifique. Décoration datée !

Plus de 150 €

Hôtel Conte
Carte p. 28-29 – Face à la baie et près de l'église Saint-Nicolas ☎ 032.373.687 et 067.257.387 (port.), www.hotel-conte.com.
Ce petit hôtel de 6 appart. (2, 3 et 4 pers.) offre un cadre confortable et très soigné. Néanmoins, le « luxe » se paie !

UN PETIT PALACE RIEN QUE POUR SOI !

À Perast, pourquoi ne pas s'offrir le luxe d'une semaine baroque ? Le **palais Mrshe,** un peu retiré sur les hauteurs avec un joli jardin et entièrement rénové dans une veine contemporaine, peut se louer dans sa totalité ou juste en partie. Le petit palais *(small-house)* sur trois niveaux compte 2 ch. doubles.

➤ *Le prix du petit palais en haute saison est de 1 200 €, mais notez qu'il descend à 800 € entre le 1er nov. et le 15 mai. La totalité du palais peut accueillir jusqu'à 20 pers. www.perastpalace.com.*

OÙ MANGER ?

Moins de 10 €

Caffé Armonia
Carte p. 28-29 – Sur le front de mer ☎ 032.373.551.
Snacks, sandwichs, salades servis sous la treille avec vue sur la baie.

Đardin Perast Bar
Carte p. 28-29 – Sur le front de mer.
Dans un jardin face à la mer, quelques tables invitent à une pause. Sandwichs, pizzas et boissons à prix raisonnables.

De 10 à 20 €

Konoba Školji
Carte p. 28-29 – Sur le front de mer ☎ 032.373.653 et 069.419.745 (port.), www.skolji.com.
Cette taverne familiale sert une large gamme de plats d'inspiration italienne, mais aussi des poissons. Gnocchis *(7 €)*, poulet grillé *(6 €)*, tournedos au gorgonzola *(12 €)*, salade grecque *(4 €)*.

➤ LA BAIE DE KOTOR

Visite 3, p. 44
Carte p. 28-29, plan p. 45
Carnet pratique p. 266

Dobrota

Visite p. 51

OÙ DORMIR ?

➤ Hôtels

De 65 à 100 €

Popović Apartments Dobrota
Carte p. 28-29 – Sv. Stasije ☎ 032.305.208 et 069.297.261 (port.).
Depuis cette vaste bâtisse cossue aux pierres apparentes, vous pourrez profiter de la petite plage à ses pieds et de la cité historique voisine. Les chambres avec vue sur la mer sont fonctionnelles, mais la salle de restaurant sans charme.

Plus de 200 €

Palazzo Radomiri
Carte p. 28-29 – Dobrota 220 ☎ 032.333.172, www.palazzoradomiri.com. Piscine, sauna, port privé.

Résidence construite pour le capitaine Marko Tomov Radomiri au début du XVIIIe s. abritant un complexe hôtelier raffiné. Les chambres cultivent le style ancien.

À partir de 240 €

Forza Mare Hotel
Carte p. 28-29 – Ulica Kriva ☎ 032.333.500, info@forzamare.com.
Ce petit hôtel de luxe est un pur bijou fantaisie. La décoration de chaque suite est inspirée d'un coin du monde. Pour parfaire votre séjour, profitez du délicieux restaurant et de l'espace Spa, où éliminer toutes les calories emmagasinées juste à côté !

➤ Appartements

De 30 à 60 €

Vlatko Matkovic
Carte p. 28-29 – Dobrota 123, sur le front de mer ☎ 032.332.047 et 069.505.281 (port.), http://matkovic.montenegro.com. Parking.
Derrière son muret de pierre, cette maison ancienne aux palmiers séculaires possède 2 appart. pour 2-3 et 4-5 pers. De quoi faire le bonheur d'une tribu familiale, surtout si l'on songe à la plage en contrebas et au ponton privé où vous attend une barque. Si la place est prise, on pourra vous proposer 2 appart. pour 3 et 5 pers. dans la maison moderne voisine.

Autour de 50 €

Donkovic
Carte p. 28-29 – Dobrota 174 ☎ 067.235.558 (port.). À réserver sur www.booking.com.
Cette jolie maison de pierre surplombe les bouches de Kotor. L'emplacement est idyllique, à deux pas du rivage et d'un ponton privé. La décoration a un petit air de *bed and breakfast* à l'anglaise. Le choix des couleurs n'y est pas pour rien. L'accueil est très agréable et l'on se sent comme un poisson dans l'eau !

♥ Jovanovic
Carte p. 28-29 – Dobrota bb ☎ 069.055.754 (port.). À réserver sur www.booking.com.
Dans cette maison moderne à 40 m de la mer, Marko a aménagé 4 appart. équipés high-tech, ce qui n'empêche pas le barbecue de fonctionner ! L'accueil est adorable et la vue splendide. Une adresse branchée donc, mais aussi tranquille.

À partir de 50 €

Nikčević
Carte p. 28-29 – Dobrota 2, Sveti Eustahije ☎ 069.520.953 (port.). À réserver sur www.booking.com.
Cette grande maison ocre dispose de 3 studios avec balcon et vue sur la baie. Tonalités provençales, flore tropicale dans le jardin, minipiscine et propriétaires accueillants. Seul inconvénient : la maison est juste au-dessus de la route.

À partir de 70 €

♥ Villa Feja
Carte p. 28-29 – Dobrota bb ☎ 067.825.089 (port.). À réserver sur www.booking.com.
Construite par une architecte serbe, la Villa Feja a, vue de l'extérieur, des airs un peu Années folles, mais ses studios à l'intérieur sont design. De la literie à la douche, tout est blanc. Un chemin mène directement à la plage privée, à 50 m.

OÙ MANGER ?

De 10 à 15 €

♥ Piruni i Ozica
Carte p. 28-29 – Dobrota 208 ☎ 069.416.154 (port.).
Une jolie table en bord de mer très appréciée de la clientèle locale à midi comme le soir. On peut se réfugier sous les voûtes fraîches de la salle ou profiter de la brise sur la terrasse ombragée. Pizzas et brochettes *(autour de 7 €)*.

De 15 à 30 €

Ellas
Carte p. 28-29 – Dobrota bb, sur le front de mer ☎ 069.220.455 (port.).
Avec sa terrasse au-dessus de la baie et ses jardins, ce restaurant sert une incroyable variété de fruits de mer et de poissons, tous excellents. Un très bon rapport qualité-prix-saveur !

Plus de 30 €

Stari Mlini
Carte p. 28-29 – Ljuta ☎ 032.333.555. Ouv. t.l.j. 10h-minuit.
C'est l'une des meilleures tables du Monténégro. Situé entre Kotor et Perast,

cet ancien moulin (1670) traversé par un petit cours d'eau a été converti en Mecque de la gastronomie locale. Le décor est bucolique, l'accueil impeccable. Les serveurs en tenue traditionnelle vous proposent d'excellents plats du terroir mijotés avec soin, du fromage mariné dans l'huile dans des *pile* (pots en terre), des poissons fondants et le fameux gâteau de Dobrota.

Kotor

Visite p. 45

OÙ DORMIR ?

Kotor tend à copier Dubrovnik et à se transformer en ville-musée. Il ne reste d'ailleurs plus que 200 hab. à l'intérieur de ses fortifications.

Si la ville mérite une visite, il est néanmoins conseillé de choisir un hôtel à l'extérieur de ses murailles. Vous profiterez mieux du cadre grandiose du fjord en logeant à Dobrota ou Prčanj. Néanmoins, Kotor se dote peu à peu de boutiques-hôtels très soignés et abordables hors saison.

Réservez en haute saison. Rens. www.tokotor.com et www.montenegro.com.

➤ Auberge de jeunesse

De 13 à 30 €/pers.

♥ Old Town Hostel Kotor
Plan p. 45 / A3 *– Stari Grad 284*
☎ 032.325.317 et 067.737.825 (port.), info@hostel-kotor.me.
Dans les vieux murs de pierre d'un palais, cette auberge de jeunesse a vraiment des airs de grandeur ! Un très bon plan pour les jeunes et moins jeunes, d'autant plus qu'il y a des chambres pour 2 pers. équipées de kitchenette.

➤ Hôtels

À partir de 50 €

Guesthouse VG
Plan p. 45 / A3 *– Gurdica 268, Stari Grad*
☎ 067.914.0501 (port.). À réserver sur www.booking.com.
3 ch. à la déco très bonbonnière : dessus-de-lit à motifs de panthère rouge, fauteuils Louis XVI dorés, paravents capitonnés… seules les pierres apparentes sont authentiques !

Plus de 150 €

Hôtel Vardar
Plan p. 45 / A1-2 *– Trg od Oružja*
☎ 032.325.084, www.hotelvardar.com.
Ce petit hôtel de la vieille ville mise sur l'élégance. La décoration contemporaine dans les tons bronze et chocolat va bien avec le bâtiment.

De 150 à 200 €

Hôtel Astoria
Plan p. 45 / A2 *– Stari Grad 322*
☎ 069.775.522 (port.), www.astoriamontenegro.com.
Ce petit hôtel de charme 4 étoiles installé dans le palais Buca tient ses promesses. Depuis son bar sous les ramures artificielles jusqu'aux chambres, la décoration baroque réussit son pari chic et un peu kitsch ! Si vous voulez une chambre plus au calme, optez pour une sur l'arrière. Hors saison, le prix redescend autour de 120 €.

Hôtel Hippocampus
Plan p. 45 / B1 *– Stari Grad 489*
☎ 078.106.160, www.hotelhippocampus.com.
Ce boutique-hôtel est une belle réussite déco et pourrait figurer dans les magazines. Pour une fois, on ne note aucune fausse note ! Si on veut s'offrir un extra, pourquoi pas celui-ci ?

➤ Appartements

De 55 à 60 €

♥ Vila Ivana
Plan p. 45 / A3 *– Stari Grad 265*
☎ 069.489.434 (port.). À réserver sur www.booking.com.
Adossée aux remparts, la villa d'Ivana est très bien située. Les appartements aménagés récemment (pour 2, 3 et 4 pers.) sont coquets et bien tenus avec des cuisines modernes bien équipées. Même si Ivana ne parle pas l'anglais, et encore moins le français, son accueil est vraiment adorable. Quant à la terrasse perchée sur la muraille, elle est juste sublime.

À partir de 120 €

Cattaro Lux Apartment
Plan p. 45 / B1 *– Ulica 29 Novembra 409, Stari Grad ☎ 067.914.0501 (port.).*

À réserver sur www.booking.com. Séjour minimum : 2 nuits.
Voici un pied-à-terre extravagant qui donne l'impression de tourner dans un film hollywoodien ! De la méridienne dorée digne de Cléopâtre au lit à baldaquin, tout est « too much », mais on s'y plaît.

OÙ MANGER ?

Comme partout ailleurs au Monténégro, la carte est sensiblement la même d'un établissement à l'autre, la fourchette de prix étant resserrée.

De 10 à 20 €

Konoba Cesarica
Plan p. 45 / A1 *– Stari Grad 375, à côté de l'école de musique ☎ 067.227.315 (port.).*
Cette taverne de la vieille ville, tenue par une gentille famille, a su conserver des prix raisonnables. Goûtez à la soupe de poisson, un régal !

La Pasteria
Plan p. 45 / A2 *– Trg Sv. Tripuna ☎ 082.322.269. Petit déj. servi jusqu'à 14h.*
Vous pourrez vous rassasier avec délectation sur une belle terrasse. Et au menu : pâtes, pizzas, sandwichs, crêpes et bons plats de poisson. Le soir, cadre romantique avec lumignons sur les tables.

De 20 à 25 €

Bastion
Plan p. 45 / B1 *– Stari Grad 517, à côté de la porte nord ☎ 032.322.116.*
Ce restaurant classique sait cuisiner à merveille le turbot et le saint-pierre… Une adresse fiable.

Autour de 30 €

♥ **Le Galion**
Plan p. 45 / hors pl. par A3 *– Suranj bb ☎ 032.325.054.*
Le cadre est romantique à souhait – une terrasse contemporaine surplombant la mer avec vue sur les remparts de la cité de Kotor – et la cuisine comme le service sont au diapason, c'est-à-dire tout simplement impeccables. Une vraie bonne adresse à retenir. Et pour parfaire l'ensemble, la carte des vins est bien étoffée.

SORTIR

Maximus
Plan p. 45 / A1 *– À côté de Trg od Oružja ☎ 067.216.767 (port.). Ouv. jeu.-sam. 23h-5h (t.l.j. en été).*
Cette discothèque est le rendez-vous, sur fond de musique mixée par les meilleurs DJs, de toute la jeunesse dorée.

SPORTS ET LOISIRS

Mongibello Taxi Boats
Plan p. 45 / hors pl. par A1 *– ☎ 069.343.546 (port.) ou 069.087.490 (port.), www.montenegrotourboats.me.*
Ces *taxis-boats* organisent des excursions dans les bouches, à Perast, Herceg Novi et dans la péninsule de Luštica. Ils peuvent aussi vous emmener pour des sorties pêche ou plongée sous-marine.

Kotor Bay Tours
Plan p. 45 / hors pl. par A1 *– ☎ 069.674.012 (port.), www.kotorbaytours.com.*
Cette agence propose des activités mêlant sport et plaisir : une journée complète Kayak-Boat-Cycle dans les bouches *(60 €)*, la visite d'une ferme aquacole avec préparation et dégustation de moules *(40 €)*, des sorties en bateau, des locations de VTT *(20 €)*, des randonnées dans le massif de Vrmac *(45 €)*…

Muo

OÙ DORMIR ?

➤ Hôtel

De 30 à 60 €

Hôtel Sind
Carte p. 28-29 *– Muo bb ☎ 032.301.401.*
Cette bâtisse du début du siècle a été restaurée et ressemble aujourd'hui à un grand hôtel balnéaire avec un imposant escalier tournant à trois volées. Décor fonctionnel à l'intérieur. Restaurant.

➤ Appartements

De 30 à 60 €

Studios Rozer
Carte p. 28-29 *– Muo bb, sur le front de mer ☎ 069.429.042 (port.).*

Des petits appartements (2 pers.) très simples et propres avec balcon et vue sur la mer.

À partir de 100 €

Villa Ferri
Carte p. 28-29 – Muo bb, sur le front de mer ☎ 032.336.256, www.villa-ferri.com. Petit déj. compris.
Cette maison traditionnelle les pieds dans l'eau offre des appartements à la décoration soignée. Trois disposent d'une vue sur la mer et un d'une terrasse privée. Les clients pourront emprunter la barque familiale pour explorer les environs.

OÙ MANGER ?

De 15 à 25 €

Konoba Ferri
Carte p. 28-29 – Muo bb, sur le front de mer ☎ 032.336.256.
Le restaurant de la Villa Ferri *(ci-dessus)* est agréable. Entre la terrasse panoramique et la salle intérieure plutôt coquette, vous devrez choisir. Côté carte, aucune nouveauté en revanche !

Prčanj

Visite p. 52

OÙ DORMIR ?

À partir de 50 €

♥ **Old Mariner**
Carte p. 28-29 – Prčanj 136 ☎ 067.213.513 (port.), www.oldmarinerkotor.com.
Du haut de ses quatre siècles, la belle résidence des capitaines au long cours contemple, depuis ses meurtrières, la baie de Kotor. Ses étages ont été restaurés et transformés en 2 appart., 1 suite spacieuse et 1 ch. Vieux murs en pierres apparentes, toiles de maîtres, alcôves et piano à queue tissent le décor. Jardin sur l'arrière et solarium sur les quais !

À partir de 130 €

Splendido
Carte p. 28-29 – Sur le front de mer ☎ 032.301.700, www.splendido-hotel.com.
L'ancien corps de bâtiment, très bien réhabilité, bénéficie d'un emplacement de choix. La décoration des chambres et leur petite taille sont toutefois un peu décevantes pour un quatre-étoiles. Restaurant, piscine, Spa et parking.

À partir de 210 €

Hotel Galathea
Carte p. 28-29 – Prčanj 134 ☎ 069.184.200 (port.), www.septemberhotels.com.
Ce petit hôtel de charme est à un jet de pierre des quais, tout en étant un peu en retrait de la route. Les 7 ch., de style ancien, sont agréables, et le personnel, très professionnel, est aux petits soins. Le petit déjeuner au bord de l'eau est un régal pour les papilles mais aussi pour les yeux.

OÙ MANGER ?

Moins de 5 €

Caffe Centar
Carte p. 28-29 – Sur le front de mer ☎ 032.337.408.
Sur cette terrasse en bord de mer, vous pourrez commander sandwichs, pizzas, hamburgers, salades et glaces.

De 10 à 20 €

♥ **Taverna Kroket**
Carte p. 28-29 – Sur le front de mer ☎ 032.337.133.
À côté d'une chapelle miniature, ce petit restaurant, tenu par un jeune couple aux petits soins, propose 4 menus autour de 10 €. Goûtez donc à la recette du pays appelée *mućkalica*, un genre de cassolette de viande et de légumes.

À partir de 15 €

Konoba Marius
Carte p. 28-29 – Sur le front de mer ☎ 032.338.194.
La terrasse sur pilotis laisse le temps d'admirer la vue sur la baie. Vous pourrez déguster des moules grillées succulentes, spécialité du coin.

Stoliv

OÙ DORMIR ?

À partir de 45 €

Maja Apartmani
Carte p. 28-29 – Vasco Đurović ☎ 069.754.170 (port.).

Les 3 appart. (3-4 pers.) sont récents et fonctionnels, et possèdent chacun une terrasse face à la baie.

➤ LA BAIE DE TIVAT

Visite 4, p. 53
Carte p. 28-29
Carnet pratique p. 266

Tivat

Visite p. 54

OÙ DORMIR ?

La plupart des hébergements sont présentés sur le site www.tivat.travel.

Moins de 30 €

Olga Zornija
Carte p. 28-29 – Donja Lastva, Opatovo ☎ 032.684.572 et 069.089.379 (port.).
Des chambres et studios très clairs. Certains donnent sur la baie et la plage à l'ombre des pins parasols.

De 50 à 80 €

♥ **Ljubica Bujanic**
Carte p. 28-29 – Donja Lastva bb ☎ 069.085.226 (port.).
3 appart. (3 ou 4 pers.) neufs aménagés dans cette demeure de pierres claires face à la plage. Joli jardin.

♥ **Villa Serventi**
Carte p. 28-29 – Lepetane bb ☎ 069.681.931 (port.), www.adriatic-home.com. Séjour minimum : 4 nuits.
Cette maison typique abrite 4 appart. (2, 3 et 4 pers.) refaits avec beaucoup de goût. La cuisine est bien équipée et moderne, et chaque appartement dispose d'une terrasse extérieure. Le quai privé juste à côté permet de lézarder devant le va-et-vient des ferries.

OÙ MANGER ?

De 10 à 20 €

♥ **Prova**
Carte p. 28-29 – Šetalište Iva Vizina ☎ 032.671.468. Menu enfant.
Ce restaurant-bar lounge en forme de navire se dresse sur la promenade de bord de mer. Le parterre sous les palmiers altiers, les fauteuils et canapés confortables, la terrasse comme un pont de bateau, les étranges pieuvres-luminaires forment un cadre agréable et *trendy*. Le service ne vous prend pas pour autant de haut et la carte est simple et fraîche.

De 15 à 25 €

Marzamin
Carte p. 28-29 – Pakovo bb, en dessous de l'hôtel Palma ☎ 032.672.288.
Le restaurant dispose d'une terrasse sous une treille. La rue est paisible, le service attentionné, la carte alléchante, les portions généreuses et les saveurs au rendez-vous. Les prix sont raisonnables.

SPORTS ET LOISIRS

➤ Excursions en mer

Taxi-boat Anita
Carte p. 28-29 – ☎ 032.679.749.

➤ Sports nautiques

Club de voile Delfin
Carte p. 28-29 – ☎ 032.671.377.

Club de plongée Neptune
Carte p. 28-29 – ☎ 069.044.225 (port.). Baptême de plongée 40 €, excursion 2 plongées 70 €.

➤ LA PÉNINSULE DE LUŠTICA

Visite 5, p. 57
Carte p. 28-29

Bjelila

Visite p. 58

OÙ DORMIR ?

À partir de 60 €

Appartement Kostić
Carte p. 28-29 – Bjelila bb ☎ 069.088.130 (port.), www.adriatic-home.com. Séjour minimum : 2 nuits.
Donnant sur le petit port de carte postale de Bjelila, ce studio rénové est un excellent pied-à-terre pour explorer la péninsule ou lézarder sur le ponton face aux îles Stradioti.

Kakrc

Visite p. 58

OÙ DORMIR ?

➤ Hôtel

De 40 à 70 €

♥ Villa Kristina
Carte p. 28-29 – ☎ 068.012.098 (port.) ou 069.495.371 (port.), www.villakristina.me.
Donnant sur le port de Kakrc, cet hôtel-restaurant familial vous réserve un accueil charmant. Entièrement refait, il est divisé en 4 appart. au style impersonnel mais confortables. Le propriétaire parle le français. Le restaurant en terrasse sert une carte traditionnelle, mais dans un cadre d'une tranquillité olympienne !

➤ Appartements

De 40 à 70 €

Marija Balić
Carte p. 28-29 – Obala bb
☎ 067.406.364 (port.).
La maison de Marija Balić, avec sa terrasse surplombant les récifs, est un vrai havre de paix. L'appartement compte 2 ch. et le ponton est juste en dessous.

À partir de 100 €

Vuko A. Brinić
Carte p. 28-29 – ☎ 067.300.728 (port.), vbrinic@co.me.
Cette jolie maison ancienne les pieds dans l'eau, subdivisée en 2 studios, peut être louée dans sa totalité. Petit ponton privé, terrasse, pierres apparentes… Idéal pour une famille de 6 pers.

Klinci

OÙ DORMIR ?

À partir de 40 €

Sky Luštica
Carte p. 28-29 – Nebojša Tomašević, Luštica, Klinci bb ☎ 069.597.080 (port.), www.adriatic-home.com.
2 appart. (pour 3+1 et 6+1 pers.) installés dans une maison sur les hauteurs de la péninsule au beau milieu des oliviers. Le coin est perdu tout en permettant de se rendre facilement sur les jolies plages de la péninsule. Grand jardin et barbecue, deux terrasses avec vue sur la mer. Le transfert de l'aéroport est inclus ainsi qu'une journée d'excursion en bateau vers Mamula, la grotte Bleue…

Krašići

OÙ DORMIR ?

➤ Hôtel

À partir de 80 €

Hotel Anderba
Carte p. 28-29 – Krašići bb
☎ 032.673.027 et 067.497.447 (port.), anderba@t-com.me.
Grand ponton privé avec transats sur la mer et belle terrasse. Si les chambres sont toutes simples, le bar et la salle du restaurant sont vraiment pittoresques !

➤ Appartements

De 100 à 130 €

Villa Mare
Carte p. 28-29 – Krašići bb
☎ 067.611.369 (port.), www.adriatic-home.com. Séjour minimum : 7 nuits.
Cette villa moderne sur les hauteurs de Krašići abrite 6 appart., du studio (2 pers.) au 3-pièces (5 pers.). Les intérieurs sont modernes et habillés de couleurs pimpantes. On aime les balcons avec vue sur mer et la piscine en bas !

Rose

Visite p. 58

OÙ DORMIR ?

De 40 à 70 €

Nataša Mitrovski
Carte p. 28-29 – Sur la péninsule derrière la forteresse ☎ 067.513.337 (port.), www.mitrovski.montenegro.com.
Nichée derrière la forteresse, cette villa récente jouit d'un environnement verdoyant et calme. Sa propriétaire vous accueille les bras ouverts dans une des 2 ch. donnant sur l'Adriatique. Les familles de 4 pers. pourront s'installer dans le petit appartement doté d'une terrasse avec vue dégagée.

Plus de 70 €

Forte Rose
Carte p. 28-29 – Sur la péninsule
☎ *067.377.311 (port.). Ouv. de mi-juin à mi-sept.*
Sur la pointe, la forteresse autrichienne accueille un petit village de vacances destiné aux amoureux de plongée. Entièrement rénovés et équipés d'air conditionné et d'une salle d'eau individuelle, les 15 bungalows microscopiques s'intègrent parfaitement dans le paysage. Chaque jour, une excursion en mer est organisée (plongée, voile, etc.).

OÙ MANGER ?

De 10 à 15 €

Adriatic
Carte p. 28-29 – Sur le port
☎ *069.552.950 (port.). Ouv. 1er mai-déb. oct. : 9h-minuit.*
C'est le lieu hype de Rose. Vous pourrez y goûter avec votre petite troupe, y bruncher en amoureux ou vous y attarder le soir autour d'un verre.

Konoba Aragosta
Carte p. 28-29 – Sur le port
☎ *069.683.638 (port.).*
Si vous avez envie d'un poisson frais, rendez-vous dans cette taverne à la terrasse fréquentée hors saison par les gens du coin. L'huile d'olive parfumée enchante les salades, et la grappa offerte à la fin du repas réchauffe les cœurs ! Nikola, le patron, possède une ferme un peu plus loin et fabrique lui-même son fromage et son eau-de-vie !

Žanjice

Visite p. 59

OÙ DORMIR ?

À partir de 100 €

♥ **Art Media Hotel**
Carte p. 28-29 – Žanjic bb ☎ *069.045.173 (port.) ou 069.344.980 (port.), www.hotelartmedia.com. Demi-pension incluse en été, petit déj. uniquement le reste de l'année.*
Les trois petits immeubles construits entre les pins donnent sur l'adorable baie de Žanjice. Les propriétaires vous accueillent avec une grande gentillesse et proposent quelques soirées thématiques sympathiques en semaine. Les appartements, propres et contemporains, s'ouvrent sur des terrasses privatives. En contrebas, l'hôtel dispose d'un bout de crique pour ses clients.

OÙ MANGER ?

À Žanjice, les restaurants et leurs rangées de transats ont colonisé la plage. Pour un peu de tranquillité, préférez les extrémités ! Sinon, rejoignez la plage de Mirište, où vous pourrez déjeuner plus tranquillement sur la terrasse de son unique restaurant, le ***Mirište****.*

Moins de 10 €

Žanjice
Carte p. 28-29 – Tout au bout de la plage
☎ *069.973.187.*
Le restaurant sert des sandwichs, des hamburgers et des crêpes à toute heure. Petits prix à l'ombre des oliviers pour une pause entre deux baignades !

Plus de 30 €

Ribarsko Selo
Carte p. 28-29 – ☎ *069.101.803 (port.) ou 069.149.119 (port).*
Ce restaurant, installé sur la pointe au bout de la plage et surplombant la mer, a tout l'air d'un bar lounge à la mode. La déco est soignée et le cadre, enchanteur. On ne sert et prépare ici que du poisson (de première catégorie – *45 €/kg* – ou de seconde catégorie – *30 €/kg*). Le prix dépend du poids. Sole meunière ou tartare de saumon, on peut tout vous préparer selon vos désirs. Propose également des appartements et bungalows pour 2 à 4 pers. *(à partir de 110 € en haute saison).*

LA CÔTE ADRIATIQUE

Les prix indiqués pour l'hébergement sont établis sur la base d'une chambre double de catégorie standard, en haute saison, petit déjeuner inclus (sauf pour les auberges et chambres d'hôtes). Ils sont donc susceptibles de varier en fonction de la date de votre séjour et de votre moyen de réservation.

Les tarifs mentionnés pour les restaurants sont calculés sur la base d'un plat du jour ou d'un menu, boisson non comprise.

➤ BUDVA ET SES ENVIRONS

Visite 6, p. 64
Carte p. 62-63, plan p. 65
Carnet pratique p. 267

Budva

Visite p. 65

OÙ DORMIR ?

➤ Auberges de jeunesse

Moins de 30 €

Montenegro Freedom Hostel
Plan p. 65/B1 *– Barjaktarska bb, Stari Grad ☎ 067.523.496 (port.).*
Le Montenegro Freedom Hostel a été élu meilleure auberge de jeunesse du Monténégro par les voyageurs ! La décoration est très sympa, de la cuisine commune aux hamacs suspendus dans le jardin, et l'ambiance conviviale !

Montenegro Hostel Budva
Plan p. 65/B1 *– Vuka Karadzica 12, Stari Grad ☎ 069.039.751 (port.), www.montenegrohostel.com.*
Jouit d'un emplacement au sein de la vieille ville.

➤ Hôtels

Budva compte de nombreux hôtels situés juste à l'extérieur de la vieille ville ou le long de la plage Slovenska. Pour plus de quiétude, mieux vaut choisir un hébergement en retrait, sur les hauteurs. Pour les logements chez l'habitant : www.riviera.net et www.booking.com. Le site www.airbnb.fr commence aussi à disposer d'un bon catalogue.

À partir de 40 €

Hotel Club Slovenska Plaža
Carte p. 62-63 *– Trg Slobode 1 ☎ 033.451.654, www.hgbudvanskarivijera.com.*
Ce gigantesque village de vacances a été rénové il y a peu : voilages en madras, habillage des murs en panneaux de bois, couleurs vives ou pastel… Jolis bungalows aux volets bleus dispersés dans un grand parc, aire de jeux pour les enfants, grande piscine et plage.

De 120 à 140 €

Hôtel Mogren
Plan p. 65/A1 *– Mediteranska 1 ☎ 078.119.511, www.mogrenhotel.com.*
Ouvert en 1935, cet hôtel attirait tout le gotha de l'époque. Aujourd'hui, s'il a perdu un peu de son lustre, il a gardé son charme désuet, et ce malgré le mobilier très *seventies*. Il est idéalement situé, juste à côté de la vieille ville.

Plus de 195 €

Hôtel Astoria
Plan p. 65/A2 *– Njegoševa 4, Stari Grad ☎ 033.451.110, www.astoriamontenegro.com.*
Installé juste derrière les remparts, ce petit hôtel 4-étoiles compte une douzaine de chambres à la décoration monacale très réussie. De son hall bordé d'un rideau d'eau à sa terrasse sur le toit, tout est fait avec goût. On peut profiter de cet environnement de choix en venant simplement y déjeuner ou dîner.

➤ Appartements

À partir de 40 €

Vila da Monte
Carte p. 62-63 *– Topliški Put 29/31 ☎ 067.669.685 (port.), www.adriatic-home.com.*
Cinq logements, de la chambre double à l'appartement pour 4 pers., sur les hauteurs de Budva dans le quartier résidentiel de Babin Do, à 500 m de la plage et à 800 m de la vieille ville. La villa est récente et l'aménagement intérieur confortable et bien équipé.

De 65 à 95 €

Appartement Bella
Plan p. 65/A1 – Vrzdac 3 ☎ 033.452.439.
La villa est située dans une rue tranquille de la vieille ville. Ses appartements au décor soigné possèdent soit une large terrasse, soit des balcons.

De 120 à 200 €

Andjelka Ivanović
Carte p. 62-63 – Lovćenska 9 ☎ 033.456.524 et 067.504.466 (port.), azur@t-com.me.
À côté de la vieille ville, dans une maison entourée de verdure, ce lieu est idéal pour passer des vacances en famille. Jolie terrasse aménagée dans le jardin.

♥ **Melita et Miko Aleksić**
Plan p. 65/B1 – Vuka Karadžića 1, Stari Grad ☎ 033.454.354 et 069.039.438 (port.), www.rivijera.net/smjestaj/aleksic.
À la lisière de la muraille et à 50 m de la plage Pezina, cette maison a été subdivisée en 3 appart. modernes possédant chacun un balcon ouvert sur la mer. Celui du 1er (35 m²) est moins cher car il donne sur les remparts. Les deux autres, plus vastes et situés aux 2e et 3e étages, sont très agréables *(comptez alors plus de 200 € la nuit)*. Les propriétaires, charmants, parlent l'anglais.

Plus de 150 €

Villa Balkan
Plan p. 65/B1 – Vuka Karadžica 2, Stari Grad ☎ 033.403.564 et 069.234.206 (port.). Petit déj. inclus.
Juste à l'intérieur des murailles, cette ancienne villa a été réaménagée en résidence de vacances. Les pièces sont petites, mais l'installation comporte le minimum vital pour un court séjour : kitchenette, espace repas, salle de bains.

OÙ MANGER ?

Budva regorge de restaurants. Les prix sont assez resserrés et les cartes souvent semblables. Vous devrez donc plutôt choisir une ambiance.

Moins de 10 €

♥ **Restaurant Perla**
Carte p. 62-63 – Trg Sunca 2, info@perlabudva.com.
Sur le rond-point juste avant l'arrivée dans la vieille ville, ce restaurant au look ultra-contemporain est un des rendez-vous favoris des habitants de Budva. La décoration style bar lounge est convaincante jusqu'aux toilettes ! La carte permet de manger à la fois selon son appétit et son budget. Snacks ou vrais repas, petits déjeuners ou cocktails, le lieu évolue au fil de la journée.

De 15 à 25 €

♥ **Konoba Feral**
Plan p. 65/A1-2– Trg Palmi 12, Stari Grad ☎ 069.560.232 (port.).
Entre la terrasse sous la treille et la petite salle aux pierres apparentes, l'auberge Feral a su conserver son cachet vieillot. Les habitués viennent ici pour sa paella, ses *vongole* mais aussi sa salade de poulpe !

Caffe Mozart
Plan p. 65/A2 – Njegoševa 1, Stari Grad ☎ 033.451.712.
Un excellent café viennois où les pâtisseries sont un péché de gourmandise. On vient ici autant pour le thé l'après-midi que pour le déjeuner ou le dîner.

Jadran
Carte p. 62-63 – Slovenska Obala 10 ☎ 033.451.028.
Un des restaurants de la plage Slovenska. Tenu par la même famille depuis 1976, il propose une carte alléchante à base de produits de la mer dans un décor soigné de style maritime. Le soir, vous pourrez y dîner face à la vieille ville illuminée.

De 20 à 40 €

Bruno Bar & Restaurant
Carte p. 62-63 – Mediteranska 2, Avala Resort ☎ 033.441.000, www.avala resort.com.
Si l'hôtel Avala Resort n'est pas à la portée de tout le monde, son restaurant Chez Bruno, sans être bon marché, est le genre d'extra qu'on peut s'offrir ! Le lieu est à la fois démesuré et sublime, et la carte à l'italienne raffinée.

SORTIR

Casper
Plan p. 65/B1 – Cara Dusana 10, Stari Grad ☎ 033.402.290 et 069.063.589 (port.).
Ce bar de la vieille ville est tenu par une équipe jeune et dynamique.

Dans la journée, vous pourrez y grignoter un sandwich au pain maison et y siroter un cocktail de fruits. Le soir, l'ambiance musicale dépend de l'humeur du DJ, tantôt jazzy, tantôt drum and bass…

Trocadero Club

Carte p. 62-63 – Mediteranska 4 ☎ 069.069.086 (port.), www.trocadero budva.com.

C'est LA boîte de nuit de Budva ! Sous sa tour Eiffel réduite, toute la jeunesse dorée se retrouve, tandis que les meilleurs DJs montent le son.

Sparta Club

Carte p. 62-63 – TQ Shopping Center, Mediteranska bb ☎ 069.914.914 (port.), www.clubsparta.net.

Installée dans le nouveau centre commercial à la sortie de la vieille ville, cette discothèque a des centaines d'adeptes en saison.

Top Hill

Carte p. 62-63 – Topliski, à env. 3 km N-O du centre-ville ☎ 067.478.888 (port.), www.tophill.me.

Top Hill, perché à 600 m d'altitude sur la colline de Toplis avec vue sur l'Adriatique, est devenu avec le temps la Mecque des nuits électroniques de Budva. Platine DJ, son hyperpuissant, jeu de rayons laser, tous les ingrédients sont là pour danser jusqu'au bout de la nuit.

SPORTS ET LOISIRS

Sur le port de Budva, vous verrez des tas de taxis-boats *prêts à vous emmener en excursion. Des panneaux vous indiquent les heures de départ et les tarifs.*

➤ Agence généraliste

Montenegro Adventure Center

Carte p. 62-63 – Lapčići, Budva ☎ 067.580.664 (port.), www.montenegrofly.com. 65 € le saut en tandem (avr.-sept.), pensez à réserver au moins 24h à l'avance. Autorisation parentale nécessaire pour les enfants.

Ce club organise pour vous des vols inoubliables. Attention, seuls les parapentistes diplômés peuvent voler seuls. Les débutants devront se contenter d'un vol en tandem, avec atterrissage sur la plage de Bečići ou en prairie s'il y a trop de monde sur la plage *(75 € les 30 min)*. Ce centre organise aussi toutes sortes d'excursions : rafting, VTT, randonnées en montagne, plongée… Autre atout, il propose des séjours tout compris, avec logement dans une belle maison à Lapčići et activités dans la journée.

➤ Excursions en mer

Montimare Shop

Plan p. 65 / B1 – Cara Dusana 7, Stari Grad ☎ 033.402.466 et 069.021.922 (port.).

Cette boutique spécialisée dans le matériel de pêche et de plongée organise des sorties sur ses bateaux.

➤ Sports nautiques

Budva Diving

Carte p. 62-63 – Centre installé à Pizana ☎ 068.060.416 (port.), www.budvadiving.com. La sortie avec deux plongées coûte 60 €, la plongée simple 40 €.

Ce club de plongée propose des initiations en bordure de plage et des sorties accompagnées en mer sur une vingtaine de sites.

➤ Parapente

Paragliding Club Soko

Carte p. 62-63 – ☎ 068.649.915 (port.).

Le club organise des vols en parapente à partir des collines qui surplombent le littoral.

➤ Saut

Bungee Jumping

Carte p. 62-63 – Plage Slovenska. Comptez 30 € le saut.

Un saut à l'élastique de 40 m pour les amateurs de sports extrêmes.

Jaz

Visite p. 68

OÙ DORMIR ?

De 40 à 70 €

Villa Sveti Nikola

Carte p. 62-63 – Plaža Jaz, à 5 km O de Budva ☎ 033.463.088 et 069.400.619 (port.), www.adriatic-home.com.

Cette grande villa construite en 2006 sur la colline au-dessus de la plage Jaz est divisée en 6 appart. de 2 + 1 et 4 pers. Si la décoration n'est pas des plus design, le site offre une vue magnifique sur la côte. Chaque appartement est doté d'un balcon.

OÙ MANGER ?

De 10 à 15 €

Poseidon
Carte p. 62-63 – Plaža Jaz, à 5 km O de Budva ☎ 069.411.240 (port.), www.poseidon-jaz.com.
Sous une treille, sa vaste terrasse domine la plage. Le restaurant a sa clientèle d'habitués, entre grandes tablées familiales et couples d'amoureux. Cuisine traditionnelle, poisson et fruits de mer.

➤ LA RIVIERA DE BUDVA

Visite 7, p. 70
Carte p. 62-63

Bečići

Visite p. 71

OÙ DORMIR ?

À partir de 60 €

Hôtel Nion
Carte p. 62-63 – Ivana Gorana Kovačića bb ☎ 068.489.484 (port.), www.adriatic-home.com.
Cette petite structure propose des appartements ou des chambres doubles modernes et assez joliment décorés. La plage est à seulement 200 m !

Plus de 150 €

Splendid
Carte p. 62-63 – Bečići bb ☎ 033.774.774, www.montenegrostars.com. Piscine et spa.
Ce grand complexe hôtelier conjugue luxe, design et plaisir. Les salles de bains sont toutes habillées de marbre. Des mosaïques Bisazza tapissent les murs du bar au dernier étage. Un immense lustre tourbillonne dans le hall d'entrée aux grandes baies ouvertes sur la côte et ses falaises en enfilade. Le buffet du petit déjeuner n'en finit pas de dérouler ses gourmandises de tous les pays !

Blizikuće

OÙ MANGER ?

Paštrovića Dvori
Carte p. 62-63 – Une petite chapelle marque la bifurcation sur la route Adriatique (Jadranski Put) depuis Budva ☎ 067.385.962 (port.). Rés. obligatoire.
Une auberge authentique jouissant depuis sa terrasse d'une fabuleuse vue sur la cote. L'entrée se fait sous la treille. La salle de restaurant est couverte de drapeaux, tableaux et photos anciennes. La cuisine est celle du pays : *buzzara* de moules, calamars grillés, assiette de fromage… On peut aussi venir ici le soir ; le coucher de soleil est divin et la scène animée parfois de spectacles folkloriques. Également 7 ch. d'hôtes.

Petrovac

Visite p. 73

OÙ DORMIR ?

Le site www.petrovacnamoru.com permet de visionner toute l'offre d'hébergement de la localité.

À partir de 80 €

Hotel Đurić
Carte p. 62-63 – Brežine bb ☎ 033.462.005, www.hoteldjuric.com.
Cet hôtel installé dans une vaste villa méditerranéenne dispose de chambres et d'appartements de style classique. On aime la piscine à ses pieds, le patio central et la proximité de la plage.

Hotel Vila Oliva
Carte p. 62-63 – Budva bb ☎ 033.461.194 et 069.300.851 (port.).
À tout juste 50 m de la plage, l'hôtel Vila Oliva, de style contemporain, présente côté rue ses enfilades rigoureuses de balcons. Ses chambres et appartements sont clairs et design. Piscine paysagère au milieu des oliviers.

À partir de 120 €

Hotel Petrovac
Carte p. 62-63 – Mirišta bb ☎ 033.461.832 ou 033.461.831, hotelpetrovac@t-com.me.
Cet immeuble moderne propose des chambres doubles et 2 appart. avec balcon et vue sur la mer. Chaque chambre a sa personnalité.

Plus de 140 €

Rivijera
Carte p. 62-63 – À l'E de la plage municipale ☎ 033.422.100, www.hotel-rivijera-montenegro.com.
Cet hôtel moderne offre un environnement tranquille avec son parc arboré, sa piscine et ses trois plages, dont une privée, l'adorable Sveta Nedjela. Les sportifs pourront pratiquer tennis, basket et volley. Chaque chambre est dotée d'un balcon. Possibilité de demi-pension.

OÙ MANGER ?

Moins de 10 €

Panini
Carte p. 62-63 – Sur le front de mer ☎ 069.017.867 (port.).
Vous pourrez y acheter des pâtisseries, des sandwichs ou des glaces torsadées. Quelques tables en terrasse face à la plage municipale.

Pizzeria Kiss
Carte p. 62-63 – Sur le front de mer ☎ 069.017.825 (port.).
Sur la promenade, cette terrasse sert des snacks à toute heure. On profitera ainsi du paysage à moindres frais.

De 10 à 15 €

Pinus Maritimum
Carte p. 62-63 – Plaža Lučice ☎ 068.166.666 (port.).
Une pizzeria en équilibre au-dessus des flots ! Le site est renversant et les prix alléchants.

De 15 à 20 €

Konoba Mediterraneo
Carte p. 62-63 – Obala 17 ☎ 033.401.612 et 069.562.408 (port.), www.mediterraneo.me. Rés. conseillée.
Dans ce restaurant installé sur la promenade, vous pourrez goûter un délicieux filet de poisson à la dalmate avec blettes et pommes de terre *(10 €)*. Jolie terrasse.

SPORTS ET LOISIRS

Rent a Boat Tourist Embassy
Carte p. 62-63 – Port de Petrovac.
Ce club installé au bout de la jetée organise des sorties en mer, virées de pêche, journées à la plage de la Figue, découverte des îlots Katic…

Pržno

Visite p. 71

OÙ DORMIR ?

➤ Hôtel

À partir de 137 €

Hotel Residence
Carte p. 62-63 – Miločer ☎ 033.427.100, www.residencemontenegro.com.
Cet immeuble récent planté sur la colline jouit d'une vue sur la jolie plage de Miločer. La décoration est très design et la piscine sur le toit un must !

➤ Appartement

De 45 à 65 €

Slavković
Carte p. 62-63 – Podlilicak, ☎ 067.241.418 (port.), aleksandarbd@t-com.me.
La maison surplombe le joli village de Pržno et propose un appart. pour 4 pers. La famille Slavković saura vous faire apprécier votre séjour dans ce coin privilégié du Monténégro. Vous ne regretterez pas vos longues soirées sur la terrasse au-dessus des oliviers !

OÙ MANGER ?

Moins de 10 €

La Capitale
Carte p. 62-63 – Plage de Kamenovo. Ouv. mai-oct. : t.l.j. 8h-20h.
Un bar lounge de plage avec chaises longues sous les palmiers et parasols au bord de l'eau. On peut y manger hamburgers, *fish & chips*, salades et sandwichs ou y siroter des cocktails.

De 20 à 35 €

♥ **Blanche**
Carte p. 62-63 – Obala 11 ☎ 068.223.711 (port.). Ouv. mai-oct.

Voici un restaurant qui détonne dans le paysage gastronomique monténégrin. Ici, le décor contemporain est aussi épuré que le nom. La terrasse surplombe la mer et le coucher de soleil est d'un romantisme absolu. La carte, originale, propose des plats inspirés par l'Italie.

♥ **Zoff**
Carte p. 62-63 – Après la plage Kamenovo ☎ 069.425.874 (port.).
Un petit coin de paradis loin du monde. Même si le poisson est délicieux, gardez un peu de place pour le dessert et goûtez aux *ruštule*, qui ressemblent aux oreillettes du sud de la France.

Konoba Kod Zaga
Carte p. 62-63 – Obala 5 ☎ 033.468.463 et 069.023.425 (port.).
Le patron, Mitrovic Zago, préfère proposer une carte restreinte mais authentique.

♥ **Konoba Langust**
Carte p. 62-63 – Obala 34 ☎ 033.468.369 et 069.023.559 (port.).
Une des meilleures tables de la côte ! La qualité de ses produits en fait un rendez-vous assez huppé, même si le décor reste simple. Entre poissons, langoustes et calamars, les papilles sont à la fête.

Konoba More
Carte p. 62-63 – Obala 18 ☎ 033.468.255.
Dans cette auberge au décor rustique, vous savourerez de délicieux plats de la mer. Depuis la terrasse, la vue sur Budva est superbe.

Rafailovići

OÙ DORMIR ?

De 130 à 150 €

Appartements Svetionik
Carte p. 62-63 – ☎ 033.404.032, www.apartmanisvetionik.com.
Cette résidence toute neuve est située au bout du quai de Rafailovići, à l'orée d'une jolie plage. Elle propose des studios pour les vacances à l'équipement impeccable avec un service haut de gamme. Pour avoir un balcon avec vue sur la mer, choisissez les studios de catégorie A (pour 2 à 5 pers.).

OÙ MANGER ?

De 15 à 25 €

Tri Ribara
Carte p. 62-63 – Bećicka Plaža 35 ☎ 033.471.050.
Sur la promenade face à la mer, cette auberge familiale sert d'excellents poissons.

Reževići

Visite p. 72

OÙ DORMIR ?

À partir de 35 €

♥ **Sandra Pribilović**
Carte p. 62-63 – ☎ 069.324.781 (port.), www.skocidjevojka.me. Piscine.
Dans cette maison à flanc de colline, vous vous sentirez un peu comme chez vous. La belle-fille parle l'anglais. Accès à des calanques désertes et à une plage de galets en 10-15 min.

OÙ MANGER ?

De 20 à 35 €

♥ **Izvor**
Carte p. 62-63 – Rijeka Reževića ☎ 033.468.316 et 069.038.011 (port.).
Ce restaurant attire une foule d'habitués. Ses recettes maison font le bonheur des gourmands.

Sveti Stefan

Visite p. 72

OÙ DORMIR ?

De 45 à 65 €

♥ **Vila Ljubisa**
Carte p. 62-63 – Ulica Slobode 20a ☎ 033.468.750 et 069.208.491 (port.).
Dans cette villa moderne, les chambres et appartements ont été meublés dans un esprit épuré qui fait la part belle à la vue, sur l'Adriatique ou sur les oliviers.

À partir de 50 €

♥ **Apartmani Đurašević**
Carte p. 62-63 – Blizikuće ☎ 069.549.550 (port.) ou 068.311.701 (port.), www.apartments-djurasevic.com.

Des ch. (2 pers.) et appart. (4 pers.) sur les hauteurs. Le lieu est à la fois retiré et tout près de la mer, et la piscine juste à vos pieds. Un bon coin pour explorer la côte sans être dans la foule non-stop.

De 65 à 95 €

Vila Drago
Carte p. 62-63 – Ulica Slobode 32 ☎ 033.468.477 et 069.032.050 (port.), www.viladrago.com.
Cette pension de famille réserve à ses visiteurs un accueil chaleureux. Les chambres comme les appart. (pour 4 à 6 pers.) sont propres et possèdent des balcons avec vue sur la mer ou sur les montagnes. Le restaurant propose un service allant du petit déjeuner au dîner.

OÙ MANGER ?

De 15 à 30 €

♥ **Gostionica Paštrovića Dvori**
Carte p. 62-63 – Blizikuće ☎ 033.468.162 et 067.385.962 (port.).
Une auberge perchée avec une vue imprenable sur la côte et Sveti Stefan.

➤ LA RIVIERA DE BAR

Visite 8, p. 74
Carte p. 62-63
Carnet pratique p. 267

Bar

Visite p. 76

OÙ DORMIR ?

La ville moderne de Bar présente peu d'intérêt. Mieux vaut donc choisir un hébergement soit sur la côte un peu plus loin, soit vers le lac Skadar.

De 30 à 40 €

Marta Vojvodic
Carte p. 62-63 – Celuga 35 ☎ 067.642.401 (port.), www.adriatic-home.com. Séjour minimum : 3 nuits.
Une petite maison très années 1950 au milieu d'un grand jardin dans la banlieue de Bar. Seul problème, la propriétaire ne parle que le croate !

De 40 à 50 €

Hôtel Pharos
Carte p. 62-63 – Topolica III, www.hotel-pharos.com.
Cet hôtel, malgré une position un peu excentrée par rapport à la plage, jouit d'un environnement tranquille au beau milieu des oliviers avec des aires de jeux pour les enfants et une jolie terrasse. Les chambres sont assez spacieuses mais sans charme particulier.

De 130 à 200 €

Hotel Princess
Carte p. 62-63 – Jovana Tomaševića 59 ☎ 030.312.510, http://hotelprincess.montenegro.com.
Hôtel de luxe aménagé sur la promenade du bord de mer.

OÙ MANGER ?

Moins de 5 €

Ciao
Carte p. 62-63 – Šetalište Kralja Nikole bb ☎ 067.658.226 (port.).
Sandwichs et pizzas à emporter et à grignoter sur la jolie promenade, face à la mer.

De 10 à 20 €

♥ **Knjaževa Bašta**
Carte p. 62-63 – Jovana Tomaševića 11 ☎ 030.312.601.
Installé dans les anciennes serres du palais du roi Nikola, ce restaurant propose une carte classique offrant une large palette de prix, entre des salades composées *(6,90 €)*, des pâtes *(4,90 €)* et des plats de viande ou de poisson *(entre 10 et 15 €)*. Le lieu ombragé est d'une agréable tranquillité et est idéal pour déjeuner avec des enfants qui ont besoin de gambader !

Buljarica

Visite p. 75

OÙ DORMIR ?

De 45 à 65 €

Savojo
Carte p. 62-63 – Plage de Buljarica ☎ 067.221.442 (port.), www.hotelsavojo.com.

Voici une adresse décalée pour ceux qui n'ont pas peur du dépaysement. Sur ce bout de plage, il faut s'attendre à une ambiance à la Kusturica. Ici, rien n'est de bon goût, mais vous serez près des embruns et des joueurs de pétanque !

À partir de 150 €

♥ **Monte Bay Villa**
Carte p. 62-63 – ☎ 033.461.766 et 067.281.647 (port.), www.montebay villa.com. Piscine.
Dans cette maison aux allures de palais florentin, tout a été pensé pour que les hôtes se sentent chez eux. Lors des soirées d'hiver, un feu crépite dans la cheminée, tandis qu'au printemps l'apéritif est servi sur la terrasse ouverte sur les marais et l'Adriatique. La maîtresse des lieux, Nataša Špirić, et son mari Mirko, amoureux de leur pays, vous fourniront des tas d'idées de visites ! Pour parfaire le tout, la table est à la hauteur du gîte. Comptez 10 € pour une *brusciatta* et 24 € pour un filet de bar.

Čanj

OÙ DORMIR ?

De 25 à 30 €

Zoran Zec
Carte p. 62-63 – Plaža bb ☎ 030.377.068 et 069.440.750 (port.), rabbit@co.me.
Une maison blanche les pieds dans l'eau à côté d'une plage privée. En bas, un restaurant donne sur le large. Venez de préférence en juin ou début septembre pour éviter la foule sur la plage. Également des appart. *(3 à 6 pers., 55 à 85 €).*

Biserna Obala
Carte p. 62-63 – Plaža bb ☎ 030.663.684.
Certes, cet immense hôtel n'est pas très séduisant, mais il bénéficie d'un emplacement de choix, sur la plage dite « de la Perle ». C'est un bon point de départ pour explorer l'arrière-pays.

De 30 à 40 €

Vila Fontana
Carte p. 62-63 – ☎ 030.377.048, http://vilafontana.rs.
Au-dessus de la plage de la Perle, c'est une pension de famille proposant une pension complète à prix très compétitifs.

Dobra Voda

OÙ DORMIR ?

De 25 à 35 €

Ismeta Kurtagić
Carte p. 62-63 – Ulica 85 ☎ 067.574.756 (port.), www.kurtagic.net.
Dans cet immeuble perché sur les hauteurs, à 400 m de la plage, les studios (4 pers.) possèdent un balcon tourné vers la mer et une kitchenette. La propriétaire est pleine d'attentions, du café du matin aux conseils d'excursions.

À partir de 65 €

♥ **Appartements Elite**
Carte p. 62-63 – Marin Ploča bb ☎ 069.274.375 (port.), milosmar@t-com.me.
Tout au bout de la plage, cet immeuble blanc offre des ch. et appart. (pour 2 et 4 pers.) clairs et fonctionnels. La crique aménagée, à l'écart de la foule, est très agréable, et l'ambiance dans l'auberge située au rez-de-chaussée est sympathique.

Stari Bar

Visite p. 76

OÙ MANGER ?

De 5 à 10 €

♥ **Konoba Bedem**
Carte p. 62-63 – ☎ 069.777.220 (port.).
Une petite taverne absolument adorable où l'on sert, sous l'auvent ou dans la salle, des pizzas, des kebabs *(5 €)*, des salades, des yogourts aubergine-courgette…

De 10 à 20 €

♥ **Konoba Kaldrma**
Carte p. 62-63 – ☎ 030.341.744. Ouv. t.l.j. 10h-22h.
Cette jolie maison de poupée, avec sa terrasse sous la treille, ses coussins fleuris et ses plantes vertes dans des seaux, donne irrésistiblement envie de s'asseoir un moment. Membre de l'association Slow Food, le restaurant propose une carte courte avec quelques spécialités, dont l'agneau rôti *(9,50 €)* ou l'aubergine à la tomate.

De 15 à 25 €

Konoba Spilja

Carte p. 62-63 – Ulica Glavna ☎ 030.340.353, www.konobaspilja.me.

Juste à côté des fortifications de Stari Bar, cette petite auberge au décor plutôt rustique sert des plats copieux et alléchants.

SHOPPING

Bedem

Carte p. 62-63 – Ouv. 9h-minuit. F. nov.-déc.

Ne manquez pas de vous arrêter dans cette épicerie fine. Vous pourrez y trouver une collection d'huiles d'olive de première pression à froid, de crus du pays sélectionnés avec attention et d'eaux-de-vie à rapporter.

Gavadolla

Carte p. 62-63 –Un peu plus haut que Bedem (ci-dessus), dans la ruelle sur la g.

Cette petite boutique aux volets bleus propose une sélection de produits d'artisanat : napperons, bols et couverts en bois d'olivier, tapis tissés, vins et huiles d'olive.

Marché traditionnel

Carte p. 62-63 – Tous les ven. matin.

Les maraîchers et les agriculteurs des environs, certains habillés en costume traditionnel, proposent sur leurs étals colorés des citrons et pamplemousses de leur jardin, du raisin, des olives, de l'huile, du miel, des figues séchées, du fromage de chèvre, du linge, etc.

Sutomore

Visite p. 75

OÙ DORMIR ?

➤ Hôtels

À partir de 50 €

Mirela Hotel

Carte p. 62-63 – Mirosica 2. À réserver sur www.booking.com.

Vers le haut du bourg, cet établissement 2-étoiles vous réserve un accueil chaleureux. Boris, le patron, est à votre écoute et fera tout pour agrémenter votre séjour de la meilleure façon. Si les chambres sont juste fonctionnelles, le jardin est vraiment joli et la piscine très agréable.

De 80 à 160 €

♥ **LoveLive Hotel**

Carte p. 62-63 – Obala Iva Novakovica 15 ☎ 030.550.308. Piscine et plage privées.

Ce petit hôtel 4-étoiles propose des chambres avec balcon et vue sur mer. C'est un bijou contemporain accroché au bout de la plage de Sutomore. La décoration est soignée et réussie. Terrasse ombragée.

➤ Appartements

De 20 à 40 €

Vuković Apartments

Carte p. 62-63 – Zagrađe bb ☎ 069.228.089 (port.), www.adriatic-home.com.

4 studios dans une villa contemporaine entourée d'une pinède. On aime les couleurs acidulées et les papiers peints de la décoration, la terrasse privée et le calme de cette villa au bout d'une allée de cyprès. À seulement 5 min de la plage sauvage Maljevik.

De 50 à 60 €

Résidence Monterama

Carte p. 62-63 – Zelen 64 ☎ 030.373.415, www.montenegro-apartment.com.

Dans cette petite résidence perchée sur la colline au bout de la plage de Sutomore, vous pourrez admirer au calme le coucher du soleil depuis les terrasses. L'espace intérieur est bien agencé.

OÙ MANGER ?

Moins de 5 €

Cudesa od Mesa

Carte p. 62-63 – Au bout vers l'O de la promenade du front de mer. Ouv. mai-sept. : 9h-1h.

Ce grill prépare des tortillas remplies de viande, saucisse, lard de votre choix pour seulement 2 €.

De 15 à 25 €

Izvor

Carte p. 62-63 – Obala Iva Novakovica bb ☎ 069.032.821 (port.).

Le restaurant au pied de l'hôtel propose une carte appétissante où une large place est réservée au poisson. Vous pourrez le déguster sur la grande terrasse face à la mer.

➤ LA RIVIERA D'ULCINJ

Visite 9, p. 79
Carte p. 62-63, plan p. 81
Carnet pratique p. 268

Ada Bojana

Visite p. 83

OÙ DORMIR ?

➤ Hôtel

De 50 à 80 €

Ada Bojana
Carte p. 62-63 – ☎ 030.411.351, www.ulcinjska-rivijera.com. Formule en demi-pension.
Ce village de vacances naturiste installé sur l'île d'Ada Bojana jouit d'un environnement de rêve en bord de plage mais tombe un peu en décrépitude. Une partie du village est réservée à la clientèle non naturiste.

➤ Appartements

À partir de 25€

Appartements Ada Bojana
Carte p. 62-63 – Gornji Štoj ☎ 069.829.296 (port.) ou 069.602.113 (port.), www.ada-bojana.net.
Cette grande maison moderne située tout près de la rivière offre des appartements bien aménagés avec kitchenette et balcon. Les enfants pourront jouer dans le jardin équipé de toboggans et de balançoires. Idéal pour des vacances en famille.

OÙ MANGER ?

De 15 à 30 €

Riblja Čorba
Carte p. 62-63 – Juste à côté du pont reliant l'île à Ulcinj.
Une bonne adresse sur la rivière. Goûtez donc à sa fameuse soupe de poisson qui ferait pâlir de jalousie notre bouillabaisse !

Ulcinj

Visite p. 80

OÙ DORMIR ?

➤ Hôtels

Autour de 20 €

Vila Zuto
Plan p. 81 / A3 – Stari Grad, br. 40 ☎ 030.421.945 et 069.976.404 (port.).
Les propriétaires de cette vieille demeure agrémentée d'un petit jardin ont aménagé un petit appart. avec 2 ch., une cuisine, une salle de bains et une terrasse. L'accueil y est très avenant. Zuto, le propriétaire, est un cuisinier professionnel. Vous pouvez donc opter pour la formule pension.

De 50 à 80 €

Hôtel Albatros
Plan p. 81 / hors pl. par B3 – Steva Dakonovica bb ☎ 030.423.263, www.albatros-hotels.com. Tennis, sauna.
Noyé dans la verdure, ce complexe hérité des années 1970 jouit d'une situation idéale avec trois merveilleuses criques à proximité. Ses chambres doubles dotées d'un balcon avec vue sur mer sont simples mais bien tenues. Évitez celles du bâtiment B, plus décrépies. Les sportifs pourront ici s'adonner au tennis, à la plongée sous-marine, à la voile… Grande terrasse ouverte sur la pinède.

Mediteran Resort
Plan p. 81 / B3 – Mujo Ulqinaku ☎ 030.403.124, www.hotel-mediteran.com.
Récemment privatisé et rénové, cet établissement propose des chambres doubles avec balcon donnant sur la mer et la vieille ville. Mala Plaža est à deux pas.

À partir de 75 €

♥ **Haus Freiburg**
Plan p. 81 / B2 – Pinjes bb, Mali i Zi ☎ 030.403.008, villafreiburg@gmail.com.
Ce petit hôtel perché sur les hauteurs au-dessus de la pinède est très bien tenu par des Allemandes. Le petit déjeuner est servi sur le toit, au bord de la piscine.

À partir de 100 €

♥ Dvori Balšića et Palata Venezia
Plan p. 81/A3 – ☎ 030.421.609 et 067.600.405 (port.), www.realestate-travel.com.
Cet établissement occupe les deux palais les plus prestigieux de la vieille ville, Dvori Balšića et Palata Venezia. Sa décoration date un peu, mais le lieu ne manque pas de charme. Si vous n'y dormez pas, arrêtez-vous sur sa terrasse le temps d'un verre ou d'un repas.

➤ Appartements

À partir de 35 €

Appartements Eneida
Plan p. 81/A2-3 – Liman 17
☎ 030.402.052 et 069.024.761 (port.), www.eneida-ul.com.
De l'autre côté de la vieille ville, sur la jolie plage de Liman, deux villas méditerranéennes voisines abritent 6 appart., du studio 2 pers. *(de 34 à 64 €)* au trois-pièces pour 5 pers. *(de 98 à 170 €)*. Murs blancs, style contemporain et surtout vue formidable sur les alentours. Les piscines dans le jardin ajoutent encore à la magie des lieux.

OÙ MANGER ?

Ulcinj est une ville où l'on mange bien. La vieille ville regorge de restaurants offrant à la fois une carte à des prix abordables et un panorama époustouflant. On peut aussi acheter sur le front de mer un burek, friand au fromage ou à la viande, à emporter (1 €). Plus à l'est, sur l'estuaire de la Bojana, juste à côté du pont qui enjambe la rivière, une poignée de restaurants avec terrasse sur pilotis proposent des repas à toute heure.

De 10 à 20 €

♥ Antigona
Plan p. 81/A3 – Stari Grad
☎ 069.154.117 (port.).
Juste au-dessus des flots, au cœur de la vieille ville, cette auberge est tenue par le sympathique Albert Bushati. Le patron vous propose des poissons savoureux, des fruits de mer ou des kebabs.

♥ Aragosta 2
Plan p. 81/hors pl. par B3 – Ulica Dakanovica, en contrebas de l'hôtel Albatros (ci-contre) ☎ 069.692.008 (port.). Ouv. juin-sept. : t.l.j. 8h-2h.
Ce *beach bar* ressemble à une robinsonnade avec ses pontons en bois surplombant les eaux turquoise de l'Adriatique. La carte est abordable et appétissante, le cadre absolument enchanteur. Vous dînerez sous les pins à la lueur des photophores et au son d'un orchestre tsigane.

♥ Teuta
Plan p. 81/A3 – Stari Grad
☎ 030.421.442 et 069.293.347 (port.).
Au bord de la muraille avec vue sur Mala Plaža, Teuta propose des spécialités locales très savoureuses. Attention, si vous voulez goûter l'agneau à l'orientale *(ulcinjska tava)* ou le ragoût de veau à la tomate *(mučkalica)*, il faut passer commande 2h avant. Les poivrons farcis sont délicieux, tout comme la friture.

SORTIR

*À Ulcinj, l'**avenue Gjergj Kastrioti Skënderbeu** (plan p. 81/B1) est très animée le soir. Dans cette artère qui descend vers la plage, **bars et fast-foods** se succèdent.*

Plan B Pub
Plan p. 81/A3 – Mala Plaža.
Ouv. 8h-minuit.
Divans, coussins colorés, tables hautes jusque sur le port. L'endroit idéal pour un apéritif en musique.

Lounge Pub Charlie
Plan p. 81/B2 – Ulica B27 ☎ 069.822.192 (port.). Ouv. t.l.j. 6h30-3h.
DJ tous les soirs après 22h. Le rendez-vous branché d'Ulcinj.

SPORTS ET LOISIRS

D'Olcinium Diving Club
Plan p. 81/B3 – Mala Plaža
☎ 067.319.100 (port.), www.uldiving.com. 60 € la journée avec 2 plongées et déjeuner compris, 25 € le baptême.
Possibilité de simplement louer masque, tuba et palmes. Les enfants à partir de 12 ans peuvent suivre les sessions. Les moniteurs, expérimentés, parlent l'anglais.

Velika Plaža

Visite p. 83

OÙ DORMIR ?

➤ Campings

Moins de 5 €/pers.

Tomi Camping
Carte p. 62-63 – ☎ 030.455.022, www.autokamptomi.com. Ouv. avr.-oct.
Un camping au milieu de la verdure avec une plage de 3 km de long à ses pieds ! Pourquoi chercher plus loin ?

À partir de 10 €/pers.

Camp Site Tropicana Beach
Carte p. 62-63 – ☎ 069.036.475 (port.).
100 emplacements pour camping-cars avec un restaurant, deux bars, des terrains de sport.

➤ Appartements

De 35 à 55 €

Appartements Rest House Ponte
Carte p. 62-63 – Pinjes bb ☎ 069.461.018 (port.), www.adriatic-home.com.
8 appart. quasiment les pieds dans l'eau tout au début de la Grande Plage.

De 45 à 80 €

Appartements Bazar
Carte p. 62-63 – Velika Plaža bb, Rt Đerane ☎ 069.615.087 (port.), info.ap.bazar@gmail.com.
Dans cette grande villa blanche avec piscine entourée d'un jardin soigné, 5 appart. de 45 à 70 m² ont été aménagés. Si la décoration n'est pas extraordinaire, le site l'est.

OÙ MANGER ?

Quelques restaurants de plage se partagent Velika Plaža. Ils offrent à peu près tous la même carte, des glaces et des boissons, des salades, des pizzas et quelques plats de poisson et de viande. Ils louent parasols et matelas de plage.

Plaža Copacabana
Carte p. 62-63 – Borisa Kidrita bb ☎ 030.457.356.

Plaža Miami Beach
Carte p. 62-63 – Velika Plaža bb ☎ 030.423.500.

Plaža Safari
Carte p. 62-63 – Majka Tereze bb ☎ 030.455.486.

SPORTS ET LOISIRS

Dragon Project
Carte p. 62-63 – ☎ 063.620.911 (port.) ou 069.640.800 (port.), www.dragonproject.me. Ouv. avr.-oct.
Cette école de surf est installée sur trois spots : la plage du Lido vers Ulcinj, la plage Copacabana sur Velika Plaža et Ada Bojana. Cours d'initiation de 3h *(120 €)* et cours collectifs *(30 €/h)*.

Kite Surf Dolcinium Club
Carte p. 62-63 – ☎ 069.330.492 (port.) ou 069.408.032 (port.), www.kitesurfclub.me. Ouv. mai-oct.
Location de matériel et stages d'initiation ou de perfectionnement au kitesurf.

Vladimir

Visite p. 85

OÙ DORMIR ?

À partir de 100 €

Shasi
Carte p. 62-63 – Lac Šasko ☎ 069.830.190 (port.).
Installée au bord du lac Šasko, cette petite auberge adossée à une falaise est une retraite tranquille où vous serez vraiment à l'écart de la civilisation. Les logements, récents, sont confortables. Le restaurant sert des carpes et des anguilles très savoureuses.

L'ARRIÈRE-PAYS

Les prix indiqués pour l'hébergement sont établis sur la base d'une chambre double de catégorie standard, en haute saison, petit déjeuner inclus (sauf pour les auberges et chambres d'hôtes). Ils sont donc susceptibles de varier en fonction de la date de votre séjour et de votre moyen de réservation.

Les tarifs mentionnés pour les restaurants sont calculés sur la base d'un plat du jour ou d'un menu, boisson non comprise.

➤ LE LAC SKADAR ET LA KRAJINA

Visite 10, p. 88
Cartes p. 87 et p. 90-91
Carnet pratique p. 268

Brajše

OÙ DORMIR ?

À partir de 25 €

Motel-restorant Panorama
Carte p. 90-91 – Sur la route entre Ulcinj et le lac ☎ 069.850.466 (port.), restoran_panorama@hotmail.com.
La vue de cette auberge suffit pour qu'on s'y arrête. Vous contemplerez à l'est Skodra, au bord du lac, le delta de l'Ada Bojana et la mer plus loin vers le sud. L'accueil adorable est une autre bonne raison pour s'asseoir à une table *(comptez 10 à 15 € le repas)* ou pour passer la nuit.

Ostros

Visite p. 97

OÙ MANGER ?

De 10 à 20 €

Hasan Boljević
Carte p. 90-91 – Sur les hauteurs d'Ostros ☎ 069.448.939 (port.).
La famille Boljević accueille les visiteurs dans sa ferme à l'orée de la forêt. Pratiquant une agriculture bio, Hasan propose à ses hôtes, après un tour dans son potager, ses douze puits d'eau fraîche et ses champs de tabac, quelques saveurs maison : châtaignes grillées, fromage, olives…

Rijeka Crnojevića

Visite p. 93

OÙ MANGER ?

De 10 à 20 €

Poslednja Luka Restaurant
Carte p. 90-91 – En sortant de Rijeka Crnojevića dir. Podgorica par l'ancienne route ☎ 041.239.527.
Après les virages sur l'ancienne voie remontant vers Podgorica, attardez-vous dans cette délicieuse auberge au bord de la rivière Crnojevića (près de l'hôtel Panorama-Gazovida). La truite grillée est une merveille, le vin local aussi ! Les gens du coin aiment bien s'y retrouver.

♥ **Rijeka Gostiona**
Carte p. 90-91 – Rijeka Crnojevića bb.
Sur la belle promenade réaménagée, cette auberge jouit d'une grande terrasse à l'esprit un peu bar lounge et d'une salle intérieure aux murs en vieilles pierres et au plancher d'époque. On apprécie ici les tables nappées, le service attentionné et les spécialités maison comme l'anguille ou la carpe.

Plus de 25 €

♥ **Stari Most**
Carte p. 90-91 – Sur la promenade au bord de la rivière ☎ 041.239.505 et 067.339.429 (port.).
Qui pourrait se douter que dans ces confins assoupis se trouve l'une des meilleures tables du pays ? Installée sur la promenade plantée de magnolias et de palmiers, c'est une véritable institution. Sa soupe de poisson est un régal, et son anguille cuisinée un péché !

SPORTS ET LOISIRS

Kayakmontenegro.com
Carte p. 90-91 – 35 € la demi-journée, 50 € la journée.

Cette agence propose des sorties accompagnées en kayak.

Virpazar

Visite p. 89

OÙ DORMIR ?

➤ Hôtels

De 40 à 60 €

Hotel Vir
Carte p. 90-91 – Après le petit pont sur le bord du lac ☎ 020.711.120, reservations@atlashotelsgroup.com.
De l'autre côté du petit pont, cet hôtel surplombe le lac. Chaque chambre, à l'ameublement fonctionnel, possède une terrasse agréable avec vue sur le lac. Le hall et la salle de restaurant semblent tout droit sortis des années 1970.

♥ Chambres de Biba
Carte p. 90-91 – Sur la pl. principale, juste au-dessus du bar Biba ☎ 020.711.200 et 069.459.759 (port.). Petit déj. en sus.
Les chambres récentes et très joliment décorées, équipées d'une salle de douche contemporaine, feront un excellent pied-à-terre. Certaines s'ouvrent sur un balcon avec une vue absolument magnifique.

➤ Appartements

À partir de 10 €/pers.

Apartments Pečurica
Carte p. 90-91 – Virpazar bb, sur la pl. principale ☎ 020.715.118 et 067.683.208 (port.), http://outdoorandmore.me/en/apartments-pecurica.
Ce petit établissement propose 35 lits répartis dans des chambres colorées au confort simple mais sympathique. Il dispose d'une grande cuisine que les hôtes peuvent se partager et une auberge se trouve en bas. La boulangerie est attenante : très pratique pour le petit déjeuner !

À partir de 30 €

Appartements Jovanović
Carte p. 90-91 – Virpazar bb ☎ 020.711.110 et 069.583.233 (port.), sladjanaajovanovic@yahoo.com.
Cette grande villa un peu kitsch avec ses balustrades colorées est située au bord d'un méandre du lac Skadar, juste à côté du pont de Virpazar. Si la décoration date plutôt, l'accueil est charmant et chaque studio (2-4 pers.) s'ouvre sur un balcon ou une terrasse.

Appartement Cave
Carte p. 90-91 – Virpazar bb ☎ 067.683.208 (port.), http://outdoorandmore.me/en/cave-apartment.
1 appart. troglodytique et tempéré (3 pers.) avec kitchenette dans une jolie maison ocre et des hôtes qui parlent l'anglais. Un vrai bon plan pour l'été !

OÙ MANGER ?

De 10 à 15 €

Restaurant Silistria
Carte p. 90-91 – Bateau amarré à l'arrière de la pl. principale ☎ 069.949.056 (port.).
Avec ses airs de vieux galion revenu de toutes les tempêtes, on pourrait suspecter l'attrape-touristes. Heureuse surprise, l'assiette est délicieuse. On aura le choix entre des tables dressées sur le pont ou un service aux chandelles en cabine.

Vranjina

Visite p. 91

OÙ MANGER ?

De 10 à 20 €

Jezero
Carte p. 90-91 – Au bord du lac ☎ 067.619.603 (port.) ou 069.073.094 (port.).
À côté du centre pour les visiteurs, ce restaurant accueille sur sa terrasse au-dessus du lac de belles tablées de touristes. Quant à la cuisine, elle est assurément locale avec des plats cuisinés à base d'anguille ou de carpe *(15 €)*.

➤ CETINJE

Visite 11, p. 100
Carte p. 87, plan p. 101
Carnet pratique p. 268

OÙ DORMIR ?

La ville, centre muséographique du pays, se visite surtout à la journée.

De 40 à 50 €

Pansion 22
Plan p. 101 / B2 – Ulica Ivanbegova 22 ☎ 069.055.473 (port.), www.pansion22.com.
En plein centre, ce petit immeuble offre des chambres entièrement refaites. Bonne literie et propreté impeccable.

Hotel Grand
Plan p. 101 / B3 – Ulica Njegoševa ☎ 067.312.295 (port.), www.hotel-grand.me.
Digne héritier de la grande époque yougoslave, cet hôtel possède un hall immense et très kitsch, une piscine couverte, un bowling et des terrasses ouvertes sur le parc. Les chambres sont plus modestes mais tout aussi « vintage ».

Bokan
Plan p. 101 / B2 – Novice Cerovića 7 ☎ 069.018.597 (port.) ou 069.583.992 (port.).
Situées juste en face du palais du Gouvernement, les chambres sont propres, dans un style moderne, et équipées d'une kitchenette.

OÙ MANGER ?

De 15 à 20 €

♥ **Belveder**
Plan p. 101 / hors pl. par B2 – À 2 km de Cetinje dir. Podgorica, bien signalé ☎ 067.569.217 (port.).
Si vous aimez manger tout en admirant la nature qui vous entoure, Belveder vous comblera. La vue depuis la terrasse à l'ombre des pins plonge jusqu'au lac Skadar. À l'intérieur, l'ambiance est rustique, avec feu de cheminée et murs de pierre.

De 20 à 25 €

Konak
Plan p. 101 / hors pl. par B3 – À 4 km de Cetinje dir. Budva, Zabrde bb ☎ 067.292.292 (port.), www.konak.me.
Installée au calme, cette auberge propose des plats rustiques servis avec des pains maison délicieux. Le décor, de grandes tablées sous un auvent, fait peut-être un peu touristique, mais le service et les menus sont vraiment à la hauteur.

SHOPPING

Radojica Radović
Carte p. 87 – Crna Greda ☎ 069.551.380 (port.).
Cet apiculteur installé à Cetinje produit près de 1 500 kg de miel par an ainsi que des produits dérivés dont la propolis, de la cire d'abeille et de la liqueur de miel *(medovaca)*. Ces produits sont en vente dans sa petite boutique bleue installée en bordure de route. Vous pourrez aussi goûter à de délicieux beignets, les fameux *priganice*.

➤ LE PARC NATIONAL DU LOVĆEN

Visite 12, p. 110
Carte p. 87
Carnet pratique p. 269

SHOPPING

Des fermes sur le long de la route sont ouvertes aux visiteurs. Une route du jambon (Staza prsute) *a été mise en place et permet de repérer facilement ces lieux (rens. sur http://cetinje.travel).*

Maison natale de la famille Vukotić et atelier de fumaison
Carte p. 87 – Čevo ☎ 067.527.580 (port.), www.ethnogastro-balkan.net.
La famille Vukotić fabrique les fameux jambons fumés, viandes séchées et fromages de Čevo depuis des générations. Table d'hôtes et visite sur réservation. Vente de produits maison sous vide (jambons, viandes, saucisses, fromages). Petit café attenant sympathique.

Ivanova Korita

Visite p. 111

OÙ DORMIR ?

À partir de 40 €

Bungalows du Lovćen Park
Carte p. 87 – ☎ 069.328.858 (port.).
Au milieu des bois, ces bungalows en bois (4 pers.) avec kitchenette, douche et véranda vous accueillent dans une ambiance bucolique.

À partir de 70 €

Hôtel Ivanov Konak
Carte p. 87 – ☎ 041.233.700 et 067.888.878 (port.).
Cet hôtel récent construit dans le style du pays offre des chambres confortables à la décoration soignée. La vue est magnifique. Le restaurant au rez-de-chaussée sert des plats traditionnels dans un décor élégant.

SPORTS ET LOISIRS

Avanturisticki Park
Carte p. 87 – ☎ 069.543.156 (port.), www.avanturistickipark.com. Ouv. de juin à mi-sept. : t.l.j. 10h-18h ; de mi-avril à mai et de 16 sept.-30 nov. : sam.-dim. 12h-18h. Entrée plein tarif : 18 €.
Sept parcours de différents niveaux dans les grands arbres du Lovćen.

Njeguši

Visite p. 112

OÙ MANGER ?

Njeguši est célèbre dans tout le pays pour ses fumaisons et a su exploiter son capital gastronomique. De nombreuses maisons du village ont été converties en auberges traditionnelles avec décor rustique, nappes à carreaux, chaises en bois et terrasses en bord de route.

Moins de 15 €

Kod Pera na Bukovica
Carte p. 87 – ☎ 041.760.055 ou 069.055.021 (port.).
Située sur la route un peu avant Njeguši, cette adresse bucolique peut s'enorgueillir d'être l'une des plus anciennes auberges du pays. C'est vraiment un lieu magique au milieu d'un vallon !

Konoba Radonjić
Carte p. 87 – ☎ 041.239.820 et 067.260.979 (port.), kod.radonjica@co.me.
Dans la vieille bâtisse familiale, le restaurant sert les fameux jambons du pays, le fromage de chèvre, la viande séchée appelée ici *kastradina*, et l'eau-de-vie au miel *(medovina)*. Soucieuse de faire connaître le savoir-faire local, la maison vous propose de visiter l'exploitation.

Santa Montagna
Carte p. 87 – ☎ 067.204.550 (port.).
Une auberge typique dotée d'une belle salle et d'une agréable terrasse sous la treille.

➤ LA VALLÉE DE LA ZETA

Visite 13, p. 113
Carte p. 87, plan p. 114-115
Carnet pratique p. 269

Nikšić

Visite p. 120

OÙ DORMIR ?

De 50 à 70 €

Hotel Trebjesa
Carte p. 87 – Parc Trebjesa ☎ 077.200.060 et 077.200.061, www.hoteltrebjesa.me.
Ce petit hôtel à l'architecture très marquée par les années 1960 vient d'être rénové. Une réussite ! Dans un écrin de verdure, juste au-dessus de la ville, les chambres jouissent d'une belle vue. 2 restaurants avec terrasse. Parking.

Vukov Most
Carte p. 87 – Kapino Polje ☎ 067.230.200 (port.), www.hotelvukovmost.com.
Un petit hôtel de luxe moderne aux chambres claires, spacieuses et à la décoration soignée.

OÙ MANGER ?

De 5 à 15 €

♥ Riverside Konoba
Carte p. 87 – À 5 km N de Nikšić sur la route de Plužine ☎ 067.502.858 (port.). Ouv. mai-sept. : t.l.j. 9h-21h.
Un lieu idyllique au décor de western en bordure de rivière, pour un verre ou un repas bucolique.

Plaža
Carte p. 87 – Lac de Krupac ☎ 068.524.720 (port.). Ouv. 9h-minuit.
Refait récemment, ce restaurant a su mettre en valeur son cadre exceptionnel. La superbe vue depuis ses larges baies vitrées donne envie de s'y attarder.

SORTIR

*La nuit venue, sur l'**avenue Njegoševa,** chaque bar joue sa bande sonore, au grand bonheur de la jeunesse locale.*

NK Pub
Carte p. 87 *– Manarstirska 9. Ouv. t.l.j. 8h-2h.*
Une adresse au décor bobo et à la bande-son rock. Idéal pour un verre en soirée.

SPORTS ET LOISIRS

➤ Agence généraliste

Tara Grab (Anitra Travel Agency)
Carte p. 87 *– Njegoševa ☎ 040.200.598 ou 040.214.565, www.tara-grab.com.*
Cette agence peut vous louer des vélos, vous faire tressauter sur les rapides de la Tara, vous emmener faire un tour à cheval ou encore pêcher au bord d'un lac…

➤ Sports nautiques

Montenegro Canyoning
Carte p. 87 *– Josipa Sladea 25 ☎ 069.565.311 (port.), www.montenegro-canyoning.com. 100 €/pers.*
Journée canyoning dans le Nevidio. Niveau assez difficile.

Podgorica

Visite p. 116

OÙ DORMIR ?

En tant que capitale, Podgorica possède quelques hôtels de bon standing mais sans charme particulier. La ville compte aussi de nombreuses auberges de jeunesse proposant des chambres individuelles ou des chambrées de 4 ou 5 lits, avec salle de bains commune. Les prix varient entre 11 et 20 €/pers. Sachez que les auberges acceptent souvent les voyageurs jusqu'à 45 ans et peuvent aussi louer des appartements pour les familles. Rendez-vous sur le site www.hostelworld.com.

À partir de 90 €

♥ Hotel Aleksandar Lux
Plan p. 114-115/C2 *– 12 Hercegovačka ☎ 020.664.510 et 067.204.445 (port.), www.hotelaleksandarlux.com.*
Ce petit hôtel situé sur la grande avenue piétonne de Podgorica propose des chambres et appartements à la décoration contemporaine mais chaleureuse. L'accueil y est adorable !

Hôtel Ambasador
Plan p. 114-115/hors pl. par C1 *– Vaka Djurovića 5 ☎ 020.272.233, vbambassador@t-com.me.*
Cet hôtel bénéficie d'un emplacement très charmant, juste sur les berges sauvages de la Morača. Les chambres sont fonctionnelles et la terrasse enchanteresse !

De 140 à 160 €

Hôtel Podgorica
Plan p. 114-115/B2 *– Ulica Svetlane Kane Radević 1 ☎ 020.402.500 ou 020.402.501, www.hotelpodgorica.co.me.*
Construit en 1967, l'hôtel a été entièrement rénové et associe structure avant-gardiste et confort ultramoderne. Le site, sur les rives de la Morača, les chambres avec terrasses étagées sur la colline, le service impeccable et le restaurant monacal marqueront votre séjour.

OÙ MANGER ?

Moins de 10 €

Scottish Pub Highland
Plan p. 114-115/C1 *– Hercegovačka 3. Ouv. t.l.j. tte la journée jusque tard le soir.*
Un restaurant à petits prix sur l'artère piétonne. Du petit déjeuner au dernier verre, c'est vraiment un endroit agréable où s'attarder, que l'on soit dans la jolie salle intérieure ou sur la terrasse. Soirées DJs et karaoké.

De 10 à 20 €

♥ Pod Volat
Plan p. 114-115/C3 *– Trg Volvode Bečir Bega Osmanagiča 1 ☎ 069.618.633 (port.). Ouv. t.l.j. 6h-minuit.*
Installé au pied de la tour de l'Horloge, ce restaurant est une institution locale. Les anciens comme les étudiants et les familles viennent ici grignoter à toute heure des assortiments de petits plats façon mezze.

Dvor
Plan p. 114-115/C2 *– Brace Zlaticanina 24.*

Au centre de la ville moderne, ce restaurant est un merveilleux vestige de l'ancienne Podgorica. Le bâtiment date de 1630. La spécialité de la maison : la cuisine au *sač* (sorte de marmite couverte).

Sempre
Plan p. 114-115/C2 *– Ulica Stanka Dragovica 14 ☎ 069.551.661 (port.).*
Ouv. t.l.j. toute la journée.
Bonne adresse italienne en plein centre-ville. Les portions sont généreuses, les pâtes maison, le service attentionné.

SORTIR

Café Gavroche
Plan p. 114-115/C2 *– Bokeska 8.*
Ouv. t.l.j. 8h-minuit.
Un endroit où la jeunesse de Podgorica aime se retrouver autour d'un café, d'une bière ou d'un mojito selon l'heure.

Books & Coffee Shop Karver
Plan p. 114-115/C3 *– Obala Ribnice, Cvijetin Brijeg bb ☎ 020.602.625.*
Ouv. t.l.j. 9h-23h30.
Transformés en librairie-salon de thé, les anciens bains turcs sont devenus un lieu très bobo et intello. Café et graffitis font ici bon mélange !

Buda Bar
Plan p. 114-115/C2 *– Stanka Dragovica 26 ☎ 067.410.777 (port.).*
Ouv t.l.j. 8h-23h (jusqu'à 3h en fin de semaine).
Ambiance baroque orientalisante. Des colonnes à l'énorme statue de Bouddha ou aux sofas tendus de velours rouge, l'intérieur joue la carte kitsch. À l'extérieur, la vaste terrasse abritée sous des tentures est toujours très prisée aux beaux jours à midi comme le soir. On peut y grignoter des sandwichs et des salades ou siroter des cocktails.

SPORTS ET LOISIRS

➤ Agence généraliste

Montenegro Adventures
Plan p. 114-115/A1 *– Moskovska 63-64 ☎ 020.208.000 ou 020.208.001, info@montenegro-adventures.com.*
Cette agence de voyages s'est engagée dans le tourisme vert et responsable. Elle propose toute une palette d'activités sportives et de découverte, et peut aussi réserver pour vous des chambres d'hôtel.

➤ Vélo

Tempo Trade
Plan p. 114-115/hors pl. par A3 *– Bradska i Jedinska 57 ☎ 020.290.690, info@tempo.co.me.*
Location de vélos *(5-10 €/j.).*

LES MASSIFS MONTAGNEUX

Les prix indiqués pour l'hébergement sont établis sur la base d'une chambre double de catégorie standard, en haute saison, petit déjeuner inclus (sauf pour les auberges et chambres d'hôtes). Ils sont donc susceptibles de varier en fonction de la date de votre séjour et de votre moyen de réservation.

Les tarifs mentionnés pour les restaurants sont calculés sur la base d'un plat du jour ou d'un menu, boisson non comprise.

➤ ŽABLJAK ET LE MASSIF DU DURMITOR

Visite 14, p. 126
Cartes p. 124-125 et p. 127
Carnet pratique p. 269

Donja-Brezna

OÙ DORMIR ?

De 20 à 30 €

♥ **Etno-selo Montenegro**
Carte p. 127 – Mićo Blagojević
☎ 067.209.049 (port.), etnoselo@t-com.me.
Sur ce plateau couvert de fleurs, des cabanes en bois, une hutte comme salle de restaurant, un feu installé en plein air seront votre décor. Au programme : des évasions à la demande vers les sommets Vojnik et Štuoc ou vers les rivières.

Plužine

Visite p. 133

OÙ DORMIR ?

De 20 à 30 €

♥ **Vrbnica Camp**
Carte p. 127 – À 9 km de Plužine sur la route dir. Milosevici ☎ 069.817.505 (port.).
Au bord de la rivière Vrbnica, ce minuscule campement a un charme fou ! La terrasse ombragée par son arbre séculaire, les fleurs plantées dans des pots colorés et les trois chalets à la décoration naïve sont un vrai petit paradis. Terrain de volley-ball, jeux pour les enfants et petite auberge sympathique proposant des plats maison.

Plus de 30 €

Eko-selo Jugoslavija
Carte p. 127 – Crkvičko Polje
☎ 069.615.431 (port.) ou 067.409.117 (port.), ekoseloyu@co.me.
Ce refuge situé sur le plateau séparant les canyons de la Tara et de la Piva compte env. 20 lits. Vous pourrez aussi y planter votre tente. Le restaurant sert des plats robustes de montagne qui seront les bienvenus après une journée de marche.

OÙ MANGER ?

Moins de 10 €

Sočica
Carte p. 127 – Ulica Lazara Sosice
☎ 040.271.650.
Une auberge traditionnelle au-dessus du lac avec serveuses en costume folkorique. Carte très fournie et traduite en anglais, proposant des spécialités locales comme la truite grillée. Délicieux ! L'endroit propose également 4 mini-bungalows en bois *(pour 4 pers., 12 €/pers.)* sommaires mais propres. Douche et W-C à l'extérieur.

Zvono Cafe Restoran
Carte p. 127 – Sur la route qui descend à la plage ☎ 069.471.893 (port.) ou 069.531.319 (port.), www.zvono.me.
Une petite auberge sympathique avec terrasse ombragée. Au mur, photos du Che, de Trotski, de Lénine et disques 33 tours de Bob Dylan et autres légendes du rock. 2 appart. (pour 5 pers.) et 1 ch. spacieuse (pour 3 pers.) devant un jardin. Vélos à louer *(2,50 €/h)*. Excursion en bateau sur le lac avec repas *(30 €)*.

SPORTS ET LOISIRS

Rafting & Jeep Safari
Carte p. 127 – Miladin Blagojević
☎ 069.216.506 (port.), www.rafting-tara.me.

Cette agence concocte des circuits en voiture tout-terrain ou en bateau et propose un hébergement en ethno-village *(p. 272)* ! Le personnel parle mal l'anglais. Demi-journée rafting sur la Tara *(35 €)* : circuit de 18 km rythmé par 21 rapides.

Rudinice

Visite p. 133

OÙ DORMIR ?

À partir de 30 €

♥ Eko-selo Izlazak
Carte p. 127 – ☎ 069.476.277 (port.), www.etno-selo-izlazak.com.
Le site, sur la falaise surplombant le Nevidio, est spectaculaire. Attention, l'endroit est dangereux pour les enfants. Nombreux départs de randonnées. Auberge traditionnelle sur place.

Trsa

OÙ DORMIR ?

À partir de 10 €

♥ Etno-selo Milan Jokanović
Carte p. 127 – Restaurant Verige ☎ 067.839.358 (port.), www.ekodurmitor.me.
Petits bungalows et chalets plus confortables avec kitchenette (pour 6 pers.) sur le haut plateau de Trsa. Cuisine authentique. Activités variées.

À partir de 20 €

Eko-selo Milogora
Carte p. 127 – ☎ 069.537.541 (port.), milogoratrsa@yahoo.com.
Des bungalows dans un environnement incroyable, où vous aurez l'impression de ne faire qu'un avec la nature. Randonnées équestres et pédestres.

Žabljak

Visite p. 127

OÙ DORMIR ?

Cette station de ski en plein développement est en train de transformer les alentours en zones résidentielles avec petits chalets en enfilade. Vous trouverez aussi à vous loger dans quelques hôtels fleurant bon les années 1970.

À partir de 30 €

Durmitor Bungalows
Carte p. 127 – Tmajevci ☎ 068.618.130 (port.) ou 067.613.470 (port.).
5 chalets coquets, avec 2 ch. à l'étage, alignés au bord d'une pelouse. Barbecue.

À partir de 50 €

Hôtel Javor
Carte p. 127 – Božidara Žugića br. 8 ☎ 052.361.337 et 067.672.789 (port.), www.durmitor.in.
Cette pension de famille réserve un accueil chaleureux à ses hôtes dans un décor suranné à souhait. Le restaurant sert de bons plats traditionnels avec des produits de la région.

MB Hotel
Carte p. 127 – Tripka Dakovica bb ☎ 052.361.601 et 067.809.768 (port.).
Implantée en plein centre-ville, cette petite structure offre des chambres toutes lambrissées bien agréables. Dans ses annexes, vous pouvez également louer des appartements équipés d'une kitchenette. Le personnel de l'hôtel peut organiser pour vous des excursions à pied, à vélo, à skis, ou bien en Jeep ou en raft.

À partir de 70 €

Hôtel Žabljak
Carte p. 127 – Trg Durmitorski Ratnika ☎ 052.360.206 et 069.308.807 (port.).
Cet hôtel des années 1970, en plein centre de Žabljak, a été entièrement refait récemment. La décoration est vraiment digne d'un magazine de déco. Ambiance chalet de montagne en bois et pierre.

Hôtel Polar Star
Carte p. 127 – Borje bb ☎ 067.609.444 (port.) ou 067.911.4434 (port.), www.polarstar.me.
Un peu à l'écart de Žabljak, l'établissement est constitué d'un grand chalet principal, où se trouvent chambres et studios, bordé de plusieurs chalets luxueux que l'on peut louer entièrement *(6 pers., 200 € la nuit)*. La décoration est à la hauteur, à l'image de la salle de res-

taurant, très design ! Les appartements sont tous bien équipés et le jardin permet de profiter des belles journées.

À partir de 100 €

♥ Hôtel Soa
Carte p. 127 – Sur la route vers l'entrée du parc national ☎ 052.360.110 et 069.151.152 (port.), www.hotelsoa.com.
Très joli hôtel récent mêlant une architecture contemporaine à des matériaux traditionnels. On aime sa façade en bois au profil pyramidal, ses grandes chambres claires, confortables et sans chichis, sa grande terrasse face à la montagne et son spa sous les toits. Restaurant et aire de jeux.

OÙ MANGER ?

De 10 à 20 €

Javoravača
Carte p. 127 – Žabljak Ski Centar ☎ 067.800.971 (port.).
Niché au pied des pistes, ce restaurant sert des spécialités comme des chanterelles poêlées, du fromage grillé, des pieds d'agneau, de la bouillie à base de beurre, lait, pain et fromage, dite *masamica*, des beignets au miel et fromage, les fameux *priganice*… Le décor, tout en brique et bois, et la grande cheminée invitent à savourer longuement ces plats du terroir.

SPORTS ET LOISIRS

Dane Raft
Carte p. 127 – ☎ 069.552.682 (port.) ou 068.001.150 (port.), www.durmitor raft.com.
Cette agence propose différents circuits, de la demi-journée de rafting à la descente sur deux jours complets, en passant par le Jeep-safari.

Summit
Carte p. 127 – Njegoševa bb 12 ☎ 069.016.502 (port.), www.summit.co.me. Ouv. t.l.j. 9h-14h et 17h-20h.
Cette agence peut vous organiser des virées inoubliables en 4x4 ou à VTT, des expéditions en raft sur la Tara, des randonnées pédestres dans le parc avec guide… Sur place, vous pourrez aussi louer des VTT. Demi-journée de rafting *(45 €)*, journée complète *(110 €)*, deux jours *(200 €)* avec nuit dans un motel à Radovan Luka.

Tara River Express
Carte p. 127 – Žabljak Tourist, Sveto San Sara 37 ☎ 069.311.032 (port.) ou 068.111.032 (port.), www.mirotara.com. Ouv. t.l.j. 8h-23h.
Les circuits proposés vont de l'excursion d'une demi-journée sur la Tara *(45 €)* à un périple de 3 jours *(230 €)*. L'agence organise aussi des expéditions en 4x4 le long de la rivière *(10 à 25 €/pers.)*.

➤ LE CANYON DE LA TARA ET PLJEVLJA

Visite 15, p. 136
Cartes p. 124-125 et p. 137

Dobrilovina

OÙ DORMIR ?

À partir de 50 €

♥ Eko Oaza Tara
Carte p. 137 – Rade Djurisić ☎ 069.444.590 (port., contact anglais), ekooazatara@gmail.com.
La famille de Rade Djurisić a installé dans sa prairie au bord de la Tara 4 petits chalets en bois *(55 € pour 4 pers.)*. L'endroit est idyllique avec sa plage en contrebas et sa vaste pelouse, et l'accueil sympathique, même si seulement une personne parle l'anglais ! Rade propose des excursions en kayak ou en raft d'un à trois jours *(55 € la journée)*, mais aussi des randonnées en montagne.

Mojkovac

Visite p. 138

OÙ DORMIR ?

À partir de 160 €

Hotel Gacka
Carte p. 137 – Suivre panneau sur la route de Kolašin à g. avant l'arrivée à Mojkovac ☎ 050.474.720 et 067.864.060 (port.), www.imanjerrakocevic.com. Pension complète.
Cet hôtel-club en formule tout compris étale ses coquets chalets de bois

REFUGES DE MONTAGNE

Les refuges, appelés ici *katuns*, se trouvent au pied des sommets et sur le parcours des grandes randonnées et permettent de profiter au maximum de la montagne. Vous pouvez vous y rendre à pied, en 4x4 ou en taxi. Ils sont ouverts uniquement à la belle saison *(rens. dans les offices de tourisme et les bureaux des parcs, p. 269).*

sombre sur les flancs du massif de Sinjajevina. L'accueil y est vraiment adorable, le site magnifique et les infrastructures sont très complètes : spa, piscine couverte, tennis. On peut se prélasser dans un hamac, faire une randonnée à VTT ou à cheval (seulement si vous êtes un cavalier émérite). Idéal pour se ressourcer avec des enfants.

Šćepan Polje

OÙ DORMIR ?

À partir de 50 €

Eco-village Grab
Carte p. 137 – ☎ 040.200.598 et 069.101.003 (port.), www.tara-grab.com.
À 6 km au-dessus de Šćepan Polje, ce campement surplombe la rivière à l'ombre des chênes et des hêtres. Chalets en rondins. Rafting, Hydrospeed, canyoning, randonnées, Jeep-safari… sont proposés.

SPORTS ET LOISIRS

Attention, la Tara se réduit comme peau de chagrin en plein été. Le rafting fin juillet et en août est donc moins palpitant.

Waterfall Rafting Center
Carte p. 137 – Šćepan Polje, à côté de la Piva ☎ 069.500.408 (port.) ou 069.070.997 (port.), www.rafting montenegro.com. Bureau Podgorica ouv. lun.-ven. 8h-16h et campement sur la Piva ouv. mai-sept t.l.j.
Cette agence spécialisée dans le rafting développe de nouvelles activités. Elle encadre des excursions dans le canyon de la Tara, des virées en 4x4 pleines de rebonds et des randonnées sur les hauteurs. Forfait 2 j. rafting sur la Tara, nuit au camp de Modra Rijeka à Šćepan Polje et kayak sur le lac de la Piva *(110 €)*. Safari d'une journée en Jeep dans le Durmitor, boucle de 126 km *(60 €)*. Balade à cheval *(40 € la journée)*.

➤ LE MASSIF DE BJELASICA ET LA MORAČA

Visite 16, p. 142
Cartes p. 124-125 et p. 143
Carnet pratique p. 270

Kolašin

Visite p. 143

OÙ DORMIR ?

➤ Hôtels

De 20 à 40 €

Djevojacki Most
Carte p. 143 – Naselje Bakovica, sur la route entre Kolašin et Mojkovac, au bord de la rivière Plasnica ☎ 020.867.100 et 067.422.695 (port.), djevojackimost@t-com.me.
Belle surprise sur ce bord de route à la sortie nord de Kolašin. La décoration est contemporaine tout en étant confortable, et l'ambiance décontractée.

Pansion Kolašin
Carte p. 143 – Milivoja Bulatovića ☎ 069.263.163 (port.), www.pansionkolasin.me.
Petite structure très propre installée en bordure de la ville. Jardin, et restaurant situé dans un kiosque en bois à l'extérieur.

De 50 à 70 €

♥ **Brile**
Carte p. 143 – Buda Tomovića 2 ☎ 020.865.021.
Situé sur la place principale de Kolašin, cet hôtel a été entièrement rénové récemment. Les chambres sont propres et sobres. Pour récupérer après les remous

de la Tara ou les raidillons de Bjelasica, rien de tel qu'une séance de sauna avant un bon repas. La patronne est italienne et sait préparer les pâtes comme personne !

Hôtel Garni
Carte p. 143 – Proleterske 4
☎ 069.015.249 (port.), www.brile.info.
Le patron du Brile *(ci-contre)* a ouvert cet autre hôtel donnant sur la rue principale. Toutes les chambres ont été refaites dans un style moderne avec salle de bains individuelle. Excellent rapport qualité-prix.

Čile
Carte p. 143 – Ranka i Strahinje Miloševića ☎ 069.596.969 (port.), www.hotelcile.me.
Les chambres sont propres, confortables, et l'accueil attentionné.

De 100 à 200 €

Bianca Resort & Spa
Carte p. 143 – Mirka Vešovića bb
☎ 020.863.000, www.biancaresort.com.
Un hôtel de luxe à la montagne. Son architecture est un bel exemple de réhabilitation réussie. Les matériaux choisis (bois et pierre brute), ainsi que la ligne contemporaine et chaleureuse du mobilier, donnent à ce grand hôtel un cachet authentique mais aussi moderne. Le service est impeccable, le Spa digne des meilleurs établissements, la piscine olympique ! Si vous avez les moyens, ne vous privez pas d'un tel bijou !

➤ Appartements

Vous trouverez à Kolašin de nombreux appartements et chambres chez l'habitant. Si le confort est souvent de mise, la décoration reste très années 1970 !

À partir de 30 €

Appartement Rakočević
Carte p. 143 – Milivoja Bulatovića 4
☎ 020.860.760.
Chambres ou studios équipés d'une kitchenette impeccablement tenus par un couple adorable dont le mari parle le français ! Bref, un excellent pied-à-terre.

À partir de 50 €

Art Appartments Minic
Carte p. 143 – Strelicki krs br. 1
☎ 067.463.348 (port.).
2 bungalows en forme de champignon et 1 grand chalet familial en bois à l'orée de Kolašin pour des vacances dans un univers très conte de fées. Accueil très gentil des propriétaires.

➤ *Katuns*

Env. 15 €/pers.

Bungalows du lac Biogradsko
Carte p. 143 – ☎ 020.865.625, www.nparkovi.co.me.
Une ambiance très « pionniers du Far West » avec ce cercle de huttes en rondins au milieu de la forêt. Les toilettes et douches sont collectives. Confort rudimentaire.

♥ Écovillage Katun Vranjak
Carte p. 143 – ☎ 069.600.094 (port.), www.vilajelka.co.me. Pensez à emporter des vêtements chauds car, même en été, les nuits sont fraîches.
Cet écovillage récent juché à 1 755 m d'altitude, juste à côté du *katun* Vranjak *(p. 149)*, vous fera découvrir la vie pastorale ! Vous vous réveillerez devant des paysages de rêve et pourrez parfois même entendre les loups hurler à la tombée de la nuit. Vous pourrez apprendre à filer la laine ou à traire les brebis ! Les cavaliers débutants pourront s'initier à l'équitation en plein air.

Refuge Dzambas
Carte p. 143 – Katun Kutijevac, vers Mojkovac ☎ 067.878.938 (port.), vilanavoda@t-com.me.
Sous le pic Mucnica, ce refuge tout en pierre et bois offre tout le confort moderne appréciable après une bonne journée de marche. Vous y trouverez également une boutique où vous approvisionner. De là-haut, la vue sur les gorges de la Tara, les monts Sinjajevina et la ville de Mojkovac est tout simplement somptueuse. Pour arriver à ce paradis, il faut partir de Mojkovac et passer à pied par Rudnica-Pržišta-Brskovo *(7 km, 1h45 de marche)*.

OÙ MANGER ?

De 10 à 15 €

En dehors des restaurants des hôtels cités ci-contre, vous pourrez trouver à Kolašin quelques bonnes tables estampillées cuisine nationale.

Restaurant du Lac Biogradsko
Carte p. 143 – À côté du parking du lac
☎ *020.865.046 et 069.243.274 (port.).*
L'emplacement est idéal, la terrasse ombragée, la cuisine rustique et le lieu très fréquenté par les touristes.

Savardak
Carte p. 143 – Sur la route dir. Jezerine
☎ *069.051.264 (port.).*
Cette drôle de chaumière pointue abrite quelques tablées autour d'une cheminée. La cuisine est à l'image du décor : simple et campagnarde. L'établissement propose aussi quelques chambres dans le chalet voisin.

Vodenica
Carte p. 143 – Ulica Breza 1
☎ *069.241.507 (port.).*
Installé au premier étage d'une maison ancienne, ce restaurant propose une carte rustique appréciée des gens du coin. Le cadre est sympathique et les plats – *kacamak*, *cicvara*, *kajmak*, truite grillée et cassolette de veau – sont classiques mais goûteux.

Konoba
Carte p. 143 – Trg Vukmana Kruščića. Ouv. t.l.j. 8h-minuit.
Sur l'ancienne place de la ville, ce restaurant ressemble à la maison de Blanche-Neige ! On y sert des plats traditionnels préparés avec soin.

♥ **Raj na Tari**
Carte p. 143 – À la sortie de Kolašin dir. Mojkovac ☎ *067.441.206 (port.). Ouv. t.l.j. 7h-minuit.*
Au bord de la route, cette auberge aux tables dispersées le long des berges de la rivière est très fréquentée. On s'y arrête souvent en famille pour une glace ou un hamburger à l'ombre des arbres.

SPORTS ET LOISIRS

Eco-Tours
Carte p. 143 – Proleterske bb
☎ *020.860.700 et 067.259.020 (port.), www.eco-tours.co.me.*
Cette agence affiche son programme dans son slogan : « Source d'aventures ». Elle déborde d'imagination pour organiser des vacances actives et inoubliables. Vous n'aurez qu'à choisir votre moyen de locomotion : raft, kayak, cheval, Jeep…

Explorer
Carte p. 143 – Mojkovaćka bb
☎ *020.864.200 et 067.263.138 (port.), www.explorer.co.me. Ouv. lun.-ven. 9h-16h.*
Une agence spécialisée dans les vacances sportives : parapente, alpinisme, canyoning, safaris en 4x4, etc. Des guides professionnels vous accompagnent tout au long de votre périple. Rafting *(40 € la journée)*, canyoning *(80 à 100 € la journée)*, location de vélos *(10 €/j.)*.

Vila Jelka Doo
Carte p. 143 – Ranka i Strahinje Miloševića ☎ *069.400.094 (port.), www.jelka.me.*
Si vous aimez les vacances sportives, vous n'aurez ici que l'embarras du choix. Randonnées équestres, trekking, safari-photo sur les hauteurs, rafting ou canyoning mais aussi parties de chasse ou de pêche promettent des journées bien remplies. Les prix sont raisonnables *(50 €/j. le raft sur la Tara)*.

White Wave
Carte p. 143 – ☎ *068.464.887 (port.), www.whitewave.me.*
Du safari-photo à la pêche à la mouche, cette agence propose toute la palette des activités de pleine nature à plus ou moins fortes sensations. Location de vélos *(adultes et enfants, 1 €/h)*.

➤ LES MASSIFS DES KOMOVI ET DES PROKLETIJE

Visite 17, p. 150
Cartes p. 124-125 et p. 152-153
Carnet pratique p. 270

Les Komovi

Visite p. 151

OÙ DORMIR ?

➤ Hôtel

À partir de 100 €

Hôtel Komovi
Carte p. 152-153 – Branka Deletica, Andrijevica ☎ *051.243.016 et*

069.945.911 (port.), www.hotel komovi.com.
Un hôtel agréable et une bonne base de départ pour des randonnées. Le personnel peut se charger d'organiser de nombreuses excursions, du rafting sur la Lim à l'escalade du pic Ocnjak, en passant par un survol en montgolfière de la région.

➤ Katuns

Eco-home Trešnjevik
Carte p. 152-153 – Planinski Prevoj Trevesnjak ☎ 051.236.097 et 067.400.361 (port.), pego@co.me. 10 couchages.

Eko-Tours Komovi
Carte p. 152-153 – Prevoj Trevesnjak ☎ 069.461.481 (port.). 10 couchages.

À partir de 35 €

♥ Eko-katun Stavna
Carte p. 152-153 – Plateau Stavna (1 787 m d'altitude). Tournez à dr. au col de Tresnjević et suivez le panneau en bois ☎ 069.550.009 (port.) ou 067.380.532 (port.), http://ekokatunstavna.com. Petit déj. en supplément.
Ce refuge d'altitude perché sur les hauteurs dans le massif des Komovi aligne dix chalets, chacun équipé pour 5 personnes avec une salle de bains et un coin cuisine pour préparer ses repas. Un excellent restaurant permet également d'organiser de belles tablées où chacun peut raconter, dans un anglais approximatif, ses exploits et émerveillements de la journée.

Les Prokletije

Visite p. 151

OÙ DORMIR ?

➤ Katuns

*Dans ce massif reculé, vous pourrez trouver un abri dans trois refuges de montagne implantés dans la vallée Grbaja. L'un est une propriété du club d'alpinisme de Belgrade, info@pd-radnicki.rs, www.pd-radnicki.rs. Un autre refuge appartient au club alpin **Karanfili** de la ville de Gusinje. Dans la vallée Ropojana, à la lisière de l'Albanie, le refuge **Ropojanski Zastan** appartient, lui, à la police des frontières.*

Env. 10 €/pers.

Eko-katun Grebaleje
Carte p. 152-153 – Gusinje ☎ 069.044.572 (port.). Auberge sur place.
Ce petit *eko-katun* se trouve au pied du majestueux cirque des Prokletije. Idéal pour les grimpeurs.

À partir de 50 €

Eko-selo Komnenovo
Carte p. 152-153 – Vojno Selo, Plav ☎ 051.255.350, www.kula damjanova.com.
L'auberge et les chalets occupent un terrain de 6 ha sur les berges du lac. Le propriétaire a voulu créer une infrastructure respectueuse de l'environnement. Le restaurant Kula Damjanova mérite le détour pour son décor avec ses fauteuils taillés dans des troncs, mais sa cuisine est décevante.

CROATIE : DUBROVNIK ET SES ENVIRONS

Les tarifs varient d'un établissement à l'autre en fonction de leur standing et de la saison touristique (haute saison de juin à sept., moyenne saison mars, avr., mai et oct., et basse saison le reste de l'année). Sachez que pour la vue sur mer, il vous en coûtera quelques kunas *de plus ! En réservant de bonne heure, vous bénéficierez dans certains hôtels d'un tarif « early booking ».*
Les prix indiqués correspondent au prix d'une nuit en chambre double en haute saison. Attention, beaucoup d'hôtels sont fermés en hiver.

Un bon site (en anglais) pour vous aider dans vos recherches : www.adriatic-home.com. Mais aussi www.airbnb.fr et www.booking.com.

➤ LA VIEILLE VILLE DE DUBROVNIK

Visite 18, p. 160
Carte p. 158-159, plan p. 162-163
Carnet pratique p. 270

OÙ DORMIR ?

Les hôtels sont très chers, en particulier dans la vieille ville. L'option chambre chez l'habitant (sobe) *est plus avantageuse, d'autant plus que souvent on vous laisse l'accès à une cuisine commune. On trouve également de nombreux studios et appartements avec kitchenette.*

➤ Hôtels

Les établissements suivants, situés dans la vieille ville, relèvent de l'hôtellerie de luxe. Les prix s'envolent en haute saison.

À partir de 150 €

Stari Grad

Plan p. 162-163 / B2 – *Ulica od Sigurate 4 ☎ 020.322.244, www.hotelstari grad.com.*
Ce petit hôtel de charme a trouvé sa place dans un vieux palais ragusain. Les chambres sont coquettes faute d'être grandes. Le petit déjeuner est servi en terrasse, avec vue sur la mosaïque des toits.

Pucić Palace

Plan p. 162-163 / C2 – *Ulica od Puča 1 ☎ 020.326.222, www.thepucic palace.com.*
Assurément la plus belle adresse de la ville : service raffiné, petites attentions luxueuses à tous les étages… Mais, à ce tarif-là, on aimerait quand même avoir des chambres un tout petit peu plus grandes…

➤ Appartements

De 55 à 110 €

Appartement Talir

Plan p. 162-163 / C3 – *Lukša Pače, Ilije Sarake 2 ☎ 098.683.184 (port.), www.adriatic-home.com.*
À fleur de rempart, ce palais historique a été divisé en 3 studios (pour 2 et 4 pers.). Sa restauration a su être très respectueuse en sauvegardant le cachet particulier de ses vieilles pierres tout en lui apportant un maximum de confort moderne. Résultat : des lieux inspirés.

De 90 à 250 €

Appartements Picasso et La Famiglia

Plan p. 162-163 / C1 – *Peline 4, www.adriatic-home.com.*
Au cœur de la vieille ville, 2 très beaux lofts sous les toits *(pour 2+1 pers., 90 à 170 €, et 6+2 pers., 150 à 250 €).*

De 109 à 169 €

Appartements Domino

Plan p. 162-163 / B2 – *Od Domina 1 ☎ 020.324.777 et 099.240.8203 (port.), www.adriatic-home.com.*
Dans un palais du XVIe s. entièrement restauré, 6 suites luxueuses ont été aménagées dans un esprit fidèle au Dubrovnik d'antan : tapisseries, commodes anciennes, lustres dorés, belles tentures… Une cuisine équipée est à la disposition des hôtes.

OÙ MANGER ?

La vieille ville de Dubrovnik regorge de restaurants. La plupart proposent globalement le même type de carte. Mais si les menus se ressemblent, la qualité n'est pas équivalente et les prix capricieux. Voici donc quelques suggestions pour éviter les mauvaises surprises.

Moins de 10 €

Tutto Bene
Plan p. 162-163/B2 *– Od Puča 7 ☎ 020.323.353. Ouv. t.l.j. 10h-2h.*
Toutes sortes de kebabs, sandwichs et paninis à emporter.

De 10 à 15 €

Buffet Skola
Plan p. 162-163/B2 *– Antuninska 1 ☎ 020.321.096. Ouv. 8h-2h.*
Si vous avez un petit creux et ne voulez pas perdre trop de temps, rendez-vous au Buffet Skola, qui est une valeur sûre. Les sandwichs sont faits maison et le pain est cuit sur place.

♥ **Kamenice**
Plan p. 162-163/C2 *– Gundulićeva Poljana 8 ☎ 020.323.682. Ouv. 8h-minuit.*
C'est une des adresses favorites des locaux. La salle est toute petite, mais elle se prolonge par quelques tables en terrasse. Vous pourrez y manger des plats simples et généreux, des huîtres et des calamars grillés, de la petite friture ou des langoustines en cassolette *(bouzzara)*.

Lokanda Peskarija
Plan p. 162-163/C2 *– Na Ponti bb, Stara Luka ☎ 020.324.750. Ouv. 8h-1h.*
Cet établissement fait toujours terrasse comble ! Il est vrai qu'on y sert de copieuses cocottes de moules, des risottos fondants, des sardines grillées, à des prix serrés. Le service est rapide et agréable.

♥ **Kopun**
Plan p. 162-163/C3 *– Poljana Ruotera Boškovića 7 ☎ 020.323.969. Ouv. t.l.j. 11h-minuit.*
Sa belle terrasse donne sur le parvis de l'église des jésuites, mais ce n'est pas son seul avantage. Vous pourrez ici savourer une recette héritée du XVIe s. : le chapon au miel et à l'orange *(135 Kn)* ou une fameuse bouillabaisse *(119 Kn)*.

De 15 à 25 €

Arsenal
Plan p. 162-163/C2 *– Pred Dvorom 1 ☎ 020.321.065. Ouv. t.l.j. 10h-2h.*
Une brasserie populaire installée sur le vieux port.

Poklisar
Plan p. 162-163/C2 *– Ibarnice 1, vieux port ☎ 020.322.176. Ouv. t.l.j. 9h-minuit. F. en hiver.*
Une belle terasse sur le vieux port et une carte ultra-classique : moules, salades, pâtes, pizzas à des prix qui restent honnêtes.

Dubravka
Plan p. 162-163/A2 *– Brsalje 1, porte Pile ☎ 020.426.319, www.dubravka1836.hr. Ouv. t.l.j. 8h-2h.*
La plus belle terrasse de la ville avec sa vue sur les deux forts. Cette brasserie fondée en 1836 reste le rendez-vous préféré des locaux. Concerts live certains soirs. Idéal pour un café, un apéritif ou un dîner.

♥ **Revellin Club**
Plan p. 162-163/D1 *– Sv. Dominika bb ☎ 020.322.164. Ouv. t.l.j.*
Ce restaurant est niché dans un renfoncement des remparts et sa terrasse surplombe le vieux port, l'Adriatique et l'île de Lokrum. On y sert de beaux poissons frais (bar, daurade, saint-pierre) et de grandes salades composées très estivales (thon, roquette, parmesan). Le directeur, Marin Nanić, est aussi très fier de sa carte des vins !

À partir de 17 €

Domino
Plan p. 162-163/B2 *– Ulica od Domina 6 ☎ 020.323.103. Ouv. t.l.j. 11h-minuit.*
Sur une placette à l'écart de la foule, le restaurant Domino dispose d'une belle terrasse et d'une salle voûtée en contrebas. Excellente table réservée surtout aux amateurs de bonne viande.

Proto
Plan p. 162-163/B2 *– Siroka 1 ☎ 020.323.234. Ouv. t.l.j. 11h-23h.*
Ce restaurant, ouvert en 1886, cultive avec rigueur sa réputation d'excellence. Jolie terrasse à l'étage, en plein cœur de la vieille ville. Spécialités de fruits de mer. Goûtez donc aux huîtres de Ston, à la bouillabaisse ou à l'assiette du pêcheur.

Taj Mahal
Plan p. 162-163/B2 *– Nikole Gučetića 2 ☎ 020.323.221. Ouv. t.l.j. 10h-minuit.*

C'est le seul restaurant bosniaque de la ville. On y sert de délicieux *ćevapi*, des pitas aux épinards et des baklavas à tomber par terre !

À partir de 30 €

Gil's
Plan p. 162-163/B2 – Petilovrjenci 4
☎ 020.321.168.
À la tête de ce petit bistrot sympathique et branché, le chef français Gilles Camilleri réussit à proposer une carte aux inspirations plurielles, mêlant aux produits locaux le nec plus ultra d'ailleurs : *pata negra* espagnol, viande d'Argentine, truffes d'Istrie… On se régale ici dans une atmosphère détendue.

Nautika
Plan p. 162-163/A2 – Brsalje 3, porte Pile ☎ 020.442.526, www.esculap-teo.hr. Ouv. t.l.j. 12h-minuit.
Ce restaurant gastronomique, véritable institution locale, est installé dans l'ancienne école navale, juste au bord des murailles. Très belles terrasses extérieures. Le chef Mario Bunda sait comme personne préparer les produits de la mer, tels le *brodetto* à la polenta façon Lopud ou encore les crevettes au persil.

CAFÉS

Buža
Plan p. 162-163/C3 – À l'extérieur des remparts, du côté du bastion Saint-Étienne ☎ 020.312.664. Ouv. t.l.j. 8h-3h.
Un endroit niché sur la falaise, vraiment magique à midi comme à minuit. Service de boissons en bouteille.

♥ **Café Festival**
Plan p. 162-163/B2 – Placa bb
☎ 020.321.148. Ouv. juil.-août : t.l.j. 8h30-2h ; le reste de l'année : t.l.j. 8h30-22h.
C'est LE café de Stradun, un peu l'équivalent du café de Flore à Paris, ou du café Florian à Venise. On vient y boire un café, lire le journal, discuter, regarder la foule passer…

♥ **Gradska Kafana**
Plan p. 162-163/C2 – Pred Dvorom 1
☎ 020.321.065. Ouv. avr.-oct. : t.l.j. 8h-2h ; nov.-mars : t.l.j. 8h-11h.
C'est l'autre lieu de rendez-vous de la ville. La terrasse sur la place de la Luža offre l'une des plus jolies vues au monde. Ne manquez pas d'y aller en début de soirée, lorsque le soleil s'y attarde délicieusement. Les pâtisseries qu'on y propose sont toutes absolument excellentes. Tentez donc l'originalité avec le gâteau aux macaronis et aux noix !

SORTIR

La vieille ville est assez tranquille la nuit.

Troubadour

Plan p. 162-163/C3 – Bunićeva Poljana 2 ☎ 020.323.476. Ouv. t.l.j. 9h-2h.
Ce bar de jazz est un lieu de rendez-vous des jeunes et des moins jeunes de la ville. Sa terrasse au pied de la cathédrale est un must.

Skybar
Plan p. 162-163/A1 – Brsalje 8
☎ 098.244.429 (port.). Ouv. 23h-6h.
Ambiance plutôt sud-américaine pour cette boîte de nuit située près de la porte Pile. Toutefois, la programmation est loin d'être sectaire : rock, rythm'n'blues, dance…

Culture Club Revelin
Plan p. 162-163/D1 – Sv. Dominika bb (fort Revelin) ☎ 098.533.531 (port.). Ouv. 23h-6h.
L'ancienne forteresse du XVIe s. connaît des soirées palpitantes et, sous ses voûtes éclairées au laser, vibrionne une jeunesse déchaînée !

Dubrovački Simfonijski Orkestar
Plan p. 162-163 – Sv. Dominika
☎ 020.417.101, www.dso.hr.
Cet orchestre organise des concerts dans le fort Revelin *(p. 165)*, dans l'église Saint-Sauveur *(p. 165)* ou bien dans le palais des Recteurs *(p. 172)*.

SHOPPING

*La rue **Od Puća** est une artère très commerçante de la vieille ville.*

Zlatavna Mateo
Plan p. 162-163/C2 – Gundulićeva Poljana 9 ☎ 020.323.230. Ouv. lun.-sam. 9h-21h.
Bagues en argent et turquoise, pendeloques filigranées, boucles d'oreilles en corail, bracelets simples… Autant de raisons d'hésiter !

Croata
Plan p. 162-163/C3 – Pred Dvorom 2. Ouv. juil.-août : t.l.j. 9h-22h (jusqu'à 12h30 dim.) ; mai-juin et sept.-oct. : lun.-sam. 9h-21h ; nov.-avr. : lun.-sam. 8h-20h.
La Croatie a inventé la cravate et en est très fière. Cette boutique, avec son choix incroyable de modèles, en est un peu la Mecque.

Dubrovačka Kuća
Plan p. 162-163/C2 – Od Sv. Dominika 4 ☎ 020.322.092. Ouv. juin-sept. : t.l.j. 9h-23h ; oct.-mai : t.l.j. 9h-20h.
Vous trouverez toutes sortes de trésors : magnets, céramiques, savons artisanaux, lithographies…

Vinoteka Miličić
Plan p. 162-163/B2 – Placa ☎ 020.321.777. Ouv. mai-sept. : t.l.j. 10h-22h ; oct.-avr. : t.l.j. 9h-16h.
Cette petite boutique tenue par une famille de viticulteurs de la péninsule de Peljesac propose une intéressante sélection de vins et de liqueurs croates. Le vignoble dalmate produit d'excellents rouges, dont le *postup* et le *dingač*, qui méritent vraiment une dégustation. Côté blanc, laissez-vous tenter par le *pošip*, cultivé sous le soleil de Korčula.

SPORTS ET LOISIRS

➤ Excursions en mer

Plusieurs compagnies proposent à peu près le même circuit sur les trois principales îles de l'archipel des Élaphites. Sortie à la journée avec repas.

Adriana
Plan p. 162-163/D2 – ☎ 098.344.511 (port.). Départ à 11h du vieux port, retour à 18h. 250 Kn, repas compris.
Visite panoramique de 50 min *(75 Kn)*, A/R pour Lokrum *(60 Kn)*, A/R pour l'île privée de Supetar *(80 Kn)*.

➤ Sports nautiques

Adventure Dalmatia
Plan p. 162-163/A2 – Plage sous la porte Pile ☎ 091.566.5942 (port.), www.adventuredalmatia.com.
Une excursion en kayak à Lokrum *(350 Kn/pers.)* de 4h30, départs à 8h30 et 16h.

➤ DUBROVNIK HORS DES REMPARTS

Visite 19, p. 176
Carte p. 158-159, plan p. 178-179

Gruž

SPORTS ET LOISIRS

➤ Agence généraliste

♥ **Dubrovnik Adventures**
Plan p. 178-179/B1 – Obala Stjepana Radića 14 ☎ 099.667.7700 (port.), www.dubrovnikadventures.com. De 39 à 55 € l'excursion avec guide, transfert et snack, 30 € la virée en kayak sans snack.
Cette agence impliquée dans le développement durable propose de découvrir l'arrière-pays et ses richesses. Excursions à la journée dans la splendide vallée de Konavle à pied, à vélo ou à cheval avec étapes possibles chez des petits producteurs de vin ou d'huile d'olive. Escapade en kayak sur l'île de Koločep.

➤ Excursions en mer

Plusieurs compagnies proposent à peu près le même circuit sur les trois principales îles de l'archipel des Élaphites. Sortie à la journée avec repas.

Jadrolinija
Plan p. 178-179/B1 – Obala Stjepana Radića 40 ☎ 020.418.000. Ouv. lun.-sam. 8h-20h, dim. 8h-14h30 et 19h-20h30 (23h juil.-août). 4 départs/j. pour les Élaphites : 46 Kn/pers.
La compagnie croate a des lignes régulières pour les Élaphites, mais aussi pour les autres îles croates.

Lapad et Babin Kuk

Visite p. 180

OÙ DORMIR ?

➤ Camping

À partir de 10 €/pers.

Camping Solitudo
Plan p. 178-179/A1 – Ulica Vatroslava Lisinskog, Babin Kuk 17 ☎ 020.448.686,

www.valamar.com. Ouv. avr.-oct. Grande piscine découverte. Plages.
Idéalement situé dans la verdure, ce camping propose des emplacements pour tentes et camping-cars, mais aussi des mobile-homes de tailles différentes *(12 m², 15 m² et 24 m², à partir de 69 € en haute saison).*

➤ Hôtels

De 80 à 160 €

♥ Zagreb
Plan p. 178-179/A1 *– Šetalište Kralja Zvonimira 27, hot-sumratin@du.t-com.hr.*
Cette belle bâtisse ocre un peu pompeuse est entourée d'un jardin fleuri agréable, juste au début de la promenade descendant vers la mer, à deux pas de l'arrêt de bus pour la vieille ville et à 5 min à pied de la plage. Même si la décoration date un peu, les chambres sont spacieuses et confortables.

Adriatic
Plan p. 178-179/A2 *– Masarykov Put 9 ☎ 020.433.520, www.dubrovnikhotels.travel. Plage privée.*
Ambiance jeune et décontractée dans ce complexe à la décoration certes un peu datée, mais à la vue absolument splendide. L'immeuble en béton n'est franchement pas beau, mais la végétation méditerranéenne le masque un peu. Chaque chambre dispose d'un balcon.

Hotel Komodor
Plan p. 178-179/A2 *– Masarykov Put 5 ☎ 020.433.500, www.dubrovnikhotels.travel.*
L'un des plus anciens hôtels de la péninsule de Lapad jouit assurément d'un emplacement de choix. Architecture en pierre, stores rayés bleu et blanc et restaurant sous la treille lui donnent un cachet attachant. Les chambres auraient besoin d'un coup de jeune !

Hotel Vis
Plan p. 178-179/A2 *– Masarykov Put 4 ☎ 020.433.555, www.dubrovnikhotels.travel.*
Cet hôtel du groupe Maestral reste dans une gamme de prix raisonnable tout en offrant une vue superbe sur l'Adriatique. Pensez à prendre l'option « seaview » avec balcon *(15 € en plus).*

Plus de 160 €

♥ Lapad
Plan p. 178-179/B1 *– Lapadska Obala 37 ☎ 020.455.555 ou 020.455.570, www.hotel-lapad.hr.*
Juste en face du port de Gruž, cet établissement a su conserver le charme des grands hôtels début de siècle tout en y ajoutant le confort moderne, notamment une belle piscine avec solarium. Les chambres avec vue sur la baie de Gruž et balcon, bien qu'un peu plus chères *(env. 20 € de plus, soit 145 Kn),* méritent ce petit effort pécuniaire !

Perla
Plan p. 178-179/A1 *– Šetalište Kralja Zvonimira 20 ☎ 020.438.244, www.perla-dubrovnik.com.*
Ce petit hôtel moderne, tout près de la plage, propose des chambres claires et spacieuses avec balcon. Restaurant en terrasse sur la promenade.

➤ Appartements

De 60 à 90 €

♥ Appartement Luxury Mala Mare
Plan p. 178-179/A1 *– Kliševska 49 ☎ 020.452.130 et 099.672.5299 (port.), www.adriatic-home.com.*
Un vrai appartement de vacances (2+1 pers.) au style un peu inspiré *fifties* sans être vieillot. Très propre et coquet, on s'y sent immédiatement à son aise. La grande terrasse de 36 m² y est sans doute pour quelque chose. L'accueil chaleureux de Maria également.

À partir de 110 €/appart.

♥ Villa-Smodlaka/Bougenvillea
Plan p. 178-179/C2 *– Kotorska 5 ☎ 020.332.814, www.adriatic-home.com. Séjour minimum : 3 nuits.*
Perchée sur une falaise, cette magnifique villa à l'ancienne surplombe directement l'Adriatique. 1 appart. avec 2 ch. et un studio y ont été aménagés dans un style bohême et artiste. On aime les fresques peintes sur les murs, les dessus-de-lit en patchwork, les tableaux accrochés ici et là, le jardin en pente avec son ponton en contrebas.

Env. 130 €/appart.

Appartements Mirkovic
Plan p. 178-179/B2 *– Korčulanska 8 ☎ 020.332.583 et 098.679.121 (port.),*

www.adriatic-home.com. Séjour minimum : 2 nuits.
2 appart. (5 et 6 pers.) et une ch. double *(40 € la nuit)* dans une jolie maison en pierre sur la colline de Lapad. Petit jardin planté et terrasse sous la treille.

OÙ MANGER ?

De 10 à 20 €

♥ **Levanat**
Plan p. 178-179 / A1 – Šetalište Niki i Meda Pucica 15 ☎ 020.435.352. Ouv. t.l.j. 8h-minuit.
Ce restaurant isolé au bord de la baie de Sumratin mérite les 10 min de marche depuis la plage. De la terrasse, vous verrez trois écueils et un phare et pourrez admirer au crépuscule les derniers reflets du soleil sur la baie. La carte propose quelques plats classiques comme les calamars grillés ou le risotto à l'encre de seiche, mais aussi quelques spécialités comme les nouilles vertes à la lotte.

SPORTS ET LOISIRS

Diving Center Blue Planet
Plan p. 178-179 / A2 – Hotel Dubrovnik Palace, Masarykov Put 20 ☎ 091.899.0973 (port.), www.blueplanet-diving.com. Sortie 2 plongées 65 €, 1 plongée 40 €.
Pour des excursions inoubliables dans les abysses. Le club organise des sorties à la demi-journée chaque matin, après-midi, début de soirée et même de nuit sur plus d'une dizaine de sites.

Pile

Visite p. 177

Le petit quartier entre Pile et le fort Lovrijenac, tout en étant à deux pas de la vieille ville, est un peu à l'écart des circuits touristiques et donc plus calme. Ses deux plages minuscules, ses maisons en pierre et ses patios cachés en font un havre idéal.

OÙ DORMIR ?

Plus de 150 €

Hilton Imperial
Plan p. 178-179 / C2-3 – Marijana Blazica 2 ☎ 020.320.320, www.hilton.com. Piscine couverte.
Cette institution centenaire s'est refait une jeunesse. Balcons dorés, volets verts, briques rouges, la façade de cet hôtel en jette ! À l'intérieur, des équipements technologiques haut de gamme et une décoration sobre qui marie les boiseries claires et les tentures soyeuses.

OÙ MANGER ?

Moins de 10 €

♥ **La Mizerija**
Plan p. 178-179 / C3 – Plage de Sulic ☎ 052.576.711. Ouv. mai-oct : t.l.j. 10h-23h.
Un *beach bar* simple et décontracté. Vue imprenable et sandwichs délicieux.

De 15 à 25 €

♥ **Orhan**
Plan p. 178-179 / C3 – Od Tabakarije 1 ☎ 020.411.918, www.restaurant-orhan.com. Ouv. t.l.j. 11h-minuit.
Ce restaurant se trouve en contrebas des remparts, à côté d'un port miniature. Poissons, fruits de mer, pâtes, risottos… sont autant de façons de se régaler.

SPORTS ET LOISIRS

♥ **Adriatic Kayak Tours**
Plan p. 178-179 / C2-3 – Zrinsko-Frankopanska 6 (derrière l'hôtel Hilton Imperial, ci-contre) ☎ 020.312.770, www.adriatickayaktours.com.
Cette agence vous fera découvrir Dubrovnik et ses îles de façon différente. Plusieurs programmes sont proposés, certains mêlant VTT et kayak. Le plus facile part de la plage Sv. Jakov à l'est de la vieille ville et vous emmène sur l'île de Lokrum à 2,5 km *(demi-journée, départs à 9h et 16h, 255 Kn/pers.)*.

Sea Kayaking Tours
Plan p. 178-179 / C3 – Plage de Sulic ☎ 097.722.2979 (port.). Tour guidé de 3h, départs à 9h et 12h, 230 Kn/pers. Arrêt à Lokrum. Sandwich compris.

Ploče

Visite p. 177

OÙ DORMIR ?

Juste à l'extérieur des murailles, le quartier de Ploče est très agréable.

➤ Hôtel

Plus de 150 €

Excelsior
Plan p. 178-179/D3 – Frana Supila 12
☎ 020.430.830, www.hotel-excelsior.hr. Spa, piscine intérieure, 4 restaurants, plage privée.
Ce palace a su se faire une clientèle de choix. Le service est impeccable, le cadre, juste en face de Lokrum et au bord des murailles, enchanteur, le piano-bar Abakus avec ses baies hautes de 5 m offre l'un des plus beaux panoramas sur la ville.

➤ Appartements

De 50 à 100 €

Appartement Dijana
Plan p. 178-179/D2 – Ante Topića Mimare 14 ☎ 020.428.754 et 091.543.0094 (port.), www.adriatic-home.com.
Depuis les balcons de cette maison méditerranéenne, la vue sur la vieille ville est splendide. On peut choisir ici le studio équipé d'une kitchenette ou bien l'une des 3 ch. doubles.

Appartement Nives
Plan p. 178-179/D3 – Put Od Bosanke 29
☎ 091.540.4183 (port.), www.adriatic-home.com.
1 appart. (2+1 pers.) bien agencé sous les combles au dernier étage d'une maison bâtie sur les hauteurs de Ploče. La vue est splendide depuis la très grande terrasse, et la plage de Banje est à seulement 300 m !

Appartements Emi
Plan p. 178-179/D3 – Frana Supila 27
☎ 098.160.4969 (port.).
Le jardin fleuri et aménagé avec des sofas est, à la belle saison, un vrai bonheur. Les 2 appart. (pour 2 et 4 pers.), de style moderne, sont agréables avec de très belles vues sur la mer. Les propriétaires parlent l'anglais et le français.

SORTIR

La nuit venue, Ploče s'anime. De nombreuses discothèques montent les décibels et attirent une clientèle jeune et fashion. *Si vous aimez danser, sachez que plusieurs complexes hôteliers possèdent leur propre* dance floor.

Spectacles de danses folkloriques « Lindo »
Plan p. 178-179/D3 – Frana Supila 8
☎ 020.324.023. Ouv. juin-sept. : mar. et ven. à 21h30.
Des rondes colorées au son de la *lijerica*, cousin balkanique du violon. C'est l'occasion de découvrir les danses et la musique traditionnelles locales.

East West Beach Club
Plan p. 178-179/D3 – Plage Banje
☎ 020.412.220. Ouv. 22h-4h.
Haut lieu de la nuit à Dubrovnik, ce club rassemble face aux remparts illuminés une foule dense et très cosmopolite.

➤ LES ENVIRONS DE DUBROVNIK

Visite 20, p. 181
Carte p. 158-159
Carnet pratique p. 272

Cavtat

Visite p. 184

OÙ MANGER ?

Moins de 10 €

Buffet Atlas
Carte p. 158-159 – A Starčevia 15
☎ 020.478.474. Ouv. t.l.j. 8h-1h.
Petit restaurant qui propose *focaccie* et pizzas à grignoter en terrasse.

De 15 à 30 €

Leut
Carte p. 158-159 – Trumbićev Put 11
☎ 020. 478.477. Ouv. t.l.j. 11h-minuit.
Une véritable institution locale, installée sur le port depuis plus de 35 ans. Les habitués viennent y déguster ses célèbres risottos. Mais en fait, tout est bon ici.

Plus de 30 €

Bugenvila
Carte p. 158-159 – Sur le port
☎ 020.479.949. Ouv. t.l.j. 12h-minuit.
Ce restaurant propose une carte plus originale que ses voisins. On peut y déguster toute une gamme d'huiles d'olive et de fromages de chèvre, un pavé de Black Angus fondant, des tomates bio et *burrata*, des côtelettes d'agneau…

Les Élaphites

Visite p. 182

OÙ DORMIR ?

➤ Koločep

À partir de 150 €

Villas Koločep
Carte p. 158-159 – Douje Celo bb
☎ 020.757.025, www.kolocep.com.
Ses 8 villas disposées autour de la baie ont presque un air tropical ! Plage dorée, mer turquoise, soleil et farniente.

➤ Lopud

À partir de 120 €

Glavović
Carte p. 158-159 – Obala Iva Kuljevana, anse de Lopud ☎ 020.759.359, www.hotel-glavovic.hr.
Cette pension de famille établie ici depuis 2003 est située en plein cœur de la charmante ville de Lopud. La bâtisse en pierre de Korčula se trouve juste à côté de la plage. La patronne, très avenante, se fera un plaisir de parler en français avec vous ! Les chambres sont simples mais propres. Restaurant en terrasse en contrebas.

➤ Šipan

À partir de 80 €

♥ **Hotel Šipan**
Carte p. 158-159 – 20233 Šipanska Luka
☎ 020.361.901, www.hotel-sipan.com.
Installé dans une ancienne fabrique d'huile d'olive, l'hôtel fait face à la magnifique baie protégée de Šipanska Luka. La décoration lumineuse et épurée est ici une heureuse surprise. De l'ascenseur aux motifs subaquatiques à la bibliothèque très cosy, tout invite à s'attarder à l'intérieur. Mais ce serait dommage !

À partir de 150 €

♥ **Božica**
Carte p. 158-159 – Ulica br. 13, I/d, Suđurađ ☎ 020.325.400, www.hotel-bozica.hr. Parking, piscine.
Cet hôtel aux façades d'un blanc étincelant donne sur la baie préservée de Suđurađ, au sud de l'île. Le site est vraiment paradisiaque, les chambres confortables, la vue sur la mer magnifique et l'accueil tout simplement adorable. Possibilité de louer sur place des vélos pour explorer l'île ou un bateau pour naviguer vers les autres Élaphites. Autres activités proposées : plongée et pêche aux lanterneaux.

OÙ MANGER ?

➤ Šipan

Plus de 30 €

Konoba Kod Marko
Carte p. 158-159 – Šipanska Luka.
Ouv. avr.-oct.
Rendez-vous des plaisanciers, la terrasse sur pilotis de Marko est le genre de lieu dont on ne se lasse pas. Accueil formidable, mets soignés.

Mlini

SPORTS ET LOISIRS

Dubrovnik Diving Aquarius
Carte p. 158-159 – ☎ 098.229.572 (port.), www.dubrovnik-diving.com.
25 € la plongée en bateau, 30 € la plongée de nuit ou sur des épaves.
À bord d'un catamaran ou d'une vedette, partez explorer les plus beaux sites autour de Dubrovnik : l'épave du *Taranto*, le jardin des Amphores et ses centaines de jarres romaines…

Nova Mokosica

OÙ DORMIR ?

À partir de 50 €

♥ **House Knezevic**
Carte p. 158-159 – Gorava 34
☎ 091.652.849 (port.).
Un peu à l'extérieur de l'agglomération, cette jolie maison donne sur l'étroit fjord au nord de la ville. Ici, face à la marina de Dubrovnik, règne un calme absolument divin. On profite de la terrasse ombragée et de la gentillesse de Daria, la propriétaire, qui fait son possible pour faciliter votre séjour. Des bus relient ce coin de paradis à la porte Pile toutes les 10 min.

Tout savoir sur…

L'histoire, la gastronomie, la religion, la culture…

Vous voulez comprendre l'histoire complexe de ce petit pays ? Découvrir un pan de sa culture, longtemps restée confidentielle ? Vous plonger dans ses festivités hautes en couleur ou en savoir davantage sur ses nombreux parcs nationaux ? Vous ouvrir à sa gastronomie ancestrale, à cheval entre saveurs du littoral et copieuses recettes montagnardes ? Ce chapitre répondra à vos questions et à bien d'autres…

Kotor et les montagnes du parc du Lovćen

Nature

➤ Un puzzle haut en relief

« Quand Dieu créa le monde, il tenait à la main un sac plein de montagnes, mais le sac vint à crever au-dessus du Monténégro, et il tomba cette masse effroyable de rochers », dit un proverbe monténégrin. Il suffit de survoler le pays pour réaliser de ses yeux toute la sagesse de ce dicton populaire. Partout où le regard se porte, les sommets acérés et nus se succèdent. La teinte grise de la roche karstique contraste avec les harmonies de verts des forêts ou des maquis situés en contrebas. Seuls répits dans ce chaos minéral, la longue incision liquide des bouches de Kotor à l'ouest, les étendues paisibles et marécageuses du lac Skadar au sud, la vallée de la Zeta et l'étroite bande côtière.

Les Alpes slaves

Les Alpes dinariques (appellation dérivée du mont Dinara) traversent les Balkans de la Slovénie à l'Albanie. Ces chaînes montagneuses orientées nord-ouest et sud-est, au relief calcaire, occupent tout le territoire monténégrin. La longue arête de l'Orjen, suivie par les pics du Lovćen, dresse autour des bouches de Kotor d'impressionnants remparts maritimes. Plus vers le sud, la ceinture côtière s'abaisse légèrement, gardant néanmoins quelques sommets isolés.

Dans l'arrière du pays, montagnes et hauts plateaux, parfois nettement séparés par de profondes vallées comme celles de la Tara et de la Morača, semblent se serrer les uns contre les autres. Les cols sont rares, les cirques nombreux et spectaculaires, les falaises abruptes, les sommets aiguisés ou plus émoussés par l'érosion… Plus de 150 pics dépassent les 2 000 m et l'altitude moyenne du pays est de 1 000 m. Deux points culminants se disputent le record de hauteur : le **Bobotov Kuk** à 2 523 m dans le Durmitor *(p. 130)* et le **Zla Kolata** frôlant les 2 534 m dans les monts Prokletije, à la lisière de l'Albanie.

Aux abords du littoral, l'âpreté du relief laisse place à des paysages plus apaisés.

Un climat continental

Le Monténégro, bien que situé dans le sud de l'Europe, reste sous influence continentale. Hormis le littoral et la plaine autour de Podgorica, la capitale, les températures sont fraîches, voire froides. La neige, abondante, s'éternise des mois entiers dans ces régions et s'attarde souvent au printemps. Le record est détenu par la station de ski Žabljak *(p. 127)*, avec 72 jours de neige par an en ville et une belle couche blanche épaisse sur les cimes avoisinantes. Les lacs d'altitude se transforment en patinoires, les pentes poudreuses en pistes de luge ou de ski.

Mais sur la côte, le climat abandonne les frimas continentaux et s'adonne volontiers à la tiédeur maritime. Côté mer, les eaux calmes ont une température moyenne de 18,5 °C avec des pointes à 27 °C en été. On peut donc s'y baigner la moitié de l'année sans trop d'effort. L'Adriatique, sage à la belle saison, ne s'emporte qu'en hiver, lorsque souffle la *bura* et ses brusques rafales venues du nord-est, ou le *jugo,* brise du sud. La houle peut alors créer des creux de 5 m.

➤ Les parcs nationaux du Monténégro

Couvrant près de 10 % du territoire, les cinq parcs nationaux du Monténégro abritent une nature sauvage et préservée.

Le parc national du Durmitor

Le parc national du Durmitor (39 000 ha), classé au Patrimoine naturel mondial par l'Unesco, s'étend sur un haut plateau situé à 1 500 m d'altitude et comprend le fameux canyon de la Tara *(p. 137)*. Les trois pics les plus visités du massif du Durmitor sont le Bobotov Kuk (le point culminant du massif, 2 523 m), le Prutas (2 393 m), extraordinaire balcon aux parois striées par des couches de sédiments verticales, et le Međed (2 287 m) au-dessus du lac Noir (Crno Jezero). Entre les chaînes de montagnes, quelques bosquets de hêtres et d'érables parsèment les prairies où paissent des troupeaux de moutons. Plus bas, conifères, genévriers, sapins, pins blancs défient les lois de la pesanteur. Toute la région, façonnée par les glaciers et leur retrait, abonde en cuvettes et bassins remplis aujourd'hui d'eau assoupie. On recense 18 étangs et lacs, surnommés ici *gorske oči*, « œil de la montagne », et 748 sources. Les lacs sont éparpillés sur le bien nommé Jezera Povrs, ou plateau des Lacs.

Le parc national de Biogradska Gora

Le parc national de Biogradska Gora (5 400 ha), créé dès 1878, possède l'une des dernières forêts primaires d'Europe. Cette réserve de la biodiversité abrite une flore très variée et attire des scientifiques du monde entier. On y recense 86 variétés d'arbres. De magnifiques hêtres, frênes, érables, épicéas, pins bos-

Le lac Noir, dans le parc national du Durmitor

niaques, ormes couvrent les pentes adoucies de ces reliefs érodés à l'ère glaciaire. Sur les terrains plus découverts, les tapis de genévriers, de genêts, de bruyères, les églantiers ébouriffés ponctuent les prairies de taches colorées lors de leur floraison.

Cet habitat vierge fait le bonheur de toute une foule d'animaux des bois, comme les renards, les loups, les ours ou les chevreuils… Les oiseaux ne sont pas en reste puisqu'on en distingue 150 espèces, dont plusieurs rapaces comme le faucon ou l'aigle impérial. On répertorie par ailleurs 350 espèces d'insectes, dont certaines sont protégées : l'apollon, un papillon de montagne, le papillon du fenouil ou *Papilio podalirius*, la fourmi rousse, le lucane ou cerf-volant. Enfin, les lacs d'altitude et les mares cachent dans leurs eaux froides des colonies de poissons, de tritons et de grenouilles.

Le parc national du Lovćen

Juste à la lisière de Cetinje s'étend le parc national du Lovćen, inauguré en 1952. De dimension modeste (6 400 ha), ce parc occupe une place particulière dans le cœur des Monténégrins. Il représente pour la mémoire collective le centre du Monténégro historique, une sorte de montagne sacrée. Ventilé par les masses d'air marin et continental, son air très pur fait d'ailleurs d'Ivanova Korita une station climatique de renom (on venait y soigner différentes maladies) dès 1929.

Le parc concentre pas moins de 1 300 espèces végétales, dont le pin noir Munika, résineux endémique protégé. Dans les prairies poussent des fleurs des champs et des herbes aromatiques. Il abrite également une faune des bois impressionnante : ours bruns et loups occupent le territoire, même si les marcheurs auront peu de risque de les croiser. Moins impressionnants mais très présents, les insectes abondent : le papillon apollon et les fourmis rouges sont protégés. Peu agressive mais légèrement venimeuse, la vipère d'Orsini se cache dans les herbes et les buissons. Les oiseaux aussi affectionnent particulièrement ce perchoir. On en recense 200 espèces, parmi lesquelles l'aigle impérial, le faucon pèlerin, la chouette ou la perdrix.

Le parc national du lac Skadar

Le parc national du lac Skadar (40 000 ha, dont la quasi-totalité immergée) est une réserve humide protégée, et la zone montagneuse entourant le bassin est clasée parc national depuis 1983. Il abrite une extraordinaire faune ornithologique (270 espèces recensées) et fut déclaré en 1989 zone importante pour la protection des oiseaux, notamment les pélicans *(p. 99)*.

Situé à 28 m au-dessous du niveau de la mer, le lac Skadar occupe la plus grande dépression karstique du continent et compte de nombreux îlots. 91 % du lac sont constitués d'eau libre, 9 % d'eaux marécageuses. Son affluent principal est la Morača, secondée par de multiples rivières et des sources souterraines, tandis que ses eaux rejoignent l'Adriatique par la rivière Bojana.

Les rives du lac Skadar

Le parc national des Prokletije

Le parc national des Prokletije (16 630 ha), fondé en 2009, s'étend du côté de l'Albanie. Il possède deux réserves naturelles : le lac Hrid et le pic Volusnica (1 879 m).

Le parc compte de nombreux pics de plus de 2 000 m et abrite un écosystème d'une remarquable richesse. On dénombre quelque 1 700 variétés de fleurs et d'herbes. Un vrai festin pour les abeilles ! Côté faune, la branche ornithologique est bien lotie avec 161 espèces : vautours, buses, aigles, faucons pèlerins, mais aussi hérons et éperviers.

Randonneurs dans le parc national des Prokletije

➤ Un paradis pour les sportifs

Rafting sur la rivière Tara, canyoning dans des gorges reculées, plongée ou kayak dans les bouches de Kotor et, bien sûr, randonnées à couper le souffle dans les massifs montagneux… Le Monténégro est le pays rêvé pour des vacances actives.

Des activités pour tous les goûts, sur terre…

Le Monténégro est avant tout réputé pour ses nombreux massifs montagneux se prêtant parfaitement à la **randonnée,** tant pour les alpinistes chevronnés que pour les amateurs en quête de calme et de nature. Les parcs nationaux du pays sont sillonnés de sentiers plus ou moins longs et difficiles. Le massif du Durmitor est la zone la plus facile d'accès, et donc la plus fréquentée. Les sentiers y sont bien balisés et vous trouverez des cartes détaillées dans les boutiques et hôtels de Žabljak *(p. 218)* pour effectuer durant l'été des boucles de quelques heures ou des randonnées de plusieurs jours.

L'arrière-pays est également propice aux **randonnées à cheval.** Quelques agences proposent des excursions : vous en trouverez notamment vers Kolašin *(p. 222)* ou Nikšić *(p. 215)* . Vous pourrez expérimenter des balades de quelques heures ou des périples plus longs dans les massifs, sur plusieurs jours.

Dans les bouches de Kotor, une route en bord de mer relie Igalo et Kamenari (env. 20 km), ne croisant la route principale qu'en de brefs passages. C'est un parcours idéal à effectuer à **vélo,** même si les promeneurs, nombreux, ralentissent le trafic. D'autres routes sont propices aux balades à bicyclette à travers le pays, comme celle qui longe le lac Skadar depuis Rijeka Crnojevića jusqu'à Ckla, dernier village avant la frontière albanaise (65 km au total sur de petites routes asphaltées, à réaliser sur plusieurs jours).

… ou dans l'eau

Avec sa longue côte, ses lacs et ses rivières, le Monténégro est un terrain de jeu idéal pour les amateurs de sports d'eau.

À PIED SUR LE CT 1

Tracé en 1987, le CT 1, Crnogorska Transverzala 1, parcourt 164 km, dont une grande part dans les **montagnes des Komovi et de Bjelasica,** d'où un dénivelé important (plus de 1 800 m). Comptez 7 à 8 jours pour la totalité du circuit. Le balisage a été entièrement refait en 2007. Ce GR part de Podgorica et rejoint Žabljak. En chemin, vous traverserez Kučka Krajina, longerez le lac Bukumirsko, grimperez les montagnes Komovi jusqu'au col de Trešnjevik, puis cheminerez dans les verts pâturages du massif de Bjelasica jusqu'à Mojkovac. En fin de parcours, vous frôlerez le ciel sur les hauts plateaux de Sinjajevina avant d'atteindre le Durmitor.

Les eaux de la baie d'Herceg Novi *(p. 31)*, comme celles de la péninsule de Luštica *(p. 57)*, sont d'une belle limpidité qui invite à la **plongée.** La faune et la flore marines y sont très riches et le littoral adriatique recèle quantité d'épaves de bateaux et de grottes sous-marines à explorer.

Les eaux calmes des bouches de Kotor se prêtent merveilleusement à la pratique du **kayak.** En fonction de votre forme, vous pourrez opter pour une simple virée jusqu'à Rose *(p. 58)*, au coucher du soleil, ou bien partir pour la journée en direction de l'îlot Mamula, avant de rejoindre, à quelques coups de pagaies de là, la plage de Mirište *(p. 59)*. Le lac Skadar *(p. 88)* est également propice aux balades en kayak pour explorer en toute tranquillité la faune sauvage qui s'y abrite.

Le rafting et le canyoning, sports d'eau vive par excellence, nécessitent un encadrement mais promettent de belles émotions. Dans le Nevidio et la Mrtvica, le **canyoning** est réservé aux passionnés maîtrisant sauts et rappels, escalades et plongeons. Les organisateurs fournissent le matériel et un guide professionnel mène l'équipe. L'excursion dans le dédale de roches sculptées et de rapides couleur saphir du Nevidio, aux multiples cascades, dure une journée entière *(p. 215)*.

Vous pourez vous essayer au **rafting** sur la rivière Tara, un must absolu au Monténégro, même si vous n'avez jamais pratiqué : mis à part quelques passages un peu techniques, la descente est relativement calme et les paysages sont éblouissants *(p. 141)*.

Rafting dans le canyon de la Tara

Histoire

➤ Les dates qui ont fait le Monténégro

L'histoire de ce petit pays se confond avec celle des Balkans, complexe et changeante, longtemps dominée par la résistance aux Ottomans et le jeu des grandes puissances russe, austro-hongroise et vénitienne. Indépendant depuis 2006, le Monténégro aspire aujourd'hui à intégrer l'Union européenne.

Une occupation humaine ancienne (IIIe s. av. J.-C.-VIe s.)

Vers le milieu du IIIe s. av. J.-C., les Illyriens (peuple de souche indo-européenne) peuplent les côtes de la rive orientale de l'Adriatique. On trouve leurs traces à Medun, Ulcinj ou dans la grotte de Vranjaj, située au nord d'Herceg Novi.
Sous l'Empire romain, le Monténégro appartient à la province de Dalmatie, dont la ville la plus importante est le *municipium* de Doclea (Duklja) à l'embouchure de la Zeta.

Une principauté vassale de la Serbie (VIe s.-XVe s.)

Les Slaves, venus du nord de l'Europe, occupent la région à partir de la fin du VIe s. Au début du Xe s., ils fondent l'État de Duklja, dirigé par la dynastie des Vojislavljević durant près de deux siècles. Les frères Cyrille et Méthode (évêque de Sirmium) sont alors chargés par le patriarche de Byzance de les évangéliser. Ils sont connus comme les apôtres des Slaves.
En 1089, Duklja prend le nom de la rivière qui le traverse : la Zeta. De 1185 à 1355, la principauté passe sous la domination de l'État serbe de Raška. La **dynastie serbe des Nemanjić** y règne durant toute la période.
Au début du XIIIe s., Rastko Nemanjić renonce à son titre de prince pour embrasser la religion, puis se retire sur le mont Athos : moine, il deviendra saint Sava. Il est considéré comme le père fondateur de l'Église orthodoxe autocéphale (indépendante des Grecs) et est encore aujourd'hui très vénéré.
Le nom de **Crna Gora** (« montagne noire », traduit en lingua franca, le dialecte vénitien, par *monte nero*) apparaît pour la première fois en 1296 dans une bulle émise par le pape Clément III, qui y crée l'archevêché de Bar et dix évêchés.
Après la défaite des Serbes contre les Turcs à la bataille du Champ des merles (Kosovo) en 1389, la **dynastie serbe des Balšić** reconstitue la principauté de Zeta divisée par les luttes féodales et se protège de l'avancée ottomane.
À la mort du dernier des Balšić en 1421, Stefan Crnojević, noble serbe de la région du lac Skadar allié de la dynastie régnante, est choisi pour lui succéder. Il mène alors la lutte contre les Turcs. Son règne durera plus de quarante ans.
Ivan Crnojević, fils de Stefan, qui a succédé à son père en 1465, installe sa capitale à Cetinje, à l'abri des montagnes du Lovćen.

Théocratie orthodoxe contre sultanat musulman (1439-1830)

En 1499, Đurđe Crnojević, le fils d'Ivan, s'exile à Venise plutôt que de faire acte d'allégeance au sultan Bayazid II. Il confie la principauté à l'évêque de Cetinje.

La Crna Gora est alors gouvernée par les évêques *(vladikas)*, qui y instaurent une **théocratie élective** et s'attachent à pacifier un pays éclaté en une trentaine de tribus guerrières.
Si la région vit paisiblement au XVIe s., les Monténégrins doivent au siècle suivant repousser les tentatives d'invasion turque. La **bataille de Lépante,** en 1571, à laquelle participe le vaisseau *Saint-Tryphon* de Kotor, s'achève par la victoire de la flotte chrétienne contre la flotte musulmane et sonne comme un coup d'arrêt porté à l'expansionnisme ottoman. Cependant, plus d'un siècle plus tard, en 1690, Suleiman Pasha, bey turc du sandjak de Skadar, pénètre dans Cetinje à la tête d'une armée considérable ; il dévaste la cité et son monastère.

La dynastie des *vladikas*

Danilo Ier Petrović est élu *vladika* en 1696. L'année suivante, il transforme la charge épiscopale en une fonction politique et ecclésiastique, en prenant le titre de prince-évêque. C'est le début de la **dynastie des Petrović Njegoš,** famille noble des environs de Cetinje, qui règne jusqu'en 1918.
En 1737, Danilo Ier désigne son neveu pour lui succéder : **la théocratie élective devient dynastique** ; dès lors, le pouvoir échoit toujours à un neveu.

Le *vladika* éclairé de Petar Ier

Le prince-évêque Petar Ier Petrović accède au pouvoir en 1786. Durant tout son *vladika*, il mène une guerre sans merci contre les Turcs, maintient des liens étroits avec les tsars et fédère les tribus.
Les habitants des bouches de Kotor, jusqu'alors sous domination vénitienne, se mettent sous la protection de Petar Ier. Entre 1806 et 1815, la région passe successivement sous emprise française puis autrichienne : le Monténégro reste sans accès à la mer et cerné par les Ottomans.
Petar Ier meurt en 1830. Son successeur, le *vladika* Petar II, le proclame un des principaux saints du Monténégro, avec saint Sava et saint Vasilije d'Ostrog. Il est encore vénéré aujourd'hui comme saint Pierre de Cetinje.

Vers la modernité (1830-1941)

Petar II modernise les structures politiques et administratives de son État, consolide les finances et développe l'éducation en ouvrant la première école laïque ; il établit des frontières avec l'Autriche et fait construire des routes. Il est également l'auteur de la plus grande œuvre littéraire du pays *(p. 254)*.
À sa mort en 1851, Petar II est remplacé par son neveu, **Danilo II.** Il renonce à la charge épiscopale et devient le premier prince laïc du Monténégro.
L'année 1858 marque la victoire de Grahovo contre les Turcs. Les frontières avec l'Empire ottoman sont définies et l'**indépendance du Monténégro** est reconnue *de facto* par les grandes puissances.
Danilo II est assassiné en 1860 par un homme de la tribu Bjelopavlići.

Nikola Ier et l'indépendance du Monténégro

Nikola, neveu de Danilo II, devient prince du Monténégro en 1860. Durant son règne, Nikola Ier réforme l'État. Le système scolaire est modernisé et les infrastructures (routes, chemins de fer, poste, ports) améliorées.
Au congrès de Berlin de 1878, réunissant les grandes puissances européennes pour régler la paix après la défaite ottomane contre la Russie, le Monténégro devient un État indépendant reconnu par la communauté internationale. Il annexe les territoires de Nikšić, Bar et Podgorica puis d'Ulcinj.
La première Constitution du Monténégro (1905) fait du pays une monarchie constitutionnelle. Cinq ans plus tard, la principauté devient un royaume.

NIKOLA Ier, UN ROI FRANCOPHILE

Les racines de l'amitié entre la France et le Monténégro remontent au Second Empire, lorsque Napoléon III défend l'autonomie du Monténégro en s'opposant à ce que la Turquie fasse valoir ses droits sur le pays au congrès de Paris en 1856, ce qui débouchera, au congrès de Berlin de 1878, sur l'indépendance. Dès lors, la France ne cesse de se tenir aux côtés du Monténégro. Elle accueille au lycée Louis-le-Grand à Paris le prince Nikola Petrović Njegoš. Après l'assassinat à Kotor en 1860 de son oncle Danilo Ier, elle appuie son accession au trône. Le prince se montrera reconnaissant et insufflera au pays un vent de modernisme à la française.

En 1912-1913, les guerres balkaniques opposent la Ligue balkanique (la Serbie, la Bulgarie, la Grèce et le Monténégro) à l'Empire ottoman. Après l'assassinat de l'archiduc François-Ferdinand d'Autriche à Sarajevo en août 1914, le Monténégro, allié de la Serbie, déclare la guerre à l'Autriche-Hongrie. En 1915, les forces austro-hongroises occupent le Monténégro. L'année suivante, Nikola Ier choisit l'exil et le Parlement proclame sa déchéance. Il meurt à Antibes en 1921.

Une province du royaume yougoslave

L'assemblée constituante de Podgorica est formée en 1918; élue au suffrage indirect par les Monténégrins pour statuer sur l'avenir de leur pays, elle vote sous la pression serbe l'**unification de la Serbie et du Monténégro.**

En 1929, le roi serbe Alexandre Ier supprime la Constitution et règne en monarque absolu. Il baptise son pays **Yougoslavie.**

Alexandre Ier est assassiné à Marseille en 1934. La régence est assurée par son frère Paul, car son fils, Petar II, est trop jeune pour lui succéder.

De la Résistance à la fédération yougoslave (1941-1989)

Le pacte germano-serbe de 1941 soulève la révolte de la population monténégrine et serbe. Le jeune Petar II prend la tête du mouvement d'insurrection et force le régent Paul à démissionner.

Suivent l'invasion des troupes de l'Axe et la capitulation yougoslave : la résistance croate, slovène, serbe, bosniaque et monténégrine s'organise contre le régime fasciste croate d'Ante Pavelić et de ses Oustachi. Elle est divisée en deux camps : les Tchetniks (combattants orthodoxes), Serbes nationalistes fidèles au gouvernement yougoslave réfugié à Londres, et les partisans communistes du maréchal Josip Broz, dit Tito.

En septembre 1943, les Alliés débarquent en Italie et les troupes d'occupation italiennes se retirent des Balkans, remplacées par l'armée allemande. Deux mois plus tard, Tito forme un gouvernement provisoire.

Tito et le modèle yougoslave

La **République populaire fédérative de Yougoslavie** est créée en 1945, dirigée par Tito. Le Monténégro devient une des six républiques de la fédération. Les frontières actuelles du pays se dessinent et les bouches de Kotor lui sont rattachées.

En 1948, Tito rompt avec Staline et quitte le cercle des satellites de Moscou. Il devient alors l'un des leaders du mouvement des pays non alignés aux côtés de Castro, Nasser et Nehru, et il parvient, durant 35 ans, à fédérer six républiques et à créer un modèle socialiste différent (autogestion, ouverture vers l'Occident).

Dans les années 1970, le régime yougoslave se durcit face aux aspirations nationalistes croates.

À la mort de Tito en 1980, les tensions nationalistes dans la Fédération yougoslave augmentent.

Les guerres dans l'ex-Yougoslavie et la neutralité du Monténégro (1989-2006)

En 1989, Slobodan Milošević est élu président de la République serbe. Le bloc de l'Est se disloque. On assiste aux premières élections libres dans toutes les républiques de la Yougoslavie et au début de l'éclatement de la Fédération yougoslave. **Milo Đukanović** devient Premier ministre du Monténégro en 1991. En mai, la Croatie et la Slovénie déclarent leur indépendance et une guerre civile éclate. Elle prend rapidement fin en Slovénie mais le conflit croate dure quatre ans, en raison notamment d'une forte minorité serbe (12 % de la population). Fidèle à la Fédération, le Monténégro, pourtant neutre, envoie des troupes sur Dubrovnik. En septembre, la Macédoine proclame à son tour son indépendance, sans aucune réaction serbe. Elle est suivie en octobre par la Bosnie-Herzégovine, mais, le mois suivant, la minorité serbe de ce pays revendique son maintien dans la Yougoslavie. En 1992, le Monténégro organise un référendum pour le maintien dans la Fédération yougoslave et edicte une nouvelle Constitution.

Le siège de Sarajevo commence et l'Otan intervient pour la première fois dans l'ex-Yougoslavie en 1994. Les accords de paix de Dayton en 1995 signent la fin de la guerre en Bosnie et en Croatie. La Bosnie-Herzégovine est reconnue indépendante.

Slobodan Milošević est élu président de la République fédérale de Yougoslavie, réunissant désormais uniquement la Serbie et le Monténégro, de 1997 à 2000. Milo Đukanović est élu président de la République du Monténégro en 1998. En 1999, le Monténégro adopte le mark allemand comme monnaie, puis l'euro en 2002, sans pour autant appartenir à la zone euro.

En 2003, la **Communauté des États de Serbie et Monténégro,** à caractère provisoire, fondée sous l'égide de l'Union européenne, succède à la République fédérale de Yougoslavie.

L'indépendance (2006-2016)

L'**indépendance du Monténégro** est proclamée par le Parlement le 3 juin 2006, ce qui provoque la dissolution de la communauté d'États de Serbie et Monténégro, instaurée en 2003 après l'éclatement de la Yougoslavie. C'est la première fois qu'un État de l'ex-Yougoslavie parvient à faire sécession sans avoir recours aux armes.

À petits pas vers l'Union européenne

Le 15 avril 2008, l'Union européenne et le Monténégro signent un accord bilatéral d'adhésion à l'Organisation mondiale du commerce (OMC). La Communauté prouve ainsi sa confiance dans le nouvel État. Le 15 décembre 2008, le Monténégro dépose sa demande de candidature à l'adhésion à l'UE.

L'accord de stabilisation et d'association avec l'UE entre en vigueur en mai 2010. En décembre, Igor Lukšić succède à Milo Đukanović et poursuit la politique d'intégration à l'Europe. Le Monténégro est officiellement reconnu comme candidat à l'adhésion.

En décembre 2012, Đukanović redevient Premier ministre et, en avril 2013, Filip Vujanović (51,2 % des voix) est élu pour son troisième mandat à la présidentielle.

Religion

➤ Guerre de clochers

Trois religions principales cohabitent au Monténégro : la religion orthodoxe, largement prédominante (environ 70 % de la population), l'islam (environ 20 %) et le catholicisme (environ 5 %). La majorité des Monténégrins catholiques est concentrée sur le littoral, tandis que les orthodoxes habitent plutôt au Nord. Les Monténégrins musulmans sont pour la plupart sunnites et se trouvent essentiellement près des frontières serbe et albanaise.
Si ces trois religions coexistent sans heurt apparent, des tensions parfois violentes apparaissent entre les orthodoxes rattachés à l'Église serbe et ceux rattachés à l'Église monténégrine.

Mosaïque dans le monastère d'Ostrog

De l'Église orthodoxe serbe…

Contrairement à l'Église catholique, tout entière rassemblée sous l'autorité papale, l'Église orthodoxe s'est scindée en plusieurs branches au fil de son histoire, chacune choisissant son propre patriarche. Dès le XIIIe s., saint Sava *(p. 239)* fonde l'Église orthodoxe autocéphale serbe. Pendant des siècles, les *vladikas* (évêques) de Cetinje reconnaissent l'autorité de sa hiérarchie installée à Peć depuis 1346 (actuel Kosovo).
Protégé longtemps par les Ottomans contre le paiement d'un tribut (système dit « des millets », qui fait de la tolérance religieuse une ressource pour la Sublime Porte, à Istanbul), le patriarcat serbe s'oppose de plus en plus ouvertement à la mainmise turque. La population orthodoxe est contrainte d'émigrer à maintes reprises au XVIIe s. Ses patriarches trouvent souvent refuge à l'étranger. En 1739, exaspérée par leur attitude, Istanbul nomme un Grec à la tête de l'Église serbe, avant de la rattacher purement et simplement en 1766 au patriarcat de Constantinople. L'Église monténégrine, bien que sans aucune existence officielle, sort renforcée de cette nouvelle configuration. Les métropolites de Cetinje, qui dirigent le pays jusqu'en 1851, jouissent d'un grand prestige et d'une autonomie *de facto*. Les relations d'amitié entre le Monténégro et la Russie permettent un rapprochement avec le Saint-Synode russe. En 1920, lors de la création des Royaumes serbe, croate et slovène, l'Église du Monténégro est réunie de force à l'Église serbe.

… au schisme actuel

À la faveur de l'éclatement de la Yougoslavie et de la montée des nationalismes, l'Église orthodoxe monténégrine est reconstituée en 1994. Cette dernière, autocéphale mais non reconnue par la communion des Églises orthodoxes, se revendique héritière de l'Église orthodoxe du Monténégro. Qualifiée de schismatique, la création de cette Église est un acte autant religieux que politique. Elle est surtout soutenue par la population des régions du Monté-

LES MONASTÈRES ORTHODOXES

Les monastères orthodoxes apparus après le schisme de 1054 entre l'Église romaine et l'Église byzantine sont les héritiers de la culture anachorétique (ermites dans le désert), puis cénobitique (premières règles monastiques communautaires) des temps paléochrétiens.
Ces centres de vie religieuse ont pour mission de protéger l'identité du monde chrétien dans un contexte souvent dangereux. Ce rôle explique le choix des sites, fréquemment à l'écart des villes, dans des lieux le plus imprenables possible, tout comme l'érection de fortifications. L'organisation fonctionnelle de l'espace en plusieurs lieux (église, habitations, ou *konak*, réfectoire, ateliers, etc.) et l'exploitation d'un domaine permettent à la communauté de vivre en autarcie.
Mais les monastères sont aussi d'importants foyers culturels et éducatifs. Ils sont sous la direction d'un higoumène, l'équivalent d'un abbé, et doivent obéir à des règles précises, le *typikon*, propre à chaque monastère. La plupart du temps encore habités, ces monastères sont ouverts aux visiteurs toute l'année.

négro historique : autour de Cetinje et Njeguši. Son actuel métropolite Mihailo (depuis 1997) poursuit son combat contre ses adversaires serbes et veut notamment récupérer les 600 églises et monastères « usurpés ». Une trentaine de sanctuaires, dont quinze à Njeguši, ont déjà été restitués à l'Église dissidente. Environ 150 000 fidèles, implantés surtout dans le sud du pays et autour de Cetinje, ont reçu le baptême « monténégrin ».

Vers une solution diplomatique

Mgr Amfilohije, actuel métropolite du Monténégro et du littoral, est à la tête de l'Église serbe (dite aussi « du Monténégro Amphiloque ») et conteste toute légitimité à l'Église schismatique. Figure controversée, radicale et autoritaire, il persiste dans son attitude provocatrice, à tel point que le gouvernement de Milo Đukanović, exaspéré, commence à prendre ses distances. Après avoir fait construire en 2006 un sanctuaire sur le mont sacré de Ruma, au-dessus de Bar, au grand dam des communautés musulmane et catholique qui vénèrent également ce lieu, et confié les précieuses reliques du monastère de Cetinje à la garde des Cosaques d'obédience orthodoxe russe, il a publiquement nié l'existence de l'identité monténégrine. Finalement, les autorités réagissent aux provocations et tentent de calmer Amfilohije. Certains préconisent aujourd'hui la réunification ecclésiale. Une solution « diplomatique » se dessine en accordant l'autonomie à la métropolie du Monténégro et du Littoral tout en la laissant dans l'orbite du patriarche de Belgrade. L'Église autocéphale monténégrine, qui, de toute façon, a beaucoup moins de fidèles, s'étiolerait alors peu à peu.
En août 2015, le Monténégro a déposé devant la Commission européenne pour la démocratie un projet de loi demandant la restitution des propriétés et objets religieux édifiés avant 1918, provocant ainsi la réaction du métropolite Amfilohije, qui se verrait affaibli et dont la communauté perdrait une grande partie de ses biens.

Société

➤ Un Monténégro, des Monténégrins

Depuis les années 1990, la société monténégrine a subi de profondes transformations, mais le poids du passé se fait sentir. Le contexte de crise balkanique a en effet entraîné d'importants flux migratoires au Monténégro. Ainsi, des réfugiés serbes venus du Kosovo, du sandjak de Bosnie-Herzégovine et de Croatie sont arrivés massivement alors que des Bosniaques, Roms, albanophones choisissaient d'émigrer vers les pays occidentaux. L'appartenance ethnique reste un marqueur social et politique significatif au sein du pays.

Un morcellement ethnique et religieux

Intégré à la grande Yougoslavie avant son éclatement *(p. 242)*, le Monténégro conserve dans sa population les traces de ce passé fédéral. Au dernier recensement (2011), 45 % des habitants se réclamaient monténégrins, 29 % serbes, 9 % bosniaques et 3,9 % musulmans (ces deux dernières désignations font référence aux descendants des Slaves islamisés sous l'occupation ottomane), 5 % albanais, 1 % croates, et le reste macédoniens, slovènes ou roms. À l'époque, les frontières moins rigides permettaient aux différentes communautés de se développer autour de leur point d'attache. Ainsi, les Serbes occupent davantage le nord du pays, les Bosniaques sont majoritaires vers Rožaje (95 %) et Plav (80 %). Quant aux Albanais, les seuls à parler une autre langue, ils sont concentrés vers le lac Skadar *(p. 89)*.
La religion *(p. 243)* est souvent liée à l'origine ethnique. Ainsi, la majorité des chrétiens orthodoxes sont monténégrins et serbes, les musulmans sont pour la plupart albanais, bosniaques et roms, et les catholiques sont plutôt albanais et croates.

UNE LANGUE MATERNELLE TOUTE NEUVE

Depuis son indépendance en 2006, le Monténégro possède sa propre langue : le **monténégrin.** Il s'agit en réalité d'une version de ce que l'on appelait à l'époque de la Yougoslavie le « serbo-croate ». C'est presque le même dialecte ; il a aussi presque la même graphie (cyrillique ou latine avec trois lettres en plus) et la même grammaire que la langue serbe. Commencée en 1997, la codification du monténégrin a soulevé de fortes polémiques. Des professeurs se sont mis en grève pour protester contre l'appellation « langue monténégrine ». Inscrit comme langue officielle dans la Constitution, le monténégrin continue sa progression et devrait bientôt être doté d'un dictionnaire et d'une grammaire qui lui seront propres.

Les Serbes bien intégrés

Les Serbes forment la plus grosse minorité du Monténégro avec près de 200 000 personnes. De religion orthodoxe, ils habitent dans la moitié nord du pays et sont bien intégrés. D'autres Serbes sont appelés « Musulmans » lorsqu'ils sont des fidèles de Mahomet. Ils forment une ethnie à part entière.

Les Albanais, des Monténégrins de longue date

Implantés depuis des siècles dans les régions d'Ulcinj, de Gusinje et de Tuzi, les Albanais sont représentés au gouvernement et au Parlement, mais d'une manière jugée encore insuffisante. Ils souhaitent une présence plus grande de leurs compatriotes à tous les niveaux de l'administration et préconisent une plus grande autonomie pour les collectivités locales. Ils demandent également que soit redéfinie la Constitution, de manière à présenter le Monténégro comme un État multiculturel. Ils réclament finalement une meilleure prise en compte, dans l'enseignement secondaire et supérieur, de leurs langue, culture et histoire, en particulier des chaires de littérature et d'histoire albanaises à l'université.

Les Bosniaques, une communauté musulmane ancienne

Forts de 9 % de la population, les Bosniaques se considèrent comme slaves tout en revendiquant une appartenance à la sphère culturelle musulmane et turque. Depuis les élections de 2012, ils sont représentés au Parlement par trois députés. De confession musulmane, ils pratiquent sans ostentation et sont implantés dans le pays depuis des générations. Les Bosniaques ne doivent pas ici se confondre avec les Bosniens originaires de Bosnie-Herzégovine. On les trouve surtout dans la région du Sandjak, vers les frontières du Kosovo et de l'Albanie.

Les Roms, une population à part

Le Monténégro compte officiellement environ 6 200 Roms, descendants des Roms venus d'Inde en Europe entre le IXe s. et le XIVe s. Une estimation informelle plus fiable avance le nombre de 20 000 individus, dont quelques milliers d'Ashkalis, les Roms d'Albanie, et d'Égyptiens, arrivés massivement après la guerre du Kosovo (1999-2000). Malgré les articles de la Constitution prônant l'égalité de tous les citoyens quelle que soit leur religion ou leur ethnie, les Roms sont victimes de préjugés, d'intimidations et de mauvais traitements. 80 % sont de confession musulmane. Le statut de ces personnes « déplacées » ou « déplacées de l'intérieur », qui n'ont pas le droit au titre de « réfugiés », ne leur donne pas d'identité légale claire et ne leur assure pas un traitement égalitaire. Elles n'ont pas le droit de vote, ni l'accès aux services publics.

Quelque 75 % des Roms du Monténégro sont illettrés et ne parlent pas la langue locale, 45 % sont au chômage (certains chiffres avancent même 80 %), 40 % n'ont pas accès aux services publics (généralement faute de papiers d'identité) et 90 % vivent sous le seuil de pauvreté. La plupart des enfants roms ne reçoivent pas d'éducation au-delà de l'école primaire et commencent à travailler très jeunes.

Pour lutter contre leur exclusion, le gouvernement a conduit un plan d'actions entre 2008 et 2012 : une série de mesures concrètes concernent l'éducation, l'emploi, la santé et le logement. Le défenseur des Droits de l'homme institué en 2003 est chargé de défendre les droits de cette minorité. Un projet de l'Organisation pour la sécurité et la coopération en Europe (OSCE) aide directement une cinquantaine de jeunes Roms, inscrits dans le secondaire ou à la faculté. Une fondation a également été créée et soutient l'effort de scolarisation des Roms. Cette prise de conscience au niveau politique de la discrimination envers cette minorité est probablement un premier pas vers une meilleure intégration.

➤ Une économie face à la crise

Après les années noires liées aux guerres dans l'ex-Yougoslavie, la nouvelle république espérait réformer son économie. Mais le programme de privatisations a vite montré ses limites. La crise mondiale, et surtout européenne, a certainement pesé, mais les choix hasardeux du système Milo Đukanović ont entraîné une désindustrialisation forcée et un bradage du territoire et des richesses nationales.
Cependant, la croissance du Monténégro est de nouveau positive et devrait même s'accélérer. Le potentiel touristique du pays laisse espérer un regain d'activité, malgré un taux de chômage national élevé et inégal selon les régions.

La désindustrialisation brutale

Si le Monténégro n'a jamais développé un important secteur industriel, il pouvait néanmoins s'appuyer sur quelques branches solides : les scieries et les mines. Mais, après avoir été vendus à des oligarques russes, ces anciens fleurons sont en passe de disparaître. Ainsi, la filière bois de Rožaje n'est plus aujourd'hui qu'un souvenir.
La faillite la plus retentissante et avec le plus de répercussions sociales et financières est celle de la KAP. Le Combinat d'aluminium de Podgorica, formé sous Tito, passe dans les mains du patron russe Oleg Derispaka en 2005. Après la chute des cours de l'aluminium en 2009, l'État rachète une partie de la compagnie et garantit 170 millions d'euros empruntés aux banques commerciales par la KAP, tout en laissant la direction effective à Oleg Derispaka. Loin d'effectuer les investissements promis, celui-ci mène l'entreprise à la catastrophe. Les 1200 employés sont licenciés en 2013.

La privatisation foncière

Après une première vague de privatisations qui a concerné le secteur des services, les infrastructures et les industries, c'est au tour du foncier d'être vendu au plus offrant. Le gouvernement compte sur le vaste domaine militaire pour rééquilibrer ses finances. Autre réserve visée, la baie de Valdanos et ses oliveraies séculaires. Mais cette fois, la société civile a réussi à faire pression pour garder ce sanctuaire intact.

Une agriculture en mutation

L'agriculture reste la « vache maigre » du pays. Elle ne contribue qu'à hauteur de 10 % au PIB. Les exploitations familiales modestes produisent des cultures vivrières et élèvent quelques vaches et moutons.
Pourtant, le gouvernement, qui souhaite intégrer la Politique agricole commune (PAC), tente de moderniser cette activité ancestrale et injecte des fonds pour aider les paysans. L'État subventionne ainsi l'achat de semences de bonne qualité et la rénovation des serres. Il encadre également l'enregistrement du bétail et oblige les producteurs à indiquer la provenance des produits.

Une bonne nouvelle énergétique ?

Dans cet océan de morosité, une bonne nouvelle tout de même ! La plateforme continentale monténégrine cacherait de belles réserves d'hydrocarbures : 7 milliards de barils de pétrole et 425 millions de m^3 de gaz. Même si cette manne de l'or noir ne rapporte pas immédiatement des devises, elle devrait être rentable pendant trente ans. Des forages de prospection, peut-être menés avec la Croatie notamment autour de la péninsule de Prevlaka, vers Herceg Novi, doivent être lancés.

Fêtes et festivals

➤ Le Monténégro en fêtes

Les Monténégrins célèbrent à la fois les grandes fêtes chrétiennes, quelques dates internationales (Nouvel An, fête du Travail et victoire des Alliés) et les événements de leur histoire nationale. Mais chaque ville et village, notamment au cœur de l'été, peut également accueillir une foire ou un festival dépaysant.

Festival des mimosas à Herceg Novi

Les fêtes nationales

1er janvier. **Nouvel An.**
7 janvier. **Noël orthodoxe,** surnommé ici *badnjak*, c'est-à-dire « branche de chêne ». À côté du traditionnel sapin, les Monténégrins placent en effet à la saison de Noël une bûche de chêne, aujourd'hui quelques ramures. Cet usage est hérité des anciennes croyances païennes. Comme le feu de la Saint-Jean en France, le grand brasier qui est allumé la veille de Noël symbolise le cycle perpétuel de la vie. Par volonté syncrétiste, le clergé bénit les branches avant de les embraser sur le parvis de l'église.
8 janvier. Lendemain du **Noël orthodoxe.**
Mars ou avril. **Pâques orthodoxe,** célébré comme les autres fêtes chrétiennes selon le calendrier julien.
1er et 2 mai. **Fête du Travail.**
9 mai. **Fête de la Victoire,** héritée de l'ère communiste. Elle célèbre la victoire de l'Armée rouge sur l'Allemagne nazie.
21 et 22 mai. **Fête de l'Indépendance,** date anniversaire du référendum.
13 juillet. **Fête nationale.** Deux dates anniversaires : les Monténégrins célèbrent l'indépendance du pays proclamée lors du congrès de Berlin le 13 juillet 1878 *(p. 240)*, et le soulèvement du pays, conduit par les communistes, contre l'occupant italien le 13 juillet 1942.

À CHACUN SA FÊTE

Déjà au début du XIXe s., un colonel de l'armée napoléonienne en poste au Monténégro remarquait la multitude de jours fériés et la liesse tonitruante qui les entourait. En dehors de ces fêtes communes, chaque famille a le droit de célébrer son saint patron, et ses membres peuvent prendre un jour de congé. À cette occasion, un cierge est allumé devant l'icône du saint, un gâteau rituel est préparé et un grand repas familial est organisé.
Les musulmans du Monténégro ont droit aussi à des jours fériés pour célébrer les principales fêtes de l'islam, et notamment la fin du ramadan.

Les fêtes régionales

Janvier-février. Dès fin janvier, **Kotor** célèbre son saint patron, **saint Tryphon.** Les habitants se rassemblent autour des reliques de la cathédrale bénites par les popes orthodoxes et les prêtres romains. Le 11 février, le retrait du drapeau de la cathédrale clôt les célébrations.

Début février, le **carnaval** de **Kotor** mêle défilés et fêtes masquées en bord de mer. Un concours du plus beau masque et la crémation du Bonhomme Carnaval marquent la fin des festivités.

Durant le mois de février, **Festival des mimosas** à **Herceg Novi** dans la grande tradition carnavalesque avec chars fleuris et élection de miss. Compétition de natation.

Avril. Le dernier week-end d'avril, le **carnaval** de **Budva** gagne chaque année en réputation et en fréquentation. Après la parade d'ouverture, appelée Abrum, avec fanfares et majorettes, les troupes masquées en bon ordre concourent le deuxième jour, suivies le lendemain par les benjamins déguisés.

Mai. Le jour de la **Saint-Basile,** le 12 mai, et le jour de l'Assomption, la montagne du **monastère d'Ostrog** se couvre de fidèles, et les parkings sont saturés ! Beaucoup choisissent de dormir sur place, dans les dortoirs aménagés dans le *konak* annexe, à la belle étoile, sur les bancs ou sur le parvis de l'église. La procession, guidée par la hiérarchie épiscopale, monte à pied jusqu'au sanctuaire.

Juin. À **Ostros,** sur la rive sud du lac Skadar, une **fête de la châtaigne** est organisée. Le jour de la **Sainte-Trinité,** une procession rassemblant catholiques, orthodoxes et musulmans gravit les flancs de la colline de Rumija jusqu'à Ostros, ex-Krajina, capitale de l'ancienne province de Duklja. Chaque fidèle dépose une pierre à l'emplacement de l'ancienne église Sainte-Marie, qui devrait, selon la tradition, renaître une fois le tas de pierres suffisant.

Le 26 juin, sous l'égide de l'**Association de la marine des bouches, Kotor** fête son grand passé naval. Sur le parvis de la cathédrale, les hommes en costume traditionnel exécutent la danse folklorique de « Lode », et une belle messe est célébrée.

Juillet-août. Le 22 juillet, procesion rituelle de barques autour de l'îlot de **Notre-Dame-du-Récif,** à **Perast.** Le premier navire s'emplit de Perastiens influents, tandis que dans le deuxième, les rameurs chantent des hymnes tradi-

JOURS FÉRIÉS À DUBROVNIK

1er janvier. Nouvel An.
6 janvier. Épiphanie.
Mars ou avril. Dimanche et lundi de Pâques.
1er mai.
Juin. Corpus Christi ou Fête-Dieu, fêté le jeudi suivant la Trinité.
22 juin. Jour de la résistance antifasciste.
25 juin. Fête nationale.
5 août. Jour de la Victoire et de la Patrie.
15 août. Fête de l'Assomption.
8 octobre. Fête de l'Indépendance.
1er novembre. Toussaint.
25 décembre. Noël.
26 décembre. Fête de Saint-Étienne.

Concert sur la plage de Jaz

tionnels. Aux abords de l'île, le cortège est accueilli par les sons de cloches. La manifestation se termine par une célébration dans l'église. Depuis quelques années, une régate est organisée le même jour : une centaine de voiliers s'affrontent dans le détroit de Verige pour remporter la coupe de la **Fašinada.**
Des **concerts** en plein air ont régulièrement lieu durant les mois d'été sur la **plage de Jaz,** près de Budva.
De nombreuses festivités sont organisées à **Herceg Novi** durant les mois d'été : **Sunny Steps** dans le fort Kanli Kuli, un concours de chansons de variété des Balkans, début juillet ; festival de musique classique « **Les Jours de la musique** » mi-juillet, durant lequel des concerts gratuits donnés par des virtuoses du monde entier ont lieu dans le parc Dvorana ; **foire aux livres** la seconde quinzaine de juillet, qui perpétue la longue tradition littéraire de la ville dite « des poètes » ; les quatre journées de **Sinesteziya,** autour du 20 juillet, font appel à des créateurs et plasticiens contemporains et proposent performances, *street art* et projection de films ; **marathon à la nage** entre Njiviće et la promenade Škver le dernier samedi du mois ; **Nuit culturelle** (Nockulture) le soir du 30 juillet ; la première semaine d'août, le **Festival du film** met en compétition plus d'une dizaine de films produits et réalisés dans l'ex-Yougoslavie ; les **Jeux de l'Adriatique** opposent des équipes locales dans différentes joutes aquatiques devant une foule de spectateurs enthousiastes ; l'**Eko Fest** invite les citoyens à prendre conscience de l'environnement, les enfants des écoles comme les plasticiens créent des œuvres autour de cette thématique ; à la mi-août, le **Guitar Art Summer Fest** rend hommage à la guitare classique : solistes, trios et quartets enchantent alors les mélomanes ; pour clore l'été, le dernier week-end, les *bikers* sont conviés à un grand rassemblement très **rock 'n'roll.**
La **Nuit des bouches de Kotor** (le premier samedi d'août) rappelle la tradition vénitienne des fiançailles de la mer. Une trentaine de bateaux décorés se retrouvent sur le port de **Kotor** au son de la fanfare. Après l'élection du plus beau navire et un feu d'artifice, la foule chante et danse tard dans la nuit.
Le premier samedi du mois d'août, vous assisterez à la **fête de Gornja Lastva,** tout près de Tivat. Au programme : danses folkloriques et fanfare. Et si l'église est ouverte, vous pourrez y admirer un magnifique autel en marbre polychrome.
Décembre. La **fête de la Maslinijada** célèbre la culture ancestrale de l'olivier. Cette foire à l'olive attribue une distinction pour chaque catégorie : la meilleure huile, la meilleure olive verte de table, la meilleure olive noire, le verger le mieux entretenu, etc. À cette occasion, **Stari Bar** croule sous l'affluence !

Assiette de jambon de Njeguši

Gastronomie

➤ Une cuisine melting-pot

Au Monténégro, pays de conquêtes et de guerres, la cuisine est plus une question de survie que de raffinement. Les plats, goûteux et copieux, restent simples, sans trop de fioritures. Les recettes, héritées de génération en génération, combinent des ingrédients locaux et des techniques de cuisson ancestrales, tout en puisant leur inspiration chez les pays voisins.

En effet, ce qui marque la cuisine monténégrine, c'est son cosmopolitisme. Ce tout petit pays juste en face des Pouilles, en Italie, non loin de la Grèce et bordé au nord par la Serbie, a picoré des recettes à droite et à gauche. Rien d'anormal donc à ce que le cordon-bleu à Podgorica parsème ses poissons de romarin, concocte des soupes façon bortsch, serve des risottos noirs comme à Venise et des salades de poulpe comme à Mykonos…

Saveurs du bord de mer

Les **poissons** sont évidemment à l'honneur. Sur les cartes des restaurants, la mention de première ou de deuxième catégorie distingue les espèces blanches, plus nobles et donc plus chères (bar, saint-pierre, rouget, mulet…), des autres poissons plus communs, comme les maquereaux, bonites, sardines, thons, espadons… Délicieux au barbecue, ces derniers sont trempés dans une marinade avant d'être passés au gril. On peut aussi les servir frits et panés ou cuits au court-bouillon.

Le **ragoût de sprats** (petits poissons proches du hareng) ou d'anchois à la mode de Kotor est un pur régal. Pour le réussir, il suffit de mélanger céleri, oignons, persil, ail, huile d'olive, tomates, vin blanc… et d'avoir un bon tour de main. Au bout de deux heures, un fumet délicieux s'échappe de la cocotte.

Autre grand classique, la **soupe de poisson** est relevée avec des oignons, de l'ail et des tomates. Bien sûr, vous pourrez aussi vous laisser tenter par une généreuse assiette de **moules fraîches,** récoltées dans les eaux calmes des bouches de Kotor.

LE *KAČAMAK*

Le *kačamak* est un plat typique élaboré uniquement en Serbie et au Monténégro. C'est une sorte de purée à base de pommes de terre, de farine, de fromage et de lait touillés avec une longue cuillère en bois, le *kacamaš* ou *tucanj*. Ce drôle de laitage est sans doute au Monténégrin ce que le camembert est au Normand. En bref, une nourriture quotidienne essentielle ! Rien d'étonnant donc à ce qu'un « trafic » clandestin de *kačamak* enfreigne les lois douanières et que des portions de pâte à tartiner camouflées dans des boîtes hermétiques circulent d'un pays à l'autre lors des déplacements.

Sur la côte adriatique, les habitants savent aussi faire la part belle aux viandes. Plus originale, la **cassolette de veau** ressemble de loin à notre blanquette, tandis que l'***imam bajeldi*** (l'« extase de l'imam »), que l'on trouve surtout à Bar *(p. 76)*, se rapproche d'une ratatouille sans courgettes ! Typique de la région de Paštrovići *(p. 68)*, la ***pašticada,*** ragoût de bœuf, est servie avec des ***makaruli,*** nouilles de blé noir. Vous trouverez aussi des ***punjene tikvice*** ou ***paprike*** (courgettes ou poivrons farcis de viande hâchée et de riz).

Sur les rives du lac Skadar

Changement de décor et de menu sur les rives du lac Skadar. Quel délice que cette **carpe grillée** agrémentée de pruneaux, pommes et coings, à peine sucrée, craquante et fondante à la fois !
On ne boudera pas non plus les **anguilles** simplement accompagnées de riz, ni les **ombles chevaliers** (de la famille des truites et des saumons).
Un **circuit ethno-gastronomique** a été mis en place dans la région, recensant une soixantaine de fermes vendant des produits locaux ou proposant des repas en table d'hôtes *(p. 13)*.

La cuisine des cimes

Si vous partez explorer les massifs du nord du pays, faites une halte dans une auberge de montagne, pour goûter à la cuisine d'altitude. Parfois, un agneau tourne en boucle sur une broche à l'extérieur et promet de succulentes côtes ! Dans ce terroir assez rude, quelques mets consistants devraient bien vous rassasier. Et, tout d'abord, la viande. Les morceaux de **bœuf,** de **porc** ou de **mouton** sont cuits sous un capuchon métallique, le *sač*, et gardent ainsi toute leur saveur et leur jus. L'**agneau** mijoté dans cette sorte de tajine fond irrésistiblement sous la langue. Les **saucisses** locales rivalisent avec celles de Montbéliard ! Elles doivent être dégustées avec de la ***popara,*** une purée faite de pain, de lait, de fromage, d'eau et de sel.
La ***cicvara*** fait penser au porridge. Ce mélange de fromage de chèvre frais et de farine se marie à merveille avec des pommes de terre ou un yaourt.
Le ***raštan*** que l'on mijote du côté de Cetinje *(p. 100)* ressemble un peu à notre potée auvergnate. On y retrouve des saucisses, du lard fumé, du chou, des pommes de terre, mais mariés ici à des pieds de cochon.

Les trésors enfumés de Njeguši

Sur les flancs du massif du Lovćen, le village de Njeguši *(p. 112)* ressemble à tant d'autres bourgades rurales. Et pourtant… Berceau de la famille royale, la commune pourrait revendiquer en France une AOC.

POUR LES BECS SUCRÉS

Les ***priganice*** (beignets) servis avec du miel, du fromage et du jambon sont la spécialité sucrée la plus typique. Avec le café, on vous proposera des tartes et des gâteaux très sucrés, comme les **baklavas.**

Son **jambon** *(prsut)*, séché à l'air libre puis fumé au feu de bois, dégage un arôme unique et ne devrait pas rougir de la comparaison avec un jambon de Parme ou serrano. On se régale aussi de **viande fumée,** la *kastradina*.
Un autre produit phare : le **fromage de chèvre.** Il évoque des parfums de terre très particuliers. Il est servi découpé en morceaux et arrosé d'huile d'olive. Comme ces deux spécialités sont assez chères, elles sont proposées en petites quantités dans les restaurants. À savourer pieusement en apéritif autour d'un verre de *krstac* ou de *vranac (ci-dessous)*.
À Njeguši, vous pourrez aussi goûter à une boisson slave ancienne, la *medovina*, une sorte d'hydromel très sucré et peu alcoolisé.

Noir ou blanc ?

Cultivée ici depuis des siècles, la **vigne** occupe quelques coteaux bien exposés autour de Podgorica et du lac Skadar. Conscient de la valeur de son vignoble, le Monténégro a mis en place une route touristique avec des étapes chez les petits producteurs. L'occasion de goûter – avec modération – des vins locaux sous la treille ou dans des caves.

En robe pourpre

Sur les pentes rocheuses des berges du lac et dans la plaine de Cemovsko sont alignés les pieds d'une vieille variété de raisin noir, le ***vranac,*** littéralement « étalon noir ». Ses lourdes grappes bleu foncé ramassées entre septembre et octobre donneront le fameux vin rouge national. Ce cépage, malgré une production restreinte, a bonne réputation, aussi bien sur les tables du pays qu'ailleurs dans le monde. Le *vranac* donne le meilleur de lui-même après quelques années de vieillissement. Son corps plein, vigoureux, un peu rustique, développe des arômes de chocolat et de cerise, de fleurs et de bois. Laissant en bouche une note à la fois subtile et douce, il s'associe à merveille avec le jambon fumé et le fromage de Njeguši *(ci-dessus)*.
Le ***pro corde plantaze,*** plusieurs fois médaillé, est le cru le plus raffiné ; il est prisé à l'exportation.

En robe pâle

Côté blanc, le ***krstac,*** élevé lui aussi dans la région de Podgorica, est un vin sec, à la robe pâle et au bouquet harmonieux. Il est idéal avec les poissons ou les fruits de mer. La plus grande part de la production est réalisée par la société 13 jul – Plantaže, qui exploite un vignoble de 2 130 ha. Le consortium produit chaque année 13 millions de bouteilles de *vranac*, de *krstac,* mais aussi de brandy (*loza* et *kruna*).

La *rakija* nationale

Plus qu'une boisson, la *rakija*, une eau-de-vie, est un rituel inscrit dans les veines des Monténégrins qui fait partie des actes de sociabilité élémentaires. Quand on vous en offre un verre, difficile de décliner l'invitation, et ce quelle que soit l'heure. Revigorant, assurément !
Sachez que l'on distille ici toutes sortes d'alcools, de prune *(šljiva)*, de poire *(kruška)*, de pêche, de pomme, de raisin *(loza)*, etc. Versée pour célébrer une naissance, la *rakija* accompagne chaque étape de la vie des Monténégrins.

Culture

➤ Un patrimoine culturel méconnu

Sous influences étrangères depuis l'Antiquité, le Monténégro ne rayonna longtemps que par son art religieux. Ce n'est qu'à partir de la période yougoslave, qui s'accompagne d'une paix et d'une stabilité nouvelles, que l'on observe un véritable foisonnement culturel et artistique dans le pays.

Statue du prince Njegoš à Podgorica

Une littérature marquée par l'Histoire

La littérature monténégrine est essentiellement dominée par le poète et prince-évêque Petar II Petrović Njegoš, auteur de *Gorski vijenac* (*La Couronne de la Montagne*, 1847), une formidable poésie en vers relatant le combat héroïque du peuple du Monténégro contre les Turcs. Mais d'autres auteurs ont laissé des œuvres importantes, comme Ivo Andrić, Miodrag Bulatović ou Danilo Kiš.

Danilo Kiš, un auteur majeur de la littérature serbe

Auteur majeur de la littérature en langue serbe autant que figure intellectuelle d'envergure, Danilo Kiš (1935-1989) a témoigné, à travers ses écrits, des terribles déviances du XXe s.

En 1944, le père de Danilo est arrêté et déporté à Auschwitz, d'où il ne reviendra jamais. De 1954 à 1962, Danilo Kiš s'installe à Belgrade (Serbie) et suit des études de littérature comparée. Il commence alors à écrire dans des revues littéraires. Ses livres sont publiés et traduits, et ils remportent de nombreux prix, comme le prix Ivo Andrić (1984), le Grand Aigle d'or de la ville de Nice (1980), Preis des Literaturmagazins (1988), Premio di Tevere (1988)… Il faillit même décrocher le prix Nobel de littérature. Il s'installe à Paris en 1979.

La disparition de son père dans les camps de concentration marque profondément l'œuvre de Kiš. Il utilise les mêmes subterfuges que la propagande fasciste ou stalinienne, n'hésitant pas à mêler dans ses récits documents authentiques et falsifiés, faits réels et pures inventions. Mieux qu'une critique théorique, le jeu d'écriture de Danilo Kiš démonte ainsi les mécanismes de manipulation. Clé de voûte de toute l'œuvre romanesque de Kiš, *Le Cirque de famille* retrace les souvenirs d'enfance de l'auteur, liés surtout à son père.

Trois grands peintres monténégrins

La peinture monténégrine s'est durant des siècles exprimée dans l'iconographie religieuse. Nombre d'églises sont décorées de magnifiques fresques réalisées par des « familles » de peintres. La période yougoslave a vu l'éclosion de la peinture profane, avec notamment l'émergence de trois grands artistes originaires de Cetinje.

CHRONIQUE D'UN PRÊTRE DE DUKLJA

L'archevêque **Grgur Grizgono** (1172-1196) a laissé un manuscrit célèbre, un des plus anciens des Balkans : *Chronique du prêtre de Duklja*. Même s'il ne reste aujourd'hui que des transcriptions ultérieures rédigées en latin et non plus en slavon, ce livre appartient au patrimoine culturel du pays, et son auteur, surnommé « le prêtre Dukljanin », est considéré comme le père de la littérature et de l'histoire monténégrines.

Milo Milunović

Né à Cetinje en 1897, cet enfant du pays, élève de Giacometti à Florence et disciple de Cézanne, revient à Prčanj en 1923. Il réalise alors des fresques pour l'église de la Nativité-de-la-Vierge. Après plusieurs séjours à l'étranger, et en particulier à Paris, il s'établit à Cetinje où il fonde avec Petar Lubarda *(ci-dessous)* l'**école d'Art.** Il décède à Belgrade en 1967. Ses toiles retracent l'évolution de son siècle. Certaines œuvres sont plutôt cubistes, d'autres impressionnistes, d'autres encore abstraites…

Petar Lubarda

Ce grand peintre monténégrin (1907-1974) est également né tout à côté de Cetinje. Après quelques années à Paris, il s'installe définitivement à Belgrade. Ses compositions, plus ou moins réalistes ou abstraites, s'inspirent souvent de l'histoire nationale. Par sa construction, sa ***Bataille de Kosovo*** fait penser à la *Bataille de San Romano* du grand peintre de la Renaissance italienne Paolo Uccello. Ce tableau, exposé à Cetinje, est un pur chef-d'œuvre.

Miodrag Đurić

Né en 1933 à Cetinje, Miodrag Đurić, dit Dado, est le dernier de ce trio génial. Alors qu'il a essaimé ses œuvres dans le monde entier, il reste méconnu du public français. Ce grand peintre du XXe s. a pourtant vécu et travaillé dans un moulin du Vexin à partir des années 1960 et jusqu'à sa mort le 27 novembre 2010.
Curieux de tout, très cultivé et plein d'imagination, l'artiste a illustré des ouvrages, s'est passionné pour la gravure et la lithographie, a réinterprété les planches naturalistes de Buffon, a peint la fresque de la chapelle désaffectée de Saint-Luc de la maladrerie Saint-Lazare à Gisors, a investi un blockhaus de ses sculptures-objets… Protégé de Dubuffet et du marchand d'art Daniel Cordier, il trace sa propre voie à l'écart des grands courants artistiques, même s'il croise parfois le chemin constructiviste ou surréaliste.

Un cinéma encore confidentiel

Il n'y a pas d'école de cinéma monténégrine. Les réalisateurs yougoslaves comme Kusturica, Veljko Bulajić ou plus récemment Marija Perović, souvent formés à Prague ou à Belgrade, ont donné au cinéma des œuvres originales, sensibles, imprégnées d'une vision souvent onirique et baroque.

Emir Kusturica, cinéaste et enfant du pays

Cinéaste serbe engagé dans la contestation altermondialiste, Emir Kusturica est considéré au Monténégro comme un enfant du pays.
Né en 1954 à Sarajevo, il passe son enfance en Yougoslavie, avant de rejoindre sa tante à Prague pour suivre le cycle de la Famu, l'académie du cinéma de Prague. Étudiant doué, il boucle en 1978 ses études par un court-métrage, *Guernica*, qui lui vaut le 1er prix du Festival du film étudiant de Karlovy-Vary. À l'égal de ses aînés, Fellini ou Tarkovski, Kusturica invente un monde lyrique chargé d'amour, de joie et de douleur, comme dans les tragédies antiques.
Sa filmographie livre une œuvre très ancrée dans le contexte des Balkans, depuis son premier long-métrage *Te souviens-tu de Dolly Bell ?*, qui retrace la vie d'une famille serbe de Sarajevo, jusqu'à sa Palme d'or à Cannes en 1985 pour *Papa est en voyage d'affaires* et *Le Temps des gitans* en 1989, ode surréaliste revisitant le monde tzigane. En 1995, *Underground* reçoit à nouveau la Palme d'or à Cannes. En 2004, *La vie est un miracle* revient sur le conflit yougoslave, mais cette fois à travers le prisme d'une histoire d'amour à la *Roméo et Juliette*. En 2013, Kusturica repart filmer *L'Amour et la Paix* dans son pays, une histoire d'amour sur fond de camps de prisonniers bosniaques.

Carnet pratique

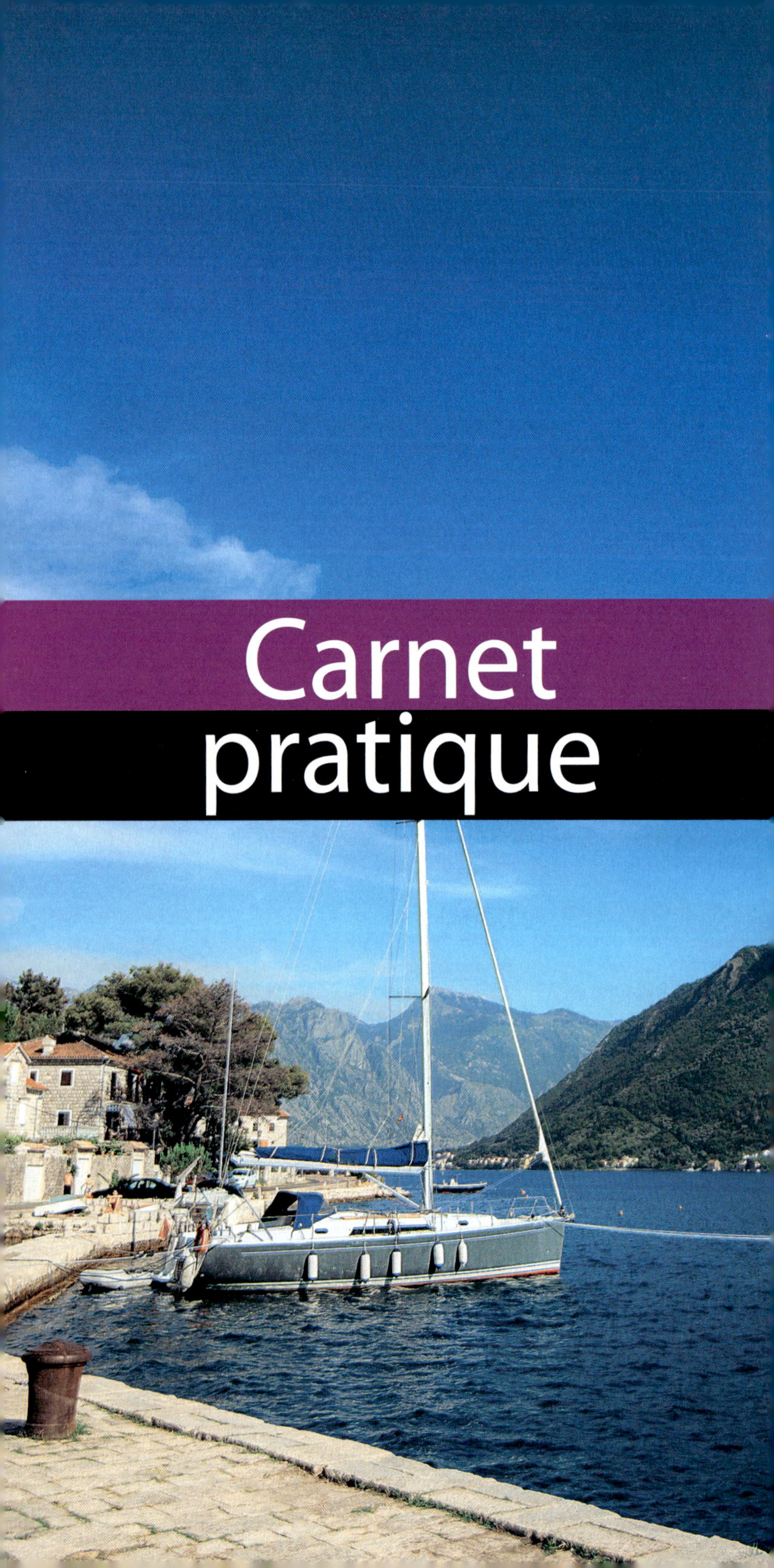

Avant de partir et sur place, tout pour réussir vos vacances

Les rubriques « Avant de partir » et « Sur place » réunissent toutes les informations nécessaires pour organiser votre voyage et réussir votre séjour.
Vous trouverez ci-dessous un « pense-bête » résumant les informations utiles à prendre en compte avant votre départ.

DÉMARCHES

Formalités. Carte d'identité ou passeport en cours de validité pour les ressortissants de l'Union européenne.
Permis de conduire. Le permis de conduire national est suffisant.

LA MEILLEURE SAISON

Climat. La meilleure période pour visiter le Monténégro s'étend de mai à septembre. Si vous vous rendez plutôt dans les montagnes du nord du pays, privilégiez les mois de juillet et août car les températures chutent rapidement à l'automne. Pour un séjour balnéaire, en revanche, préférez les mois de mai, juin et septembre afin d'éviter la foule.

RÉSERVATIONS

Hébergement. Vous trouverez toujours à vous loger, même en haute saison, sans réservation préalable. Cependant, notamment sur la côte adriatique et dans les bouches de Kotor, réserver à l'avance peut vous permettre de bénéficier de tarifs plus compétitifs. Hors saison, les prix peuvent chuter de moitié sur le littoral, une bonne alternative pour voyager avec un petit budget. En revanche, il faut s'attendre à y trouver beaucoup d'adresses fermées entre novembre et mars. Dans l'arrière-pays et les montagnes, les prix fluctuent moins mais sont aussi plus bas !

BON À SAVOIR

Voltage. Le voltage est de 220 V et les prises électriques sont de type européen.
***Pass* à Dubrovnik.** La Dubrovnik Card *(encadré p. 271)* ou les billets combinés *(encadré p. 270)* vous feront économiser une certaine somme sur vos visites de musées et monuments dans la vieille ville.

Avant de partir

ADRESSES UTILES

➤ Ambassades et consulats

En France

Ambassade du Monténégro
5, rue de la Faisanderie, 75016 Paris
☎ 01.53.63.80.30.

Représentation permanente du Monténégro
18, allée Spach, 67000 Strasbourg
☎ 03.88.36.85.65.

En Belgique

Ambassade du Monténégro
117, rue du Trône, 1050 Bruxelles 13
☎ (02) 705.28.51.

Mission permanente du Monténégro auprès de l'Union européenne
117, rue du Trône, 1050 Bruxelles 13
☎ (02) 223.55.61.

En Suisse

Ambassade du Monténégro
Chancellerie Spitalgasse 9, 3011 Berne
☎ (031) 311.54.90.

Au Canada

Consulat du Monténégro
333 Seymour Street, Vancouver, Ontario V6B-5A6 ☎ 604.638.8950.

➤ Informations touristiques

Le Monténégro n'a pas d'office de tourisme officiel dans les pays francophones. Vous trouverez toutes les informations nécessaires sur le site *www.montenegro.travel* (en anglais) ou auprès de la compagnie aérienne nationale Montenegro Airlines.

Montenegro Airlines
120, av. des Champs-Élysées, 75008 Paris
☎ 01.42.25.08.69,
www.montenegroairlines.com.

www.montenegro.travel
Site officiel du tourisme au Monténégro. On peut accéder au site officiel de chaque ville en composant l'adresse Internet sur le même modèle. Par exemple, pour Budva, tapez www.budva.travel.

www.visit-montenegro.com
Réservation d'hôtels en ligne, calendrier des festivités, cartes, etc.

www.nparkovi.me
Site officiel des parcs nationaux du Monténégro.

www.montenegro.org
Site de la Montenegrin Association of America, qui propose, entre autres, un panorama très complet de l'art, de la culture et de l'histoire du pays.

www.gov.me
Site officiel du gouvernement monténégrin.

COMMENT Y ALLER ?

➤ En avion

Le Monténégro possède deux aéroports internationaux : à Podgorica et à Tivat. Les parcs nationaux sont plus facilement accessibles depuis Podgorica, mais Kotor et Budva ne sont respectivement qu'à 15 et 23 km de Tivat. **Montenegro Airlines** *(ci-contre)* est l'une des seules compagnies à proposer des vols directs vers ces aéroports. Vous devrez faire escale dans un pays voisin si vous choisissez une autre compagnie.
Une troisième option, souvent moins onéreuse, consiste à prendre un vol direct pour Dubrovnik (aéroport de Čilipi) et à rejoindre ensuite la frontière monténégrine *(15 km)*. Les bus de la compagnie **Blue Line** relient Dubrovnik à Herceg Novi *(p. 266)*.
La durée du trajet est d'environ 2h30 pour un vol direct Paris-Podgorica.

À LIRE SUR LE WEB

Le blog du guide Évasion
www.guide-evasion.fr : retrouvez sur le blog du guide Évasion toute l'actu du Monténégro, ainsi que les conseils et idées de nos experts du voyage.
Le Facebook GuideEvasion
Suivez-nous sur Facebook, découvrez nos nouveautés, participez à nos jeux-concours et partagez vos coups de cœur.

Depuis la France

Adria Airways
☎ 00386.1.369.1010, www.adria.si.
1 vol/j. sf sam. de Roissy à Podgorica via Ljubljana (Slovénie).

Air France
☎ 3654, www.airfrance.fr.
2 vols/j. entre Roissy et Belgrade (Serbie). On peut ensuite prendre un vol Air Serbia pour rallier Tivat ou Podgorica.

Air Serbia
Aéroport de Roissy ☎ 01.74.25.50.51, www.airserbia.com.
2-3 vols/j. via Belgrade pour Podgorica et 2 pour Tivat.

Croatia Airlines
Aéroport de Roissy ☎ 01.48.16.40.00, www.croatiaairlines.com.
4 vols directs/sem. de Roissy à Dubrovnik *(avr.-oct.)*, 7 vols/sem. via Zagreb *(tte l'année)*. 1 vol/sem. de Lyon à Dubrovnik *(mai-sept.)*.

Easyjet
☎ 0.899.65.00.11, www.easyjet.com.
3 vols/sem. entre Paris-Orly et Dubrovnik (uniquement juil.-sept.).

Montenegro Airlines
120, av. des Champs-Élysées, 75008 Paris ☎ 01.42.25.08.69, www.montenegro airlines.com.
En haute saison, 1-2 vols/j. de Paris à Podgorica, 1 vol/sem. de Lyon à Podgorica et 1 vol/sem. de Paris à Tivat. En basse saison, 2-3 vols/sem. de Paris à Podgorica.

Depuis la Belgique

Adria Airways
Aéroport international de Bruxelles, Box 4, 1930 Zaventem ☎ (02) 75.32.335/6, www.adria.si.
6 vols/sem. de Bruxelles à Podgorica avec 1 escale à Ljubljana (Slovénie).

Air Serbia
Aéroport international de Bruxelles, PO 11, 1930 Zaventem ☎ (02) 759.72.36 ou (02) 759.78.41, www.airserbia.com.
1 vol/j. de Bruxelles à Podgorica. 1 vol/j. pour Tivat. Tous les vols font escale à Belgrade (Serbie).

Depuis la Suisse

Adria Airways
54/II, Loewenstrasse, 8001 Zurich ☎ (044) 212.63.93, www.adria.si.
6 vols/sem. rallient Zurich à Podgorica via Ljubljana (Slovénie).

Air Serbia
Aerodrom Cirih Terminal 2, 8001 Zurich ☎ (043) 81.68.787, www.airserbia.com.
1-3 vols/j. de Zurich à Podgorica et Tivat via Belgrade. 2 vols/sem. pour Tivat.

Croatia Airlines
138, Limmatquai, 8001 Zurich ☎ (044) 26.10.840, www.croatiaairlines.com.
1 vol direct/j. de Zurich à Dubrovnik.

Easyjet
☎ 0899.65.00.11, www.easyjet.com.
2 vols/sem. entre Genève et Dubrovnik.

Montenegro Airlines
2419, Postfach, 8060 Flughafen, Terminal 2 ☎ 04.42.21.10.27, www.montenegroairlines.com.
1 vol/j. en été, 4 vols/sem. le reste de l'année.

Swiss Air
☎ (041) 848.700.700, www.swiss.com.
1 vol/j. entre Zurich et Belgrade. Depuis Belgrade, on peut gagner Tivat ou Podgorica avec les vols de Serbia Airlines.

Depuis le Canada

La solution la plus simple consiste à rallier un grand aéroport européen, Francfort par exemple, et à rejoindre ensuite Dubrovnik, Podgorica ou Tivat.

➤ En bateau

Des liaisons régulières et saisonnières desservent le port de Bar depuis Bari et Ancône (Italie). La traversée Bari-Bar se fait en une nuit *(9h env.)* et coûte 68 € en basse saison et 78 € en haute saison *(de fin juin à mi-sept.)* par véhicule et de 50 à 60 € (en fonction de la saison) par personne dans une petite cabine intérieure pour deux avec lavabo. Le tarif le moins cher est une place sur le pont à 48 € en haute saison. Ce tarif n'inclut toutefois pas les taxes portuaires de 7 € par personne et par véhicule.

Montenegro Lines
☎ 00 382 (0)30.303.469 (informations) ou 00 382 (0)30.311.164 (rés.), www.montenegrolines.net.

➤ En voiture

En voiture, il faut compter env. 21h pour relier Paris et Podgorica *(17h depuis Zurich)*. Prévoyez un budget de 300 à 450 € pour couvrir les frais de carburant et les taxes autoroutières (péages et vignettes). En France, les vignettes autoroutières *(env. 8,50 € pour 10 j. en Autriche et 15 € pour une semaine en Slovénie)* sont disponibles aux guichets des bureaux de douane et des bureaux de poste.

➤ En bus

Eurolines

Gare routière Gallieni, 28, av. du Général-de-Gaulle, 93541 Bagnolet Cedex ☎ 0.892.89.90.91, www.eurolines.fr.

Nombreuses agences dans toutes les grandes villes de France. La compagnie assure la liaison entre Paris et Sarajevo *(dim.)* ou Belgrade *(t.l.j.)*. Comptez entre 100 et 200 € pour un billet A/R et 25 à 35h de route selon la destination. De là, des bus et des trains desservent de nombreuses villes monténégrines. Une solution des plus économiques.

FORMALITÉS

Attention ! Si vous séjournez chez des particuliers, vous devez impérativement **déclarer votre présence** au commissariat de police le plus proche de votre lieu de résidence. En général, les propriétaires des chambres d'hôtes se chargent eux-mêmes de cette démarche.

➤ Passeport et visa

Les ressortissants de l'Union européenne et les Suisses n'ont pas besoin de visa pour un séjour de moins de 90 jours au **Monténégro** et en **Croatie.** Si vous séjournez moins de 30 j. dans ces pays, une carte d'identité en cours de validité suffit. Si vous partez plus longtemps (jusqu'à 90 j.), il faudra présenter à la douane votre passeport et un billet de retour. Une fois sur place, il est possible qu'on vous demande de laisser votre passeport à la réception de l'hôtel le temps de votre séjour. Pour éviter tout malentendu en cas de contrôle (fréquent) de police, pensez à emporter avec vous votre carte d'identité et/ou votre permis de conduire pour pouvoir justifier de votre identité.

➤ Assurance

Avant tout, vérifiez que vos différents contrats d'assurance (carte bancaire, automobile, etc.) ne couvrent pas déjà les risques liés à un déplacement (responsabilité civile, assistance médicale, annulation, rapatriement, vol et détérioration de bagages).

AVA

25, rue Maubeuge, 75009 Paris ☎ 01.53.20.44.20, www.ava.fr.

Mondial Assistance

Eurosquare 2, 7, rue Dora-Maar, 93440 Saint-Ouen ☎ 01.42.99.82.82, www.mondial-assistance.fr.

Europ Assistance

1, promenade de la Bonnette, 92230 Gennevilliers ☎ 01.41.85.85.85, www.europassistance.fr.

➤ Douane

De retour du Monténégro, on peut importer en franchise jusqu'à 200 cigarettes, 250 g de tabac ou 50 cigares, et jusqu'à 4 l de vin, 1 l d'alcool fort ou 16 l de bière. Si vous rentrez en France en avion ou en bateau, vous pourrez rapporter l'équivalent de 430 € de marchandises par pers., mais seulement 300 € si vous revenez par la route ou par les voies navigables. Pour les ressortissants européens, l'entrée et/ou la sortie de devises sans déclaration ni certificat bancaire est limitée à 10 000 €. Tout montant supérieur doit être déclaré à la douane.

Infos Douane Service

☎ 0.811.20.44.44, www.douane.gouv.fr.

➤ Voiture

Pour louer un véhicule au Monténégro, il faut avoir 23 ans minimum et au moins 1 an de permis. **Le permis de conduire français est reconnu.** Plusieurs conducteurs peuvent prendre le volant et le règlement se fait par carte bancaire. Si vous envisagez de visiter la Croatie ou tout autre pays frontalier du Monténégro, pensez à vérifier avec le loueur que cela est possible. Bien qu'elle soit valable au Monténégro, la carte verte d'assurance internationale ne vous couvrira qu'au tiers en cas d'accident. Pour une assurance « tous risques », demandez confirmation à votre assureur que la couverture qu'il vous propose fonctionne bien au Monténégro.

ARGENT

➤ Devise

Au Monténégro, c'est l'euro qui a cours. Si vous faites un détour par la Croatie, il faudra changer vos euros en *kunas* (1 € = 7,56 Kn en mars 2016) dans l'un des bureaux de change du pays.

➤ Cartes bancaires

Les cartes bancaires sont acceptées dans la plupart des établissements situés dans les villes touristiques. En revanche, prévoyez du liquide pour régler vos nuitées chez l'habitant ou vos repas dans les auberges locales.

Perte ou vol de votre carte

Avant de partir, pensez à noter les seize chiffres de votre carte bancaire. N^os verts pour opposition :

Service interbancaire d'opposition
☎ *0033.442.605.303.*

Visa
☎ *1.303.967.1096.*

MasterCard
☎ *1.636.722.7111.*

American Express
☎ *01.47.77.72.00.*

➤ Banques

Vous pouvez retirer de l'argent dans les distributeurs automatiques du pays, mais il vous en coûtera une commission à chaque retrait. Pour en connaître le montant exact, renseignez-vous auprès de votre banque.

BUDGET

➤ À chacun son budget

Votre budget dépendra beaucoup des zones géographiques. À Dubrovnik, dans les bouches de Kotor et sur la côte adriatique jusqu'à Petrovac, la vie est plus chère et correspond aux prix pratiqués en France. Mais parfois, en une poignée de kilomètres, on arrive à trouver des hébergements beaucoup plus accessibles. Sachez également que les prix hôteliers baissent hors saison.

Petit budget

Env. 30 à 35 €. Vous dormirez en auberge de jeunesse ou ethno-village et choisirez pâtes, salades, soupes ou plats traditionnels au restaurant.

Budget moyen

Env. 60 €. Vous dormirez en chambre d'hôtes ou dans les ethno-villages et pourrez vous offrir quelques nuitées dans de jolis hôtels. Au restaurant, vous varierez votre menu entre poissons frais et grillades.

Budget plaisir

À partir de 80 €. À vous les escapades sur les îles près de Dubrovnik, les adresses branchées de la Riviera de Budva, avec en plus une journée randonnée ou canyoning avec un guide ! Dans les hôtels de montagne, vous pourrez fréquenter les meilleures adresses. Pour les stations balnéaires les plus en vue, les établissements de luxe restent très chers !

➤ Combien ça coûte ?

Y aller : vol A/R Paris-Podgorica autour de 300 €.
Une voiture de location : 250 €/sem. en haute saison, 110 € hors saison.
Une nuit chez l'habitant ou dans un ethno-village *(p. 272)* : 10 €/pers.
Une nuit dans un hôtel : env. 25 €/pers. dans l'arrière-pays, minimum 30 €/pers. en bord de mer.
Un repas au restaurant (plat et boisson) : env. 15 €.
Un café : 0,80 €.
Une entrée dans un musée : entre 2 et 5 €.

DÉCALAGE HORAIRE

Le Monténégro a la même heure légale que la France, en hiver comme en été.

QUAND PARTIR ?

De par sa topographie, le Monténégro subit l'influence de **deux types de climats** *(p. 234)*. Au Nord et au Centre, le pays connaît un climat de type

continental : l'été est chaud et sec et l'hiver est froid, voire glacial sur les reliefs, et accompagné de chutes de neige.
Le littoral, en revanche, jouit d'un climat de type **méditerranéen** avec des étés chauds et secs et des hivers doux et humides. À l'automne, que ce soit sur la côte ou dans l'arrière-pays, le Monténégro est souvent en proie à de fortes **précipitations.**
La meilleure période pour se rendre au Monténégro se situe **entre mai et septembre.** Si vous comptez prendre d'assaut les montagnes, privilégiez les mois de **juillet et août,** les températures pouvant chuter rapidement sur les reliefs dès le début de l'automne. En revanche, si vous vous orientez vers des vacances les pieds dans l'eau, préférez les mois de **mai, juin ou septembre :** vous éviterez l'affluence touristique tout en profitant du soleil.
Pour ceux qui souhaitent partir **hors saison,** notez que, sur le littoral, bon nombre d'hôtels ferment en hiver. Le choix sera donc plus restreint mais le prix des chambres chez l'habitant sera plus facilement négociable.
www.weather-montenegro.com : prévisions météo de tout le pays.

SANTÉ

➤ Vaccins

Aucun vaccin n'est obligatoire pour entrer au Monténégro, mais il est conseillé d'être à jour dans les vaccinations courantes (tétanos, diphtérie, hépatites A et B, fièvre typhoïde). Le vaccin contre l'encéphalite à tiques (maladie virale transmise via les morsures de tiques) peut s'avérer utile si vous prévoyez d'aller en zone rurale au printemps ou en été. Pour éviter tout désagrément, portez des vêtements longs et clairs (qui permettent de localiser les tiques plus facilement), des chaussures fermées, et enduisez-vous copieusement de répulsif. Une inspection soigneuse du corps après chaque sortie en forêt est indispensable. Pour plus de renseignements :

Centre médical de l'Institut Pasteur
209-211, rue de Vaugirard, 75015 Paris ☎ 01.45.68.80.88, www.pasteur.fr.

Centre de vaccinations d'Air France
148, rue de l'Université, 75007 Paris ☎ 01.43.17.22.00, www.vaccination-airfrance.fr.

➤ Carte européenne

Pour des soins éventuels, pensez à faire établir une carte européenne d'assurance maladie (ex-E111) auprès de votre CPAM *(www.ameli.fr, délai de 15 j.).*
Si vous êtes titulaire d'une carte bancaire Visa ou MasterCard, vous bénéficiez d'une assistance médicale et d'une assistance rapatriement.

VOYAGISTES

➤ Agence locale

Luminalis
Jadranski Put bb, Zgrada Luzitanos, Budva ☎ 033.458.839, www.luminalis-montenegro.com.
Cette agence de voyages franco-monténégrine rendra votre séjour inoubliable. La directrice, Nataša Spirić, parle notre langue et connaît bien la clientèle française et son pays. Elle concocte des programmes sur mesure – hôtels, excursions en tout genre, restaurants – et travaille en collaboration avec les meilleurs prestataires de services du pays.

➤ Séjours sportifs

Akaoka Voyage Aventure
15, pl. des Halles, 34190 Ganges ☎ 01.83.62.19.68, www.akaoka.com.
Séjours combinés Serbie-Croatie-Albanie-Macédoine, mais aussi nombreux circuits au Monténégro seulement (mer, montagne, rivière) et séjours raquettes dans le Durmitor en hiver.

Huwans Clubaventure
18, rue Séguier, 75006 Paris ☎ 04.96.15.10.20, www.huwans-clubaventure.fr.
Séjours randonnée dans les parcs nationaux avec étapes à Kotor et Dubrovnik.

Nomade Aventure
40, rue de la Montagne-Sainte-Geneviève, 75005 Paris ☎ 0.825.701.702, www.nomade-aventure.com.

Randonnées dans les parcs nationaux du nord du pays ou combinés mer et montagne.

Terres d'Aventure
30, rue Saint-Augustin, 75002 Paris ☎ 0.825.700.825, www.terdav.com.
Séjours combinés à la découverte des Balkans ou séjours au Monténégro uniquement, en montagne ou sur la côte.

Visages
Le Campana, 05600 Mont-Dauphin ☎ 04.92.45.18.05, www.visages-trekking.com.
Grand tour du Monténégro avec randonnées dans les parcs nationaux.

Zig-Zag Randonnées
54, rue de Dunkerque, 75009 Paris ☎ 01.42.85.13.93 ou 01.42.85.13.18, www.zigzag-randonnees.com.
Randonnées dans les parcs nationaux et découverte des bouches de Kotor en fin de séjour.

➤ Voyages culturels

Arts et Vie
251, rue de Vaugirard, 75015 Paris ☎ 01.40.43.20.21, www.artsetvie.com.
Croisières sur les côtes de l'Adriatique ou en mer Ionienne, circuits de 10 j. à travers les Balkans.

Clio
34, rue du Hameau, 75015 Paris ☎ 01.53.68.82.82, www.clio.fr.
Circuits avec conférencier pour découvrir les monastères et autres trésors architecturaux de la Serbie et du Monténégro. Croisières sur l'Adriatique et sur la Méditerranée.

Intermèdes
10, rue de Mézières, 75006 Paris ☎ 01.45.61.90.90, www.intermedes.com.
Circuits à thème avec conférencier (Croatie-Monténégro et Serbie-Monténégro).

Sur place

ADRESSES ET NUMÉROS UTILES

➤ Ambassade et institut français

Ambassade de France
Atinska 35, 81000 Podgorica
☎ 00 382 (0)20.655.348, www.ambafrance-me.org. Ouv. lun.-ven. 9h-13h et 14h-17h.

Institut français du Monténégro
Njegoševa 26, 81000 Podgorica
☎ 00 382 (0)20.667.000. Ouv. lun.-ven. 8h-17h.

➤ Informations touristiques

Call Center
☎ 1300 (en anglais).

Ministère du Tourisme et de l'Environnement
☎ 00 382 (0)20.446.346.

Organisation nationale du tourisme
☎ 00 382 (0)77.100.001.
Rendez-vous dans les offices de tourisme locaux ou dans les bureaux des parcs nationaux *(ci-contre)*.

ARRIVER AU MONTÉNÉGRO ET EN CROATIE

➤ En avion

À Podgorica

Aéroport international de Podgorica
À 20 km S de Podgorica
☎ 00 382 (0)20.444.244, www.montenegroairports.com.

> Rejoindre Podgorica en voiture
Possibilité de location de voiture sur place. Empruntez l'autoroute E80 pour rejoindre le centre-ville.

> Rejoindre Podgorica en bus
La ligne de bus L-20 fait la navette plusieurs fois par jour entre le centre-ville (plusieurs arrêts en différents points de la ville) et l'aéroport *(2 € l'aller)*. Le billet s'achète dans le bus auprès du conducteur.

À Tivat

Aéroport international de Tivat
À 4 km S de Tivat ☎ 032.671.337, www.montenegroairports.com.

> Rejoindre Tivat en voiture
Possibilité de location de voiture sur place. Empruntez la route principale (Jadranska Magistrala) pour rejoindre le centre-ville.

À Dubrovnik

Aéroport international de Dubrovnik
À 20 km S-E de Dubrovnik ☎ 020.773.171, www.airport-dubrovnik.hr.

> Rejoindre Dubrovnik en voiture
Possibilité de location de voiture sur place. Empruntez la départementale D8 pour rejoindre le centre-ville.

> Rejoindre Dubrovnik en bus
Navette en autocar **Atlas** *(www.atlas-croatia.com)* depuis l'aéroport jusqu'au port de Gruž en 30 min *(40 Kn, soit env. 6 €)*. Arrêt intermédiaire à la porte Pile.

SE DÉPLACER

➤ En voiture

Le moyen le plus simple de circuler est ici la voiture. Le mieux évidemment est de louer un **véhicule tout-terrain.** Lui seul vous emmènera vers les sommets et les lacs d'altitude, les pâturages et les *polje* (champs) déserts… Avec une automobile de base, vous éprouverez une série de sensations fortes lorsque vous commencerez à aborder le réseau secondaire… Le seul risque que présentent les grands axes routiers est l'**embouteillage,** assez fréquent en été sur la côte et dans les bouches de Kotor.
Il n'y a pas d'autoroutes au Monténégro. Le tunnel de 4 km qui relie Podgorica à la côte adriatique est à péage *(2,50 €)*, de même que le bac qui traverse les bouches de Kotor de Kamenari à Lepetane *(4,50 €)*.
Attention, en **hiver,** les routes secondaires ne sont pas toujours déneigées. En règle générale, l'état des routes laisse à désirer et, si la plupart sont magnifiques d'un point de vue panoramique, elles sont très

souvent étroites, sinueuses, sans aucun accotement, voire bordées de précipices. La route qui surplombe le lac Skadar en est un exemple parmi beaucoup d'autres. En revanche, la chaussée de la route côtière a été nettement améliorée, avec des zones de dépassement par endroits. Attention, la vitesse est limitée à 40 km/h en ville et à 80 km/h sur les routes extérieures.

Parkings

Le stationnement libre n'est pas favorisé dans les zones les plus touristiques. Il existe à Podgorica et dans les stations du bord de mer des parkings payants et gardés. À Podgorica, la municipalité a mis en place un système de paiement par téléphone portable, malheureusement réservé aux détenteurs d'un numéro de téléphone et d'une plaque d'immatriculation du pays. Certains sites comme Kotor sont vraiment congestionnés. Ailleurs dans le pays, vous n'aurez aucun mal à vous garer.

Contrôles policiers

Les contrôles de police sont fréquents, à l'intérieur et en dehors des villes. Les feux de croisement non allumés, y compris le jour, les ceintures non bouclées et l'usage du téléphone portable sont réprimés. Le taux d'alcoolémie autorisé au volant est de 0,5 g/l.

➤ En taxi

Les taxis sont très nombreux et bon marché mais la connaissance de langues étrangères peu fréquente. **Taxis à Podgorica :** ☎ *19700, 19704, 19714 ou 19711.*

➤ En bus

Le réseau d'autocars national couvre la totalité du pays et permet de circuler à des prix très compétitifs. La flotte de bus est récente en général et bien entretenue. Autre avantage, leur fréquence. Sur les grandes lignes, les départs sont programmés toutes les 30 min. À titre d'exemple, vous paierez 7,50 € pour un aller Herceg Novi/ Kotor *(durée 3h)*. Le bus est donc la solution idéale pour les baroudeurs. Le ticket s'achète directement auprès du conducteur.
Pour connaître les horaires, rendez-vous sur *www.busterminal.me* (en anglais). Pour contacter les gares routières, reportez-vous aux adresses utiles de chaque localité *(ci-dessous)*.

➤ En train

Il existe une ligne **Bar-Podgorica-Kolašin-Mojkovac-Bijelo Polje-Belgrade.** Deux liaisons quotidiennes sont assurées à l'international, beaucoup plus en régional. Comptez 1h pour faire le trajet Bar/Podgorica. Le ticket vous coûtera 2,40 €. Pour rejoindre ensuite Kolašin, vous devrez payer de nouveau 3 € et rester 1h20 de plus dans le wagon à admirer les panoramas somptueux. Le train traverse en effet des paysages absolument spectaculaires. Renseignements sur *http://zcg-prevoz.me* ☎ *020.441.209.* Pour les gares, reportez-vous aux adresses utiles de chaque localité *(ci-dessous)*.

VISITE PAR VISITE, TOUTES LES INFOS ET ADRESSES UTILES

LA BAIE D'HERCEG NOVI

Visite 1, p. 30
Carte p. 28-29

CARTES ROUTIÈRES

L'arrière-pays se rejoint par deux grandes voies, via Cetinje ou Virpazar. Vous devrez vous munir d'une bonne carte routière car les indications, écrites en caractères latins, sont fréquentes sur les grandes routes mais plus aléatoires sur les chemins de traverse. Plus on monte vers le nord, plus le cyrillique est employé et la lecture des panneaux routiers compliquée ! Vers l'est, l'albanais prend le relais.
Montenegro, échelle 1/265 000 par Intersistem Kartografija.
Montenegro, échelle 1/250 000 par GiziMap.
Littoral du Monténégro, échelle 1/100 000 par Freytag.

Herceg Novi, p. 31

➤ Accès

En car

Gare routière
Jadranski Put, au-dessus de la vieille ville ☎ 031.321.225. Ouv. t.l.j. 6h-21h.
Bus pour Risan, Perast, Kotor, Tivat, Budva, Podgorica, Bar, Belgrade.

Cars Blue Line
☎ 031.336.006 ou 031.336.002. Départ t.l.j. à 15h30 de Dubrovnik. Trajet : 1h.

➤ Adresses utiles

Informations touristiques
Jova Dabovića 12 ☎ 031.350.820, www.hercegnovi.travel. Ouv. 16 sept.-14 juin : lun.-ven. 9h-16h ; 15 juin-15 sept. : lun.-ven. 9h-22h.
Brochures, cartes et informations.

Port de la ville
☎ 031.323.015.

Taxis

Taxi More
☎ 19730.

Novi Taxi
☎ 19767.

Location de voitures

Intercar
☎ 069.051.753 (port.).

Perla
☎ 067.222.951 (port.).

Rentacar
☎ 031.671.653.

LA BAIE DE RISAN ET PERAST

Visite 2, p. 38
Carte p. 28-29

Perast, p. 40

➤ Adresses utiles

Informations touristiques
www.perast.com.

Taxi-boat Barba Zoran
Sur le quai face à la pl. principale ☎ 032.371.793 et 069.472.371 (port.).

LA BAIE DE KOTOR

Visite 3, p. 44
Carte p. 28-29, plan p. 45

Kotor, p. 45

➤ Accès

En car

Gare routière
***Plan p. 45 / hors pl. par A3** – À 300 m au S de la vieille ville, sur la route du tunnel de Tivat ☎ 032.325.809. Ouv. t.l.j. 6h-21h.*
Des lignes de bus desservent Budva, Herceg Novi, Podgorica.

En bateau

Port
***Plan p. 45 / A3** – Face à la vieille ville ☎ 032.325.571/572.*
Ferry Azzura Line depuis Bari en Italie. Départ de croisières dans les bouches de Kotor.

➤ Adresses utiles

Office de tourisme de Kotor
***Plan p. 45 / A1** – Stari Grad 315 ☎ 032.325.947 ou 032.325.952, tokotor@t-com.me, www.kotor.travel. F. au public, kiosque d'information à l'entrée de la vieille ville.*

Informations touristiques
***Plan p. 45 / A1** – Devant la porte principale ☎ 032.325.950. Ouv. t.l.j. 8h-20h.*

Taxis
☎ 19737 et 19719.

LA BAIE DE TIVAT

Visite 4, p. 53
Carte p. 28-29

Tivat, p. 54

➤ Accès

En avion

Aéroport international de Tivat
Voir p. 264.

En car

Gare routière
Station d'autocars, Palih Boraca bb ☎ 032.672.620.
Bus pour Kotor, Budva, Herceg Novi.

➤ Adresses utiles

Office de tourisme
Palih Boraca 19 ☎ 032.671.323, tictivat@co.me, www.tivat.travel.

LEPETANE-KAMENARI

De jour comme de nuit, un bac fait le trajet entre Lepetane et Kamenari et permet ainsi d'éviter la boucle longeant les baies de Risan et de Kotor.
Tout le trafic venant de Dubrovnik en direction du sud passe forcément par ce moyen de communication toujours dépaysant. La traversée, pourtant courte, offre un beau spectacle.

Ouv. été : lun.-sam 8h-21h, dim. 8h-12h ; hors saison : lun.-sam. 8h-15h.
Cartes, brochures, solutions d'hébergement.

Taxis
Porto Montenegro ☎ 032.671.039, 19777, 19729, 19565, 19503.

Location de voitures

À l'aéroport
Réservez à l'avance votre voiture.
Avis
☎ 020.653.066.
Europcar
☎ 032.683.434.
Fenix
☎ 069.277.737 (port.).
Best Star
☎ 069.149.544 (port.).

À Tivat
V-D Boka Rent-a-car
Pine Trg Kulture 1 ☎ 069.340.303 (port.), www.vdboka.com.
Loue aussi des motos.

BUDVA ET SES ENVIRONS

Visite 6, p. 64
Carte p. 62-63, plan p. 65

Budva, p. 65

➤ Accès

En car

Gare routière
***Plan p. 65 / hors pl. par A1** – Angle Ulica Popa Jola Zeca et Ivana Milucipovića ☎ 033.456.000.*
Bus pour Petrovac, Bar, Tivat, Herceg Novi, Kotor, Cetinje, Podgorica.

➤ Adresses utiles

Office de tourisme
***Plan p. 65 / A2** – Njegoševa bb, Stari Grad ☎ 033.402.814, www.budva.travel. Ouv. juin-oct. : lun.-sam. 9h-21h ; nov.-mai : lun.-sam. 9h-20h.*
Brochures et plans. Des bureaux d'information sont également ouverts dans les différentes localités alentour.

Taxis
☎ 9717.

Location de voitures

Euro Rent-a-car
www.eurorentacar.co.me.

MarCar
☎ 069.079.306 (port.), www.marcar-rentacar.com.

LA RIVIERA DE BAR

Visite 8, p. 74
Carte p. 62-63

Bar, p. 76

➤ Accès

En car

Gare routière
☎ 030.346.141.
De nombreux bus en provenance des villes de la côte, mais aussi de l'intérieur du pays. Liaisons fréquentes.

En train

Gare ferroviaire
☎ 030.301.615.
Trains pour Podgorica, Kolašin, Mojkovac et Belgrade. Une autre ligne devrait être remise en service pour relier Nikšić.

En bateau

Putnicki Terminal
Obala 13 ☎ 030.311.300, www.montenegrolines.net.
Liaisons maritimes hebdomadaires pour Bari et Ancône *(p. 259)*.

➤ Adresses utiles

Office de tourisme
Obala 13 Jula ☎ 030.311.633, www.bar.travel (en français).
Brochures en français, liste des hébergements, cartes. Les hôtesses parlent l'anglais.

Huit **kiosques d'information** sont répartis dans les différentes localités de Bar, notamment à Sutomore, Dobra Voda, Čanj, Virpazar. *Ouv. été : lun.-sam. 8h-20h et dim. 8h-14h ; le reste de l'année : lun.-sam. 8h-15h.*

Location de voitures

Méridian
☎ 030.314.000.

LA RIVIERA D'ULCINJ

Visite 9, p. 79
Carte p. 62-63, plan p. 81

Ulcinj, p. 80

➤ Accès

En car

Gare routière
Plan p. 81 / hors pl. par B1 *– ☎ 030.413.225.*
Bus pour Herceg Novi, Kotor, Budva, Podgorica, Rožaje, Sarajevo et Belgrade.

➤ Adresses utiles

Informations touristiques
www.visit-ulcinj.com.

Office de tourisme
Plan p. 81 / hors pl. par B1 *– Bul. Skenderbeu pn, Mali i Zi ☎ 030.412.333, www.ulcinj.travel. Ouv. lun.-sam. 8h-22h, dim. 8h-14h en haute saison.*
Plans, brochures et informations, uniquement en anglais.

LE LAC SKADAR ET LA KRAJINA

Visite 10, p. 88
Cartes p. 87 et p. 90-91

Rijeka Crnojevića, p. 93

➤ Adresse utile

Taxi-boat Pedja Sorat
☎ 067.555.820 (port.). 25 € l'heure par passager.
Pour une balade en bateau avec un pêcheur sur le lac Skadar.

Virpazar, p. 89

➤ Adresse utile

Office de tourisme
Pl. principale de Virpazar ☎ 020.711.102, tobar@t-com, mewww.visitbar.org. Ouv. lun.-ven. 8h15-16h, sam. 8h15-15h, dim. 8h15-14h.
Informations, brochures et vente de cartes détaillées.

Vranjina, p. 91

➤ Adresses utiles

Centre pour les visiteurs
Vranjina, juste au bord du lac avant le pont ☎ 020.879.097 et 067.000.825 (port.), www.npskadarlake.org.
Ouv. lun.-ven. 9h-18h.
Vente de cartes détaillées à la boutique, brochures distribuées gratuitement et renseignements. Pour toutes les réservations et informations sur le parc, n'hésitez pas à joindre Krstina Petranović : elle parle couramment l'anglais et connaît le lac par cœur *☎ 069.998.737 (port.).* Elle est la secrétaire de l'association Greenboat. Entrée au parc national (obligatoire dès que vous voulez faire une croisière sur le lac) 4 €, gratuit moins de 7 ans. Cette entrée vous donne droit à la visite du centre pour les visiteurs.
Vous pourrez y louer des **kayaks** ou des **petits bateaux** *(3 €/h).*
Passez par le centre pour réserver une **croisière,** il travaille avec l'association Greenboat. Ses membres respectent une charte relative à la qualité du service et à une empreinte moindre sur l'environnement. Il vous garantit aussi un prix fixe *(10 €/adulte pour env. 2h).* Bon à savoir : certains prestataires organisent des sorties incluant un repas chez l'habitant dans un village sur les berges. Comptez 10 € par repas, selon programme, chez l'habitant dans un des petits villages des berges.

CETINJE

Visite 11, p. 100
Carte p. 87, plan p. 101

➤ Accès

En car

Gare routière
Plan p. 101 / B2 *– Vojvode Boža Petrovica bb.*
Bus en provenance ou en direction de Budva, Tivat, Herceg Novi et Podgorica. Pas de guichet ni d'horaires

affichés. La fréquence moyenne est de 1 rotation/h.

➤ Adresses utiles

Office de tourisme
Plan p. 101 / A3 – Bajova 2, à côté du grand parking vers l'église de la Nativité-de-la-Vierge et Njegoševa 39 ☎ 041.230.250, info@cetinje.travel. Ouv. lun.-ven. 9h-17h, sam.-dim. 8h30-18h30.
En plus des habituelles informations touristiques, vous pourrez vous procurer ici un plan et des plaquettes en français sur la ville.

Location de voitures

MN Commerce
☎ 069.822.422 (port.).

PNP Rent-a-car
☎ 067.527.319 (port.).

LE PARC NATIONAL DU LOVĆEN

Visite 12, p. 110
Carte p. 87

Ivanova Korita, p. 111

➤ Adresse utile

Centre pour les visiteurs
☎ 041.761.049, jpnpcg@co.me. Ouv. juil.-août : 9h-18h ; sept.-nov. et avr.-juin : 9h-17h ; déc.-mars : 9h-12h.
Cartes du Lovćen, offre d'hébergement dans les bungalows du parc, petite exposition sur sa faune et sa flore.

LA VALLÉE DE LA ZETA

Visite 13, p. 113
Carte p. 87, plan p. 114-115

Nikšić, p. 120

➤ Accès

En car

Gare routière
Gojka Garčevića ☎ 040.213.018.
Bus réguliers pour Podgorica et la côte.

Podgorica, p. 116

➤ Accès

Aéroport international de Podgorica
Voir p. 264.

Gare routière
Plan p. 114-115 / D4 – Mitra Bakića br. 5 ☎ 020.620.430.
Des lignes de bus rayonnent dans tout le pays à partir de Podgorica.

Gare ferroviaire
Plan p. 114-115 / D4 – Trg Golootočkih Žrtava 7 ☎ 020.441.211.
Podgorica est située sur la ligne Bar-Belgrade. Plusieurs trains par jour.

➤ Adresse utile

Office de tourisme (T.O.P.)
Plan p. 114-115 / C2 – Slobode 47 ☎ 020.667.536, info@podgorica.travel, www.podgorica.travel. Attention, le bureau est discret, juste derrière une vaste terrasse de café.
Infos, brochures et plans de la ville.

ŽABLJAK ET LE MASSIF DU DURMITOR

Visite 14, p. 126
Cartes p. 124-125 et p. 127

Plužine, p. 133

➤ Adresse utile

Office de tourisme
Baja Pivljanina bb, juste sur la route Nikšić/Šćepan Polje ☎ 040.270.068, www.pluzine.travel. Ouv. lun.-ven. 8h-18h.

Žabljak, p. 127

➤ Accès

En car

Gare routière
Ulica Božidara Žugića ☎ 052.361.318.
Bus de Podgorica, Nikšić et Pljevlja.

➤ Adresses utiles

Informations touristiques
Mini-chalet sur le parking central ☎ 052.361.802, www.zabljak.montenegro.travel. Ouv. mai-sept. : 8h-22h ; oct.-avr. : 8h-14h.

Parc national du Durmitor
Sur la route vers le lac Noir ☎ 052.360.228, www.nparkovi.co.me. Ouv. été : t.l.j. 7h-17h ; hiver : t.l.j. 7h-14h.
Vente de documentation et de cartes pour les randonnées mais aussi pour la pêche. Expo sur la faune et la flore.

LE MASSIF DE BJELASICA ET LA MORAČA

Visite 16, p. 142
Cartes p. 124-125 et p. 143

Kolašin, p. 143

➤ Accès

En car

Gare routière
Ulica Mojkovačka ☎ *020.864.033.*
Lignes de bus pour Podgorica, Žabljak, Mojkovac et Andrijevica.

En train

Gare ferroviaire
À 2 km E du centre ☎ *020.441.492.*
Trains pour Belgrade, Podgorica et Bar. Attention, les horaires des trains officiels sont fantaisistes, et leur fréquence est faible ! Pour Bar, il n'y a qu'un seul départ par jour. Le voyage dure 2h30, mais le trajet est superbe.

➤ Adresses utiles

Office de tourisme
Ulica Mirka Vešović ☎ *020.864.254, www.kolasin.travel. Ouv. 8h-16h.*
Cet office de tourisme fait preuve d'un vrai professionnalisme. Vous y trouverez des informations sur la région et des cartes et brochures gratuites ou payantes. Les hôtesses, qui parlent l'anglais, peuvent vous aider à organiser votre séjour. Location de vélos *(6 € la journée).*

Office de tourisme régional
Trg Borca bb ☎ *020.865.110. Ouv. mai-oct : t.l.j. 8h-20h ; janv.-fév. : lun.-ven. 8h-20h.*
Installé dans un chalet, l'office de tourisme régional s'occupe de toute la région de Bjelasica et des Komovi.

Parc national de Biogradska Gora
Buda Tomoćiva 7 ☎ *020.865.625, npbiogradskagora@co.me.*
Petit chalet situé au bord du lac Biogradsko qui vend des cartes, brochures et souvenirs du parc. Vous trouverez notamment le guide *Le Massif montagneux de la Bjelasica*, une quinzaine d'excursions décrites (en français) et cartographiées.

LES MASSIFS DES KOMOVI ET DES PROKLETIJE

Visite 17, p. 150
Cartes p. 124-125 et p. 152-153

Plav, p. 152

➤ Adresses utiles

Office de tourisme de Plav
Racina bb ☎ *051.250.130, www.toplav.me. Ouv. mai-sept. : lun.-sam. 8h-20h ; oct.-avr. : lun.-sam. 8h-16h.*
Installé dans un minichalet, l'office de tourisme donne aux visiteurs informations et conseils en anglais : promenades, hébergement, activités… Vente de cartes détaillées.

Bureau du parc national des Prokletije
Čaršijska bb ☎ *051.250.151, npprokletije@nparkovi.me. Ouv. lun.-ven. 9h-16h.*

DUBROVNIK

Visites 18 et 19, p. 160 et 176
Carte p. 158-159, plans p. 162-163 et p. 178-179

➤ Accès

En avion

Aéroport international de Dubrovnik
Voir p. 264.

En car

Gare routière internationale de Gruž
Plan p. 178-179/B1 *– Obala Ivana Pavla II, 44A.*

BILLET COMBINÉ

L'achat d'un billet plein tarif à l'entrée de l'un des sites suivants donne un accès gratuit pendant sept jours aux autres : le Musée ethnographique Rupe *(p. 173)*, le musée d'Art moderne *(p. 177)*, le tour des remparts *(p. 161)*, le palais Sponza *(p. 169)*, le palais des Recteurs *(p. 172)*, le Musée maritime *(p. 173)*, le fort Revelin *(p. 165)*, la maison de Marin Držić, la galerie Dulčić-Masle-Pulitika et le musée d'Histoire naturelle.

➤ Circuler à Dubrovnik

En bus

Le réseau Libertas dessert tous les quartiers. Pour la péninsule de Lapad et Babin Kuk, bus 5 et 6 depuis la porte Pile.

Bus Libertas
Plan p. 162-163 / A2 *– Porte Pile. http://libertasdubrovnik.com. Billet plein tarif : 12 Kn en kiosque (15 Kn à bord), valable 1h. Billet 1 j. : 30 Kn.*

En taxi

Quatre stations : **porte Pile** *(plan p. 162-163 / A2)*, **porte Ploče** *(plan p. 162-163 / D1)*, **Lapad,** au bout de Šetalište Kralja Zvonimira *(plan p. 178-179 / A1)*, **port de Gruž** (face aux bureaux de Jadrolinja, *plan p. 178-179 / B1)*. Les courses en taxi sont chères. Comptez 60 Kn pour le trajet porte Pile/port de Gruž et 200 Kn pour aller de l'aéroport au centre-ville de Dubrovnik.

En voiture

Circulation et stationnement difficiles et cher *(10 Kn/h)* autour de la vieille ville, surtout en été. Nombreux parkings payants autour des remparts (attention, souvent complets dès 10h). Si vous résidez dans un hôtel excentré, mieux vaut emprunter les transports en commun jusqu'à la porte Pile.

➤ Adresses utiles

Office de tourisme
Plan p. 162-163 / C2 *– 1/2 Cvijete Zuzoric, www.tzdubrovnik.hr, www.experience.dubrovnik.hr.*
L'office de tourisme dispose de **trois kiosques d'information en ville** *(ouv. 8h-20h, 21h en été)*. Brochures, plans, solutions d'hébergement sont mis à votre disposition. En revanche, pour organiser vos excursions, vous devrez soit contacter une agence de voyages, soit réserver directement auprès du prestataire : **Pile,** *Brsalje 5 (plan p. 178-179 / C3) ☎ 020.312.011.* **Gruž,** *Obala Pape Ivana Pavla II 1 (plan p. 178-179 / B1) ☎ 020.417.983.* **Lapad,** *Kralja Tonislava 7 (plan p. 178-179 / B1) ☎ 020.437.460.*

Brochures gratuites
Dubrovnik in your pocket (un *city-guide* en anglais). *Dubrovnik Riviera info* (en français). *Adriatic Times* (hebdomadaire anglais).

> **DUBROVNIK CARD**
>
> Cette carte valable 1, 3 ou 7 jours combine l'accès gratuit à huit musées et monuments de la ville – le musée d'Art moderne *(p. 177)*, le tour des remparts *(p. 161)*, la galerie Dulčić-Masle-Pulitika, la maison de Marin Držić, le Musée maritime *(p. 173)*, le musée d'Histoire naturelle, le palais des Recteurs *(p. 172)*, le Musée ethnographique Rupe *(p. 173)* – et aux transports en commun.
> ➤ *Tarif : 1 j. 150 Kn, 3 j. 200 Kn, 7 j. 250 Kn. www.dubrovnikcard.com.*

Location de voitures

Brabel
Plan p. 178-179 / B2 *– Iva Vojnovića 75, Lapad ☎ 020.424.444, www.brabel.hr.*
Loue aussi scooters et motos.

Avis
Plan p. 178-179 / A1 *– Kardinala Stepinca 60, Lapad ☎ 095.822.11.33 (port.).*

Gulliver
Plan p. 178-179 / B1 *– Obala Stepana Radiča 25, port de Gruž ☎ 020.410.888.*

➤ Visites guidées

Association des guides
Plan p. 162-163 / C2 *– Gundulićeva Poljana 9 ☎ 020.323.608, www.vodici-dubrovnik.hr. Ouv. lun.-ven. 10h-12h. Vis. de 1h30 en français. 480 Kn, plus 20 % de taxes.*
Beaucoup de guides assermentés sillonnent les rues de Dubrovnik. R.-v. sur la place Gundulić.

Dubrovnik Walks
Plan p. 162-163 / A2 *– Brsalje, face à l'arrêt de bus ☎ 095.806.4526 (port.), info@dubrovnikwalks.com. En anglais. Pas de rés. nécessaire, se présenter un peu à l'avance au point de r.-v.*
Deux itinéraires proposés au départ de la porte Pile : « Discover the Old Town » *(90 Kn par pers., durée 1h30, départs t.l.j. à 10h et 18h en mai-juin et sept.-oct., à 10h et 19h en juil.-août)* et « Dubrovnik Walls and Wars » *(140 Kn par pers., durée*

1h30, départs t.l.j. à 9h30 et 15h30 en mai-juin et sept.-oct., à 9h30 et 17h30 en juil.-août). Possibilité de billets combinés *(260 Kn).*

Dubrovnik Walking Tours
Plan p. 162-163 / A2 *– Poljana Paska Miličevića ☎ 020.436.846 et 091.2442.201 (port.), www.mediterranean-experience.hr. En anglais. Pas de rés. nécessaire, se présenter un peu à l'avance au point de r.-v. Durée : 1h. Tarif : 90 Kn.*
Trois itinéraires proposés au départ de Poljana Paska Miličevića : « The Discover-Dubrovnik Walk » *(départs t.l.j. à 10h et 18h30)* ; « Story about the War » *(départs lun.-mar., jeu. et sam. à 11h30 et t.l.j. à 20h)* ; « The Old Jewish Quarter » *(départ mer., ven. et dim. à 11h30).*

LES ENVIRONS DE DUBROVNIK

Visite 20, p. 181
Carte p. 158-159

Cavtat, p. 184

➤ Accès

En bateau
A/R en bateau depuis le vieux port de Dubrovnik : 40 min de traversée.

En bus
Accessible depuis la gare centrale de bus Libertas, porte Pile (ligne 10).

En voiture
Parking obligatoire à l'entrée : 5 Kn/h.

➤ Adresse utile

Office de tourisme
Zidine 6 ☎ 020.479.025, www.tzcavtat-konavle.hr. Ouv. juil-août : t.l.j. 8h-21h ; mai-juin et sept.-oct. : t.l.j. 8h-20h (en mai jusqu'à 14h le dim.) ; nov.-avril : t.l.j. 8h-15h.

Les Élaphites, p. 182

➤ Accès

En bateau
La compagnie Jadrolinija *(www.jadrolinija.hr)* assure un service régulier (4 liaisons/j.) pour les Élaphites depuis le port de Gruž *(38 Kn A/R, env. 45 min aller simple).*

Vivado Travel Agency
www.vivado.hr. 290 Kn la journée.
Des croisières au départ du vieux port ou de Gruž proposent un circuit à la journée avec une halte dans chacune des îles.

➤ Adresses utiles

Office de tourisme de Lopud
Obala Iva Kuljevana 12, Lopud ☎ 020.759.086.

Office de tourisme de Šipan
Šipanska Luka bb, Šipan ☎ 020.758.084. Ouv. en saison : t.l.j. sf mar. 8h-13h et 18h-20h. .

Trsteno, p. 185

➤ Accès

En car
Accessible en autocar depuis la gare routière de Gruž (ligne 2) ou depuis la gare centrale de bus Libertas, porte Pile (ligne 12).

HÉBERGEMENT

Le Monténégro ne cesse de développer son offre en infrastructures touristiques tant dans la zone balnéaire que dans certaines stations de montagne. À côté des hôtels classiques de différentes catégories (de une à cinq étoiles), vous trouverez également des **chambres chez l'habitant** (panneaux *Sobe*).
Le label **Mali Hotels** (littéralement « petits hôtels ») regroupe des petits hôtels de qualité, neufs ou bien rénovés. Il existe aussi quelques **campings,** notamment sur la côte, mais de qualité très quelconque. Dans les parcs nationaux, vous trouverez des **gîtes rustiques** d'esprit bucolique (comme les ethno-villages, aussi appelés *eko-selo* ou *ethno-selo*), de minuscules bungalows pour deux à quatre personnes avec sanitaires à l'extérieur. Le long de la rivière Tara, vers Kolašin ou Žabljak, ou encore dans le massif du Lovćen, des petits **chalets** destinés à la location poussent comme des champignons.
En règle générale, la literie est correcte, mais les salles de bains nécessiteraient parfois d'être rafraîchies, et les immenses salles

à manger années 1970 mériteraient un sérieux coup de jeune. Évidemment, les quelques hôtels de luxe offrent des prestations très haut de gamme tout à fait dignes d'établissements de même catégorie en France, avec piano-bar, Spa et piscine, restaurants élégants, couloirs feutrés, etc.
La **location d'appartements** et de maisons de vacances auprès des particuliers est de plus en plus courante au Monténégro. Grâce à Internet, vous pourrez dénicher la perle rare en surfant sur différents sites, photos et localisation à l'appui.
Quelques sites : *www.montenegro.com ; www.airbnb.com ; www.booking.com* et *www.adriatic-home.com.*
Pour trouver des formules d'hébergement hors des sentiers battus : *www.cipa-booking.me.*
Et pour les locations de luxe : *www.montenegroholidays.com.*
Le Monténégro est une destination à la mode. Néanmoins, depuis la crise de 2008, l'afflux touristique a eu tendance à diminuer et on trouve partout des logements à la dernière minute, même sur place. Hors saison, en juin comme en septembre, vous trouverez encore plus facilement des disponibilités et pourrez donc vous aventurer dans le pays sans réserver à l'avance. À ce moment-là, soyez curieux. Chez l'habitant, les prix peuvent varier dans un rayon de 5 km du simple au double, voire plus !

À TABLE !

Une chose est sûre : le Monténégro ne manque pas de restaurants. Dans les stations balnéaires, les promenades de bord de mer présentent une enfilade de terrasses auréolées de parasols multicolores. Idem sur les plages ! La moindre crique possède sa petite paillote. Quant aux vastes grèves de sable, elles sont investies par les chaises longues une fois l'été venu, avec restaurants en plein air attenants.
Vous trouverez partout la même carte, certes assez diversifiée et avec quelques variantes selon les régions (poissons d'eau douce vers le lac Skadar, ragoûts d'agneau dans les montagnes). L'après-midi, vous pourrez craquer pour les glaces onctueuses façon italienne ou pour un gâteau style cheese-cake, vendus dans les pâtisseries *(p. 251)*.
Les ***konobas*** sont des restaurants traditionnels préparant des produits locaux selon des recettes régionales.

HORAIRES

Les horaires monténégrins sont plus extensibles qu'en France. Dans les zones touristiques, les boutiques ouvrent toute la journée et jusque tard dans la soirée. Pour les petits achats de dépannage, vous trouverez souvent un kiosque ouvert même en pleine nuit.

JOURS FÉRIÉS

Voir p. 248.

POLITESSE ET USAGES

Si vous n'excellez pas dans les langues étrangères, faites l'effort d'apprendre quelques expressions comme « bonjour » *(zdravo)*, « merci » *(hvala)*, « au revoir » *(dovidenja)*, « s'il vous plaît » *(molim)*, « je ne comprends pas » *(ne razumijem)*. Avec un sourire en plus, vous ferez plaisir à votre interlocuteur.
Lorsque vous entrez dans les églises, vous devez être vêtu correctement. Dans certains sanctuaires orthodoxes, on demandera aux femmes de se couvrir la tête, voire de passer une jupe (que l'on vous prête) par-dessus votre pantalon.

LANGUE

La langue locale est la version iékavienne du serbo-croate, localement appelé « **monténégrin** » ou « serbe ». Elle peut s'écrire en caractères latins ou cyrilliques, indifféremment connus par tous. L'alphabet latin tend à l'emporter dans le Sud et le cyrillique dans le Nord. Près de la frontière, l'albanais est en outre souvent utilisé.

SANTÉ

L'eau du robinet est généralement potable ; toutefois, en pleine saison sur

la côte, mieux vaut boire de l'eau en bouteille. Pour la baignade, cantonnez-vous aux plages prévues à cet effet, la bilharziose (dermite des nageurs) et la leptospirose pouvant se contracter dans les eaux stagnantes.
L'équipement hospitalier et les services des urgences sont de qualité moyenne. Il est donc sage de souscrire une assurance rapatriement avant de partir.

SÉCURITÉ

Le Monténégro est un pays assez sûr pour les touristes. Évidemment, cela ne vous dispense pas de prendre les précautions d'usage (pas de marque extérieure de richesse ostentatoire, laisser les sommes d'argent importantes dans le coffre de l'hôtel, ne pas se promener seul dans la campagne, etc.). Comme partout, il est conseillé de conserver une photocopie de son passeport en un lieu différent de l'original, cela aidera en cas de perte. Le plus gros danger dans ce pays montagneux est l'**accident de la route.** Celles-ci, souvent tortueuses, sont dans un état qui laisse à désirer *(voir aussi p. 264)*.

LES CODES RÉGIONAUX

Pour joindre un numéro dans le pays, il faut composer le préfixe correspondant avec le 0 devant.
De France, composez le 00 382 puis, sans le 0, le préfixe régional.
Bar (0)30
Budva (0)33
Berane (0)51
Cetinje (0)41
Danilovgrad (0)20
Herceg Novi (0)31
Kolašin (0)20
Kotor (0)32
Mojkovac (0)52
Nikšić (0)40
Plužine (0)40
Pljevlja (0)52
Podgorica (0)20
Rožaje (0)51
Šavnik (0)40
Tivat (0)32
Ulcinj (0)30
Žabljak (0)52

➤ Séismes

Le Monténégro se situe dans une zone sismique. Consultez les conseils du site web du ministère des Affaires étrangères, *www.diplomatie.gouv.fr.*, pour plus de renseignements sur la conduite à tenir en cas de secousses telluriques.

INTERNET, TÉLÉPHONE, COURRIER

➤ Internet

L'accès à Internet s'est généralisé dans les hôtels touristiques. Il est gratuit dans les halls mais reste payant dans les chambres. On trouve aussi des cybercafés.

➤ Téléphone

L'indicatif du **Monténégro** est le 382. L'indicatif local n'a pas à être composé lorsqu'on appelle d'un poste fixe à l'intérieur de la zone *(encadré ci-contre)*.
La couverture en téléphonie mobile est excellente. Les portables français fonctionnent dès lors que l'on a souscrit un abonnement international. En revanche, la note risque d'être salée. La meilleure solution, si l'on reste longtemps dans le pays, est d'acheter une carte SIM T-Mobile, Telenor ou Mtel, à placer directement dans un portable débloqué.
On accède au réseau national par le préfixe 0 et à l'international en composant le 00.
De l'étranger vers le Monténégro. 00 + 382 + n° de votre correspondant.
Du Monténégro vers l'étranger. 00 + indicatif du pays (France : 33 ; Belgique : 32 ; Suisse : 41 ; Canada : 1) + n° de votre correspondant.
L'indicatif de la **Croatie** est le 385.

➤ Courrier

Il ne faut pas être pressé ! Le courrier peut mettre deux semaines pour arriver en France.
Timbre-poste se dit *poštanska marka* en serbe.

SPORTS ET LOISIRS

Les amoureux de sports extrêmes trouveront au Monténégro tout un éventail d'activités à leur

URGENCES

SAMU : ☎ 124. Police : ☎ 122. Pompiers : ☎ 123. État des routes : ☎ 134. Service d'aide sur la route : ☎ 19807 (sur un portable, composez le ☎ 112). Pour tous ces numéros, la connaissance des langues étrangères par votre interlocuteur n'est pas garantie. Il est donc recommandé de faire téléphoner un Monténégrin.

convenance. Du 4x4 au rafting, de l'escalade à la spéléologie, du ski de fond à la plongée sous-marine, on peut pratiquer ici toutes sortes de disciplines à sensations fortes.

➤ Sports nautiques

On peut louer des **voiliers** dans les marinas les plus touristiques ainsi que des **Jet-Ski** pour les fans de vitesse. Le **kitesurf** commence à avoir ses adeptes. Des **excursions sous-marines** sont organisées au départ des principales stations balnéaires.

➤ Randonnée

Le Monténégro est un paradis pour les marcheurs. Un réel effort de signalisation est actuellement fait pour faciliter l'orientation. Les chemins sont indiqués sur des **panonceaux jaunes** (la distance et le temps de parcours sont annoncés), puis un marquage permet de suivre la bonne piste. Néanmoins, toutes les pistes ne sont pas toujours entretenues, et il peut arriver qu'on perde ses repères. Il faut donc se munir d'une boussole et si possible d'une **carte topographique.** Vous pourrez en acheter dans les bureaux des parcs nationaux. L'office de tourisme du Monténégro a publié des cartes détaillées des différents parcs nationaux. Vous y trouverez des circuits de randonnée. Un court descriptif de chaque itinéraire sur le verso des cartes du lac Skadar et des Prokletije permet de visualiser en un coup d'œil chaque randonnée. Les offices de tourisme procurent également des idées d'itinéraires. Il existe aussi des guides de randonnée en anglais (dont certains sont traduits en français), que l'on peut acheter sur Internet, ainsi que des cartes détaillées *(encadré ci-dessous).*

➤ Vélo

Depuis 2007, le Monténégro a fourni un effort remarquable pour étoffer son réseau de pistes cyclables. Il atteint aujourd'hui 3 000 km. Le guide *Mountainguide Bike,* publié par l'office de tourisme, recense 17 circuits clairement détaillés. Vous pouvez le commander directement sur *www.mapsolutions.de/MTB-Book (26,80 €).*
On peut aussi télécharger le descriptif et la carte des cinq itinéraires les plus connus (top trails) sur

CARTES TOPOGRAPHIQUES

En complément des cartes éditées par l'office de tourisme et de celles que vous trouverez dans les parcs nationaux, vous pouvez également vous procurer les cartes suivantes :
- ***Coastal Mountain Transversal Orjen-Lovćen-Rumija,*** un itinéraire long de 138 km dans l'arrière-pays avec 150 km de chemins d'accès à partir de la côte. *E-mail : ino@pscg.me ;*
- ***Côte du Monténégro,*** échelle 1/100 000, Geodetsky zavod Slovenje (2002), disponible sur Internet : *http://travel.valek.net ;*
- ***Durmitor,*** échelle 1/25 000, Geokarta Beograd (1986), sur Internet : *http://travel.valek.net ;*
- ***Durmitor, échelle 1/50 000,*** Austrian Development Cooperation, vendue au bureau du parc et à l'office de tourisme de Žabljak ;
- ***Bjelasica et Komovi,*** échelle 1/50 000, Geokarta Beograd (2002), disponible sur Internet : *http://travel.valek.net ;*
- ***Prokletije,*** 1/50 000, German Technical Cooperation, en vente au bureau du parc et à l'office de tourisme de Plav.

www.bedandbike.me/index.php/montenegro-trails.
D'autres pistes plus locales sont aussi exceptionnelles, telle celle du **Northern Challenge,** qui se déroule fin juillet à Mojkovac : 46 km, 1 000 m de dénivelé entre 700 et 1 700 m d'altitude. On peut télécharger le document sur *www.montenegro.travel.*
Un nouveau projet « **Panorama Roads** » prévoit de baliser des circuits sur des routes spectaculaires peu fréquentées. En parallèle, un label d'hébergement « **Bed & Bike Montenegro** » sélectionne des chambres chez l'habitant et des hôtels répondant aux critères d'accueil des cyclistes. Le site *www.bedandbike.me* permet de concevoir votre parcours en intégrant les étapes en fonction des points de chute, mais aussi de trouver des loueurs de VTT dans les différentes localités *(comptez 15 à 20 €/j. pour la loc.).*

➤ Sports d'hiver

Le Monténégro compte deux stations de sports d'hiver, **Žabljak** et **Kolašin,** dotées de quelques remontées mécaniques, d'hôtels et de chalets. En comparaison avec nos domaines français, le nombre de pistes est limité. En revanche, l'environnement est somptueux dès qu'on s'éloigne des zones urbaines, et vous pourrez faire de belles balades à raquettes ou à skis de fond. Autres avantages de taille : les petits prix, tant des forfaits que des hébergements, et l'enneigement.

Index

CARTES ET PLANS

Crédits photos

Couverture

Plat 1 : Ivan / AGE Fotostock (visuel principal) ; Gardel Bertrand / hemis.fr (ht.).

Plat 4 : Cavalier Michel / hemis.fr (g.) ; Inna Felker / shutterstock (d.).

Intérieur

SHUTTERSTOCK

Ammonite : p. 58 ; Andrej Blagojevic : p. 113 ; Anton Kudelin : p. 48 ; Aurora31 : p. 236 ; Biggunsband : p. 73, p. 239 ; Bojan Milinkov : p. 117 ; Darios : p. 74 ; Darko Vrcan : p. 79, p. 234 ; Dimos : p. 43, p. 61, p. 69 ; Draganica : p. 41 ; EFesenko : p. 33 ; Gilmanshin : p. 18 ; Hanze : p. 110 ; Igor Rozhkov : p. 11 c. ; Katsiuba Volha : p. 5 b. ; KristinaSh : p. 100 ; Kryzhov : p. 38 ; Ladys_a : p. 7 ht ; Lenar Musin : p. 88, p. 154, p. 237 ; Leonid Andronov : p. 254 ; Lucertolone : p. 17 ; Maya Kruchankova : p. 235 ; Mikhail Markovskiy : p. 30 ; Monticello : p. 93 ; Nadtochiy : p. 256 ; Nightman1965 : p. 103 ; Nikola Spasenoski : p. 249 ; OlegD : p. 118 ; Ovchinnikova Irina : p. 51, p. 98 ; Paul Prescott : p. 11 b., p. 121, p. 160, p. 172, p. 180 ; Pecold : p. 77 ; Petr Kopka : p. 174 ; Photosmatic : p. 44 ; Piotr Kowalski : p. 126 ; Planner : p. 70 ; RnDmS : p. 94, p. 134, p. 147 ; Saiko3p : p. 35 ; Sasa Dzambic Photography : p. 9 ht, p. 140 ; Sergey Lyashenko : p. 238 ; Smart.art : p. 131 ; Story : p. 84 ; Torgonskaya Tatiana : p. 248 ; Vlada Z : p. 97, p. 119 ; Yegorovnick : p. 64 ; YingHui Liu : p. 27.

HEMIS

Afin / Alamy : p. 7 b. ; Alborno Andrea : p. 185 ; Alexander Nikiforov / Alamy : p. 112 ; Anatoliy Sadovskiy / Alamy : p. 5 c. ; Cavalier Michel : p. 5 ht, p. 133 ; Eyebyte / Alamy : p. 166 ; F1online digitale Bildagentur GmbH / Alamy : p. 157 ; Funkyfood London - Paul Williams / Alamy : p. 171 ; Gardel Bertrand : p. 11 ht, p. 16, p. 57 ; Guiziou Franck : p. 184 ; imageBROKER / Alamy : p. 111, p. 136, p. 168 ; Jane Tregelles / Alamy : p. 252 ; Jon Arnold Images : p. 181 ; Jonathan Smith / Alamy : p. 9 c., p. 13 ; Ken Welsh / Alamy : p. 7 c., p. 14, p. 243 ; Luka Esenko / Alamy : p. 10 ht ; Maciej Figiel / Alamy : p. 8 ; Marek Zuk / Alamy : p. 12 ; Marka / Alamy : p. 53 ; Martin A. Doe / Alamy : p. 120 ; Mattes René : p. 9 b., p. 145, p. 170, p. 232 ; Radek Procyk / Alamy : p. 6 ht, p. 123 ; Robert Harding : p. 15, p. 183 ; Robertharding / Alamy : p. 2, p. 24 ; Roberto Cornacchia / Alamy : p. 186 ; Ros Drinkwater / Alamy : p. 4, p. 55 ; Roy Conchie / Alamy : p. 176 ; Sorin Colac / Alamy : p. 72 ; Suetone Emilio : p. 6 b. ; Tomasz Parys / Alamy : p. 132 ; Westend61 GmbH / Alamy : p. 10 b., p. 20, p. 36, p. 107, p. 139, p. 142, p. 148, p. 150 ; Zoonar GmbH / Alamy : p. 82, p. 129.

AGE FOTOSTOCK

Egmont Strigl : p. 108 ; JTB Photo\UIG : p. 251 ; San Rostro : p. 245.

Ce guide a été établi par **Hélène Duparc**.

Direction : Nathalie Bloch-Pujo
Direction éditoriale : Cécile Petiau
Responsable de collection : Hélène Firquet
Responsable adjointe : Julie Wood
Édition : Marine Barbier-Blin et Jean Tiffon
Cartographie : Aurélie Huot et Frédéric Clémençon
Fabrication : Caroline Le Page et Alexis Moulin

Conception graphique de la couverture et de la maquette intérieure : Thibault Reumaux
Mise en pages intérieure : Chrystel Arnould
Suivi éditorial : Coraline Borchiellini et Irène Sellier
Lecture-correction : Magali Vidal
Ont également collaboré : Ivana Ugrenovic, Anne-Charlotte Autret et Elma Ziane

L'éditeur remercie tout particulièrement :
National tourism organization of Montenegro, Mountaineering association of Montenegro et Milovan Vojinović Mišo.

Contact presse : Rachida Mazef, rmazef@hachette-livre.fr ☎ 01 43 92 36 66
Contact publicité : Valérie Habert, vhabert@hachette-livre.fr ☎ 01 43 92 32 52

Pour nous écrire : Hachette Tourisme / Guides Évasion
58, rue Jean-Bleuzen - 92170 Vanves
evasion@hachette-livre.fr
Pour nous lire : www.guide-evasion.fr

Édité par Hachette Livre, 58, rue Jean-Bleuzen, CS 70007, 92178 Vanves Cedex
Imprimé en Espagne par Industria Grafica Cayfosa
(ctra. De Caldes, km 3, Sta. Perpetua Mogada, 08130 Barcelone)
Achevé d'imprimer : mai 2016 – Dépôt légal : mai 2016
Collection n° 25 – Édition n° 01
ISBN : 978-2-01-396073-1
10-1909-1

Tout pour préparer et réussir son voyage

Des questions avant de partir ?
Retrouvez-nous sur Facebook,
Twitter (@guideevasion)
et Instagram (@guideevasion).

Et, à votre retour, venez partager vos souvenirs,
vos plus belles photos et vos adresses préférées…

Avant de partir

Aidez-vous de notre check-list pour être certain de ne rien oublier avant de partir. Vérifiez bien la date de validité de tous vos documents officiels, n'oubliez pas de faire une copie (ou scan) de votre passeport ou de votre carte nationale d'identité et notez bien les numéros d'opposition de votre carte bancaire.

Check-list

Passeport / Carte d'identité	
Visa	
Permis de conduire international	
Carte d'assurance maladie	
Carte bancaire	
Réservations hôtels	
Billets électroniques	
Brevets de plongée et autres brevets sportifs	

Budget

Afin de préparer votre budget, soyez attentif à certains postes de dépenses qui peuvent parfois être oubliés ou sous-estimés :

- Au moment de l'achat de votre billet d'avion, pensez à bien regarder le prix pour un bagage en soute (il est de plus en plus souvent en supplément). Si vous voyagez avec de jeunes enfants, certaines compagnies facturent la prise en charge des poussettes et autres rehausseurs, soyez vigilants.

- Certains pays exigent un visa, tenez-en compte dans votre budget.

- Surveillez les taux de change qui peuvent faire grimper ou baisser le prix d'une chambre d'hôtel de manière significative.

- Les entrées de certains musées ou sites touristiques peuvent parfois être très élevées, mais il est souvent possible d'obtenir un meilleur tarif en achetant à l'avance ses billets sur Internet.

Type de dépenses	Montant
Voyage	
Transports sur place	
Hébergement	
Repas	
Entrées musées, sites, monuments	

Votre circuit

JOURS	ÉTAPES / VILLES	DISTANCE
Jour 1		
Jour 2		
Jour 3		
Jour 4		
Jour 5		
Jour 6		
Jour 7		
Jour 8		
Jour 9		
Jour 10		
Jour 11		
Jour 12		
Jour 13		
Jour 14		
Jour 15		

HÉBERGEMENT	TRANSPORT

Ces pages sont les vôtres,
vous pouvez y noter tous vos coups de cœur,
vos découvertes et patienter, ou faire patienter vos enfants,
à l'aéroport, à la gare… en coloriant !